编委会

普通高等学校"十四五"规划旅游管理类精品教材
教育部旅游管理专业本科综合改革试点项目配套规划教材

总主编

马　勇　教育部高等学校旅游管理类专业教学指导委员会副主任
　　　　 中国旅游协会教育分会副会长
　　　　 中组部国家"万人计划"教学名师
　　　　 湖北大学旅游发展研究院院长，教授、博士生导师

编　委（排名不分先后）

田　里　教育部高等学校旅游管理类专业教学指导委员会主任
　　　　 云南大学工商管理与旅游管理学院原院长，教授、博士生导师
高　峻　教育部高等学校旅游管理类专业教学指导委员会副主任
　　　　 上海师范大学环境与地理学院院长，教授、博士生导师
韩玉灵　北京第二外国语学院旅游管理学院教授
罗兹柏　中国旅游未来研究会副会长，重庆旅游发展研究中心主任，教授
郑耀星　中国旅游协会理事，福建师范大学旅游学院教授、博士生导师
董观志　暨南大学旅游规划设计研究院副院长，教授、博士生导师
薛兵旺　武汉商学院旅游与酒店管理学院院长，教授
姜　红　上海商学院酒店管理学院院长，教授
舒伯阳　中南财经政法大学工商管理学院教授、博士生导师
朱运海　湖北文理学院资源环境与旅游学院副院长
罗伊玲　昆明学院旅游学院教授
杨振之　四川大学中国休闲与旅游研究中心主任，四川大学旅游学院教授、博士生导师
黄安民　华侨大学城市建设与经济发展研究院常务副院长，教授
张胜男　首都师范大学资源环境与旅游学院教授
魏　卫　华南理工大学旅游管理系教授、博士生导师
毕斗斗　华南理工大学旅游管理系副教授
蒋　昕　湖北经济学院旅游与酒店管理学院副院长，副教授
窦志萍　昆明学院旅游学院教授，《旅游研究》杂志主编
李　玺　澳门城市大学国际旅游与管理学院执行副院长，教授、博士生导师
王春雷　上海对外经贸大学会展与传播学院院长，教授
朱　伟　天津农学院人文学院副院长，副教授
邓爱民　中南财经政法大学旅游发展研究院院长，教授、博士生导师
程丛喜　武汉轻工大学旅游管理系主任，教授
周　霄　武汉轻工大学旅游研究中心主任，副教授
黄其新　江汉大学商学院副院长，副教授
何　彪　海南大学旅游学院副院长，教授

普通高等学校"十四五"规划旅游管理类精品教材

教育部旅游管理专业本科综合改革试点项目配套规划教材

总主编 ◎ 马 勇

会展旅游
MICE TOURISM

主 编 ◎ 朱运海
副主编 ◎ 张 莉 李 璇

华中科技大学出版社
http://press.hust.edu.cn
中国·武汉

内 容 提 要

本书从会展和旅游的关系切入,在系统掌握国内外有关会展旅游的最新研究成果和充分借鉴国内外同类教材编写体例的基础上编写而成。本书共分为六章,主要内容包括会展活动、会展旅游、会议旅游、展览旅游、节事旅游和奖励旅游。本书全面介绍了会展旅游的基本概念和实际操作方法。本书可作为旅游类专业的本科生教材,也可作为会展培训机构的培训教材,对旅游业和会展行业从事者也具有一定的实用参考价值。

图书在版编目(CIP)数据

会展旅游/朱运海主编. —武汉:华中科技大学出版社,2015.10(2024.2重印)
全国高等院校旅游管理专业类"十三五"规划精品教材
ISBN 978-7-5680-1300-0

Ⅰ.①会… Ⅱ.①朱… Ⅲ.①展览会-旅游-高等学校-教材 Ⅳ.①F590.7

中国版本图书馆 CIP 数据核字(2015)第 245009 号

会展旅游　　　　　　　　　　　　　　　　　　　　　　　朱运海　主编
Huizhan Lüyou

策划编辑:李　欢　周清涛
责任编辑:封力煊
封面设计:原色设计
责任校对:张会军
责任监印:周治超
出版发行:华中科技大学出版社(中国·武汉)　　电话:(027)81321913
　　　　　武汉市东湖新技术开发区华工科技园　　邮编:430223
录　　排:华中科技大学惠友文印中心
印　　刷:武汉市籍缘印刷厂
开　　本:787mm×1092mm　1/16
印　　张:15.25　插页:2
字　　数:375千字
版　　次:2024年2月第1版第7次印刷
定　　价:46.00元

本书若有印装质量问题,请向出版社营销中心调换
全国免费服务热线:400-6679-118　竭诚为您服务
版权所有　侵权必究

总 序

旅游业在现代服务业大发展的机遇背景下,对全球经济贡献巨大,成为世界经济发展的亮点。国务院已明确提出,将旅游产业确立为国民经济战略性的支柱产业和人民群众满意的现代服务业。由此可见,旅游产业已发展成为拉动经济发展的重要引擎。中国的旅游产业未来的发展受到国家高度重视,旅游产业强劲的发展势头、巨大的产业带动性必将会对中国经济的转型升级和可持续发展产生良好的推动作用。伴随着中国旅游产业发展规模的不断扩大,未来旅游产业发展对各类中高级旅游人才的需求将十分旺盛,这也将有力地推动中国高等旅游教育的发展步入快车道,以更好地适应旅游产业快速发展对人才需求的大趋势。

教育部2012年颁布的《普通高等学校本科专业目录(2012年)》中,将旅游管理专业上升为与工商管理学科平行的一级大类专业,同时下辖旅游管理、酒店管理和会展经济与管理三个二级专业。这意味着,新的专业目录调整为全国高校旅游管理学科与专业的发展提供了良好的发展平台与契机,更为培养21世纪旅游行业优秀旅游人才奠定了良好的发展基础。正是在这种旅游经济繁荣发展和对旅游人才需求急剧增长的背景下,积极把握改革转型发展机遇,整合旅游教育资源,为我国旅游业的发展提供强有力的人才保证和智力支持,让旅游教育发展进入更加系统、全方位发展阶段,出版高品质和高水准的"全国高等院校旅游管理专业类'十三五'规划精品教材"则成为旅游教育发展的迫切需要。

基于此,在教育部高等学校旅游管理类专业教学指导委员会的大力支持和指导下,华中科技大学出版社汇聚了国内一大批高水平的旅游院校国家教学名师、资深教授及中青年旅游学科带头人,面向"十三五"规划教材做出积极探索,率先组织编撰出版"全国高等院校旅游管理专业类'十三五'规划精品教材"。该套教材着重于优化专业设置和课程体系,致力于提升旅游人才的培养规格和育人质量,并纳入教育部旅游管理本科综合改革项目配套规划教材的编写和出版,以更好地适应教育部新一轮学科专业目录调整后旅游管理大类高等教育发展和学科专业建设的需要。该套教材特邀教育部高等学校旅游管理类专业教学指导委员会副主任、中国旅游协会教育分会副会长、中组部国家"万人计划"教学名师、湖北大学旅游发展研究院院长马勇教授担任总主编。同时邀请了全国近百所开设旅游管理本科专业的高等学校知名教授、学科带头人和一线骨干专业教师,以及旅游行业专家、海外专业师资等加盟编撰。

该套教材从选题策划到成稿出版,从编写团队到出版团队,从内容组建到内容创新,均展现出极大的创新和突破。选题方面,首批主要编写旅游管理专业类核心课程教材、旅游管

理专业类特色课程教材,产品设计形式灵活,融合互联网高新技术,以多元化、更具趣味性的形式引导学生学习,同时辅以形式多样、内容丰富且极具特色的图片案例、视频案例,为配套数字出版提供技术支持。编写团队均是旅游学界具有代表性的权威学者,出版团队为华中科技大学出版社专门建立的旅游项目精英团队。在编写内容上,结合大数据时代背景,不断更新旅游理论知识,以知识导读、知识链接和知识活页等板块为读者提供全新的阅读体验。

在旅游教育发展改革发展的新形势、新背景下,旅游本科教材需要匹配旅游本科教育需求。因此,编写一套高质量的旅游教材是一项重要的工程,更是承担着一项重要的责任。我们需要旅游专家学者、旅游企业领袖和出版社的共同支持与合作。在本套教材的组织策划及编写出版过程中,得到了旅游业内专家学者和业界精英的大力支持,在此一并致谢! 希望这套教材能够为旅游学界、业界和各位对旅游知识充满渴望的学子们带来真正的养分,为中国旅游教育教材建设贡献力量。

丛书编委会

2015 年 7 月

前言

旅游业以其广泛的产业关联效应和乘数效应,使得许多国家和地区都纷纷把旅游业作为经济发展的重点产业和先导产业。旅游需求的日益扩大和旅游经济规模的扩张,使旅游日益成为现代人类社会主要的生活方式和社会经济活动。从世界范围内来看,旅游业于18世纪40年代产生于欧洲,到20世纪50年代,欧美发达国家的旅游大众化趋势日益明显。当前,旅游业已经成为世界上产业规模最大和发展势头最强劲的朝阳产业。

我国旅游业起步要晚于欧美国家,普遍认为近代中国旅游业兴起于20世纪20年代,新中国成立后,尤其是20世纪80年代以后旅游业才真正取得了实质性的发展;大约在2000年我国开始进入大众旅游时代。我国旅游业在改革开放后的30多年中,从无到有,依次经历了性质变革、功能变革和管理变革,即由事业接待型向市场经营型转变,由单一功能的观光式旅游向多功能的参与式旅游转变,由行业内部管理向全方位管理转变。

与旅游业一样,会展经济对于区域经济发展和社会进步具有良好的助推器作用,被誉为"城市的面包"。与旅游业相比,会展业的发展对区域经济发展水平依赖性更强,一个普遍的现象就是会展业发展得好的城市,旅游业一定发展得好,会展业和旅游业在经济发达的城市起到了良好的协同发展效益。城市会展和旅游业的蓬勃发展催生了会展旅游这一新型旅游形式。国内外学术界从一开始就密切关注会展旅游的发展,经过多年的积累已取得了许多可喜的成果。为了更好地适应业界发展的需要,国内高校旅游专业纷纷开设了会展旅游方面的课程。国内已经出版了一些有关会展旅游方面的教材,但这些教材普遍存在以下三类问题:

第一,旅游特色不浓厚。大多数教材都是简单地将旅游与会展嫁接,所谓的会展旅游就是"会展+旅游",往往给人两张皮的感觉,既不利于旅游专业的学生了解会展业,也不利于会展专业的学生了解旅游业。

第二,会展知识准备不足。目前已出版的教材普遍缺乏会展业的知识和理论基础,作为在旅游专业开设的会展旅游课程,学生要真正掌握和理解会展旅游,必须对会展业有感性的认识和整体的把握,但目前的教材普遍存在对会展活动介绍不足的缺陷。

第三,没有突出会展管理策划能力。目前已出版的教材普遍存在的不足是仅仅把会展旅游作为一项产品或活动进行介绍,多数是站在服务接待的层面,在进行内容安排和知识讲解方面,缺乏必要的产业视野和运营管理的思维。因此,教材很容易出现因内容过于浅显而缺乏必要的理论深度,从而导致学生学习兴趣不高,难以激发学生进一步思考和学习。

为了更好地适应旅游类人才培养的需要,我们仔细研究了国内外同类相关教材,借鉴了其他教材的优点,同时又突出自己的特色。本书分为会展活动、会展旅游、会议旅游、展览旅游、节事旅游和奖励旅游等内容。其中专列了"会展活动"一章,对会展的概念内涵、会展活动的性质、会展经济的功能和运作模式、会展组织等内容进行详细介绍。本书力图将会展旅游的前沿理论与实证研究案例相结合,试图体现其新观念、新思路,以及会展旅游理论的前瞻性、科学性、实证性、案例性。本书在内容编排上力求突出要点、注重实际,具备鲜明的特色,在阐述介绍的同时,引入知识活页、知识链接、案例分析等项目,教习结合,学练互动。

本书主编朱运海长期担任旅游管理本科专业"会展旅游"课程的教学任务,并参与地方各种会展活动组织策划工作,具有较强理论素养和实践经验。本书编写分工如下:第一、二章和第五章的第三、四节,以及附录部分由湖北文理学院的朱运海负责编写;第三章和第五章的第一、二节,由荆州职业技术学院的张莉老师负责编写;第四、六章,由荆州职业技术学院的李璇老师负责编写,全书内容最后由朱运海负责统稿。另外,本书的出版得到华中科技大学出版社李欢、封力煊女士的指导和帮助,在此一并表示感谢。

由于编者水平有限,加之时间仓促,本书肯定有不足之处。我们希望借本书与更多的专业人士沟通交流,恳请广大专家与读者不吝赐教。

朱运海

2015 年 8 月

目 录

Contents

第一章　会展活动 …… 1
第一节　会展的概念内涵 …… /2
第二节　会展活动的性质 …… /13
第三节　会展经济的功能 …… /17
第四节　会展经济的发展模式 …… /19
第五节　会展组织与会展活动 …… /22

第二章　会展旅游 …… 41
第一节　会展旅游的概念内涵 …… /42
第二节　会展旅游的基本内容 …… /51
第三节　会展旅游的特征和市场主体 …… /54
第四节　会展旅游资源、产品和产业链 …… /58
第五节　会展旅游发展的条件 …… /73

第三章　会议旅游 …… 79
第一节　会议旅游的概念和特点 …… /81
第二节　会议旅游的过程管理 …… /85
第三节　会议旅游产品设计与开发 …… /98

第四章　展览旅游 …… 107
第一节　展览旅游概述 …… /109
第二节　展览旅游的构成要素 …… /119
第三节　展览旅游的运作与策划 …… /123

第五章　节事旅游 …… 135
第一节　节事旅游的概念内涵 …… /136
第二节　节事旅游的策划与运作 …… /144

　　第三节　节事旅游主题策划　　　　　　　　　　　　/156
　　第四节　节事旅游商业化运营　　　　　　　　　　　/166

178　第六章　奖励旅游
　　第一节　奖励旅游的概念　　　　　　　　　　　　　/180
　　第二节　奖励旅游的操作流程与策划　　　　　　　　/187
　　第三节　奖励旅游的现状与发展趋势　　　　　　　　/195

203　附录
　　附录1　国际博览会联盟章程　　　　　　　　　　　　/203
　　附录2　国际展览会公约　　　　　　　　　　　　　　/212
　　附录3　国际科学技术会议与展览管理暂行办法　　　/220
　　附录4　国际科学技术会议与展览管理暂行办法实施细则　/224
　　附录5　中国商业联合会会展活动管理暂行办法　　　/229
　　附录6　中国参加国际展览局和世界博览会工作管理办法　/231

234　参考文献

第一章

会展活动

学习引导

2010年5月1日至10月31日在上海举办了以"城市,让生活更美好"为主题的第41届世界博览会(以下简称"世博会"),此次世博会也是由中国举办的首届世界博览会。上海世博会总投资达450亿人民币,创造了世界博览会史上的最大规模纪录,同时高达7000万的参观人数也创下了历届世博之最。盛况空前的上海世博会,一方面让中国走向了世界,另一方面也让世界通过上海世博会重新认识了中国。这里所说的世博会就是本书所讲的会展活动的一种,而且是影响最大的那一类会展活动。

学习目标

通过本章学习,重点掌握以下知识要点:
1. 会展和会展经济的概念;
2. 会展活动的性质;
3. 会展经济的功能;
4. 会展经济的发展模式。

第一节　会展的概念内涵

一、会展的起源与发展

会展的基本功能是通过展示以达到交换的目的，会展即会议和展览，会议和展览分别代表了以语言形态的观念思想和以物质形态的产品的展示和交换。从这个意义上说会展活动是社会分工的产物和人类群居生活的需要。欧美展览界普遍认为会展起源于集市——这是因为集市已经具备了展览会的一些基本特征，如固定地点、定期举办等。但集市是松散的展览形式，规模一般比较小，且具有浓厚的农业社会特性，因而只是展览的初级阶段。现以展览为例，简要介绍会展的产生和发展。

（一）古代的集市发展

据考证，具有商业性质的集市最早出现在中国古代的奴隶社会，2000 多年前的《吕氏春秋·勿躬》便有"祝融做市"的记载。集市包括市、集、庙会等多种市场交换形式。市指人们交换产品的场所，到西周时发展成为官府控制的市场，此后的几百年间市坊制曾一度流行，即市的设立或撤销由官府决定，市是商业区，坊是住宅区，市区不建住宅，坊区不设店铺。两宋时期，日益发达的商品经济直接造成市的地域、时间限制被打破，官府控制的市逐渐消亡。从此，市进入了一个新的发展阶段，商业色彩也越来越浓。集大约形成于公元前 11 世纪，是随着社会分工的深化和经济交流的扩大而发展起来的。与市相比，集的地点比较固定，举行的时间具有明显的周期性，参加者主要是农民和手工业者，且彼此之间的交易活动实质上是生产者之间的产品流通，这些特点已经构成了展览活动的雏形。与市、集不同，庙会产生源于宗教活动中，比起乡村的集，庙会的内容更加丰富多彩，除了传统的产品交换外，还包括宗教仪式、文化娱乐等活动。

欧洲古代集市的产生晚于中国，但它在发展过程中表现出明显的规模性和规范性。在英文中，集市和博览会同为 fair，欧洲展览界普遍认为展览会起源于集市，因为集市已经具备了展览会的一些特征如固定的地点、定期举行等。然而集市只是松散的展览形式，规模一般较小，并且具有浓厚的农业社会特征，还处于展览的初级阶段。

许多西方学者认为，欧洲的集市起源于古代希腊的奴隶市场，以及后来的奥林匹克运动会和城邦代表大会。在中世纪展贸以特许集市的形式出现，通常是每年季节性举行的集市，由城市或地方长官、国王或教皇授予举办展贸的权力。其影响是跨地区的，促进了地区间经贸发展。大规模的展贸活动始于 11—12 世纪，其中最重要的事件是伯爵领地"香槟地区"的展贸活动成为欧洲的重要集贸中心。由于产品的交易引起资本交易的进行，展贸带动了资本流通，到 14 世纪原来的"香槟地区"已成为欧洲最大的资本中心。

中世纪晚期，欧洲已形成发达的展贸网，由过去单一地区举行，发展到由更多城市季节性地举办。在重要的集贸活动中，资本交易业同样促进交易发展，并导致了各国间汇率和外汇交易的发展，及强大国际货币的确定，从而又使资本与商品的交易相对独立，组建分化形成金融中心和展贸中心。

(二)近代展览活动

18世纪60年代工业革命的爆发,推动了欧洲经济的迅速发展,同时也引起了展览业的一系列变革。工业革命带来的变革是展贸业从货物交易变为样品交易。其原因在于:行业自由化、工业化技术的发展及交通手段的改善,使商人们无需在特定的时间、地点提供产品,而只需带样品来参展,拿着订单回去,并通过工业化的生产及时提供交易。于是展贸会逐渐有了一种"展览"的功能。

1667年,世界上第一个艺术展览会在法国举行,它对展览活动的发展产生了深远的影响。1798年在内务部长德纳夫沙托的提议下,法国举办了世界上第一个由政府组织的工业产品大众展,西方学者倾向于把这次展览作为近代工业展览会的开端;尽管在此之前欧洲也出现过一些工业展览会,但规模普遍较小且未连续举办,因而西方学者倾向于把这次展览会作为近代工业展览会的开端。此后50年间,许多国家都模仿法国,举办过工业展览会,然而由于当时保护主义盛行,这些工业展基本没有外国参展商。

1851年,英国在伦敦举办了"万国工业产品大博览会",该展览会在海德公园的水晶宫举行,展出面积达到10万平方米,参展商有1.7万多家,其中50%来自国外,观众人数超过600万人次。这是第一个真正具有国际规模的展览会,其目的是通过展览活动促进国家间的贸易与合作,以实现全球资源和市场的共享。这次博览会就是后来世界博览会的前身,因而西方展览界将其看做第一个世界博览会。世界博览会成为展览活动的一种高潮形式,伦敦、巴黎、维也纳、芝加哥和圣路易斯都因博览会的举行,大大改变了城市面貌。

在近代,我国展览业发展缓慢,集市作为主导展览形式一直持续到19世纪末。我国近代展览活动包括20世纪初举办的几次展览会和博览会以及抗战时期的展览会。1905年,清政府在北京设立劝工陈列所;1915年,北洋军阀农商部下属的劝业委员会设立商品陈列所。两者的目的都是为了鼓励生产和展示国产商品。1935年11月至1936年3月,我国艺术国际展览会在伦敦举行,这是我国第一次出国办展,在英国甚至整个欧洲引起轰动。在博览会方面,我国近代史上曾举办过武汉劝业会(1909年)、南洋劝业会(1910年)、西湖博览会(1929年)等几次具有一定规模的博览会,目的都是促进工商业发展。上述这些展览会对近代我国的经济发展起了一定的推动作用,但在流通领域的作用远没有发挥出来。

(三)现代会展业

传统集市虽然具有市场功能,但是由于规模小且组织手段落后,所以无法满足大批量流通的需要;工业展览会则强调宣传展示,缺乏市场功能。这种尴尬的局面急切需要新型展览形式出现。1894年,德国莱比锡样品博览会的举办打破了这种僵局。样品博览会兼具集市的市场性和工业展的展示性,即以展示为手段,以交易为目的,因而被认为是现代贸易展览会和博览会的最初形式。

现代贸易展览会和博览会的发展过程可分为两个阶段:

第一个阶段是两次世界大战之间综合性贸易展览会的发展。一战使得许多国家陷入经济困境,同时也破坏了此前的国际自由贸易环境,各国不得不寻求新的途径来促进本国经济发展,综合性贸易展览会和博览会应运而生。如法国在1916—1919年就举办过三届国际博览会,并取得较大成功。但是由于这段时间各国举办了过多的展览活动,展出水平和实际收益普遍下降,展览业出现混乱的局面。1924年,国际商会在巴黎召开了国际展览会议,以此为基础,国际展览联盟(Union of International Fairs,UFI)次年在意大利米兰成立。该组织的成立对提高国际展览会的质量标准,维护全球展览业的正常秩序做出了重要贡献。

第二个阶段是第二次世界大战后专业展览会的出现与成长。二战后,世界各国都着力进行经济建设和发展科技教育,劳动分工越来越细,产品更新速度明显加快,综合性的传统贸易展览会已难以全面、深入地反映工业水平和市场状况。在此背景下,现代贸易展览会和博览会开始朝向专业化方向发展,并在20世纪60年代成为展览业的主要形式。专业展览会在展览内容、参展商和观众方面具有明显的专业性,这有利于反映某个行业及其相关行业的整体发展状况,因而更具有市场功能。现代展览业经历了一个半世纪的发展历程形成了以欧洲和美国为龙头,以亚太地区为强大新生力量的全球化产业,拥有了全球性的行业组织——国际展览局和国际展览联盟。

当前,会展业正朝着国际化、专业化、科技化的方向发展。随着会展活动对社会经济特殊作用的进一步体现,会展业会受到越来越多国家和地区的重视。

上述发展过程可以简要概括为四个阶段(见表1-1)。

表1-1 展览发展的四个历史阶段

阶 段	标 志	活动范围	典型形式	活动目的	组织方式
原始	原始社会	地方	以物易物	交换物品	自发
古代	工业革命前	地区	集市贸易	市场交换	松散
近代	1798年法国工业产品大众展	国家	工业展览会	产品展示	有组织
现代	1851年英国伦敦万国工业产品大博览会	国际	贸易展会和博览会	产品展示和市场交换	专业组织

二、会展与会展经济

(一)会展

会展作为人类的一项社会活动,是社会生产力发展到一定阶段,人们为了更好地适应生产力发展的需要而对生产关系做出必要的调整的产物。从1798年法国举办了世界上第一个由国家组织的工业产品大众展和1851年由英国政府在伦敦举办的被称为第一届世博会的"万国工业产品大博览会"至今,以展览为代表的会展业已经走过了两个多世纪,并成为一项国际盛事。

随着会展活动的影响越来越大,如何理解它就成为一个问题。目前,对于会展有两种理解方式:一种是狭义的理解,会展被称为C&E(convention and exposition)或者M&E(meeting and exposition),内容仅包括会议和展览,主要以欧洲为代表;另一种是广义的理解方式,也即通常所说的MICE(M即corporate meetings公司业务会议;I即incentive tour奖励旅游;C即conventions协会组织会议;E即event and exposition事件活动或展览),内容涵盖了各种类型的会议、展览交易会、节庆赛事活动和奖励旅游等更加广泛的领域,主要以美国为代表。从研究的角度看,狭义的会展内涵明确、外延较窄,更专业、更纯粹,有利于更好地进行学术研究;广义的会展拓展了会展活动的内涵和外延,涵盖了更多的会展现象,有利于拓展会展研究的领域和增强会展活动的社会影响和关注度。

(二)会展经济

如果说会展只是人类的一项早已有之的社会活动的话,那么当这项社会活动经过漫长时间的发展,逐渐成为一项普遍的社会现象而受到社会关注,并从一开始的自发产生到后来的自觉组织以获取经济利益的时候,会展活动就已经成长为一种新的经济现象,而被称为会展经济。当会展经济的规模和内在结构日益扩大和完善,形成了以会展产品生产和会展服务提供为核心、具有不同分工的、利益相互联系的相关行业的新业态时,就形成了所谓的会展产业。基于此我们认为,会展经济就是指以现代化的会展场馆为基础,以完善的城市设施和健全的服务体系为支撑,通过举办各种形式的会议或展览活动等,吸引大批与会、参展人员及观众前来参观访问、经济洽谈、文化交流等,从而在获得直接经济效益的同时带动城市一系列相关行业发展的一种经济现象。

会展业的存在与发展必须有一定的要素构件。其主要要素包括以下五个方面:

(1)会展组织者。

会展组织者是指从事会展资源开发、会展产品生产以及会展市场经营管理的专业会展公司、各类拥有会展举办权的机构和组织。它首先是一个会展项目的开发者,并且是整个会展事务的执行者,还是展后事务的处理者,因而是会展中处于主导地位的主体。

(2)会展场馆。

会展场馆是会展活动得以进行的平台。根据会议活动和展览活动的需要,它一般分别设有专门的会议厅和展览厅。由于场馆占地面积大、前期投入多、回报周期长,所以一般都是由国家投资建设,或由政府部门经营管理,或委托专门的企业组织进行管理。同时,随着会展业市场化的发展,会展场馆也出现了多元化的投资主体。

(3)会展服务提供者。

会展服务是会展市场中不可缺少的环节。相对于会展经营和场馆经营而言,会展服务更加多样化,包括展台的设计与装饰、展品运输、广告与信息服务、参展商和观众的接待、场馆的保洁服务等。这些服务随着会展市场化的发展必然走向专业化,由专门的会展服务公司来提供。

(4)参展商。

参展商是受会展组织者邀请,通过订立参展协议书(或会展合同),于会展活动举办的特定时间内在展出场所展示产品或者服务的主体。作为会展场馆的客户群体,参展商是产品、技术等有形和无形商品的宣传者、经贸洽谈的卖方。

(5)观众。

观众是通过购买门票或提前注册入场参观、与参展商进行洽谈的自然人、企业以及其他相关的市场主体。根据观众身份的不同,观众可分为普通观众和专业观众。普通观众就是一般的公众;专业观众包括贸易商、采购商、批发商等。一般说来,专业观众素质高,很多都能参与企业的决策。这也是当代展览的专业化倾向加重且更多地面向专业观众的根本原因。

会展是一种综合程度高、关联性强的经济活动。涉及会展的还有各级政府及工商行政管理部门、商会等相关协会、海关、税务、检验检疫等行政性质的主体,以及保险、广告、新闻、运输、酒店、保障等相关商业主体,这些部门仅仅是会展业的边缘主体。会展业与相关行业关联示意图,如图1-1所示。

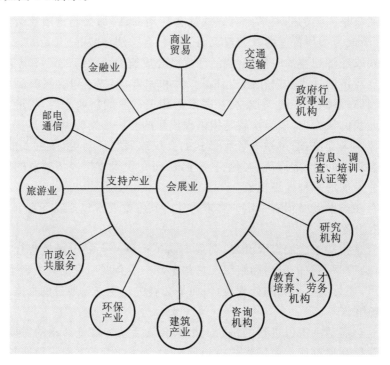

图1-1 会展业与相关行业关联示意图

因此,作为一项社会活动的会展要想成长为会展经济(产业),需要具备以下五个特征:

(1)经济带动。

会展业不仅仅是一个高收入、高盈利,能够创造较好经济效益的产业,更重要的是会展业的发展能够带动相关产业和领域的发展。统计数据表明,会展业本身的利润在25%以上,其利润直接来自会议和展览所成交的金额和会展的门票收入,其间接收益更为显著——会展业本身的收益与关联行业的收益之比为1∶9到1∶10。

(2)增加就业。

会展业及其相关联行业可以提供大量的就业岗位,据国际展览联盟测算,在会展目的地平均每20平方米的展馆面积可以提供1~2个就业岗位,每1000平方米的展览面积,可以创造近百个就业机会。

(3)高度市场化运作。

产业是市场化运作的产物,产业的市场化运作程度越高,其经济效益和产业特性就越明显。会展业发展的历史表明,会展活动要成长为会展经济(产业)必须完全融入市场,遵循市场规律与原则,通过市场竞争优化会展产业的行业结构和服务水平。

(4)增强产业关联性。

产业关联是指会展业的发展对其他行业的关联带动作用。一般认为,会展业是一个有显著关联性的产业,与其相关的建筑业、交通业、广告业、旅游业、娱乐业、餐饮业等共同组成了以会展业为核心的会展产业群。

(5)产业自身自成体系。

会展业之所以能被称为会展经济或会展产业,是因为其具备一套自身的运作体系——既包括会展的软、硬件设施,也包括会前、会中和会后的各种服务,围绕会展产品和服务供给形成了相对独立的产业体系。

(三)会展业的产业联动效应

一个产业的联动效应取决于这个产业在当地经济发展中的产业地位及其与其他诸多产业的关联程度。会展经济素有"城市面包"的美誉,当会展业被确定为城市的主导产业时,它通常能产生三种效应:回顾效应、前项效应和旁侧效应(见图1-2)。

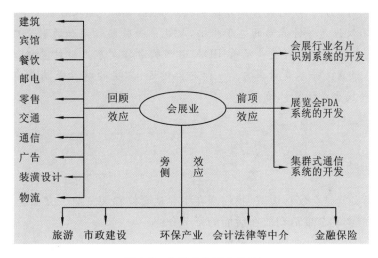

图1-2 会展业的产业效应

(1)回顾效应。

回顾效应是指当一个产业处于高速增长阶段时,由于其技术经济联系的要求,会对后向关联的部门提出新的投入需求。这些新的投入需求,将会促进后向关联部门技术、组织以及制度等方面的创新与发展。会展业的回顾效应在于对城市建筑、装潢、设计、广告、旅游、物流、零售、交通、通信、宾馆、餐饮等行业提出新的投入需求,由此带动这些相关行业的发展。

(2)前项效应。

前向效应是指主导部门的成长诱导了新兴工业部门、新技术、新原料、新材料的出现,改善了自己提供给其他产业产品的质量。会展业的发展会促进新技术和新产品的问世。例如,国家创新基金投资进行会展行业名片识别系统的研究;开发PDA(个人数据助理)技术实现门禁管理;完善集群式通信系统以保证展览现场通信畅通等。这些问题的解决不仅会推动会展业的发展,也可以推广运用到其他行业和部门,对其他行业的发展起到推动作用。

(3) 旁侧效应。

旁侧效应是指主导部门的成长会引起它周围地区在经济和社会方面的一系列变化,这些变化趋向于在更广泛的基础上推进工业化进程和产业结构升级。会展业的发展会同时拉动城市金融、保险、市政建设、环保、会计、审计等行业的发展,促进这些行业采用先进的管理技术和设备,加速这些行业专业技术人员的培养。而这种影响已远远超过了会展活动本身,它将波及整个城市的社会、经济领域。

知识活页　PDA(Personal Digital Assistant)个人数字助理

一种手持式电子设备,具有电子计算机的某些功能,可以用来管理个人信息,也可以上网浏览、收发电子邮件等。一般不配备键盘,俗称"掌上电脑"。

PDA 可使用户以无线方式发送和接收数据。由于现在可买到许多应用软件,PDA 已不仅仅是一种流动的电子秘书,也是一种股票顾问和通向全球的信息银行和通信的电子公路的网关。尽管 PDA 通常被看作是掌上型计算机,但 PDA 这一词语的真正意义并不是计算机,一种更为贴近、真实的解释是消费者也许是在从 PDA 中寻找台式计算机的功能。

三、会展活动的内容

会展顾名思义就是会议和展览,我们现在主要从会议和展览两个方面介绍会展活动,为避免重复,奖励旅游和节事活动放在后面的章节介绍。

(一) 会议

1. 会议的定义

会议,简单说就是人们以"议"为目的的集"会",具体说就是指人们怀着各自相同或不同的目的,围绕一个共同的主题,进行信息交流或集会、商讨的活动。会议的主办者、承办者、与会者和演讲人共同构成了一个关于会议的利益相关者群体,会议的主要内容则是与会者之间的思想或信息交流。市场化运作的会议,一般先由会议主办方制定会议计划和主题,并委托给会议承办者;承办者则围绕着既定的会议主题进行会议设计,并在市场上寻找会议买家(参会者或目标与会者)、相关人员(如媒体、演讲嘉宾、政府人员等)以及会议举办地等会议要素,将其组合成一个会议产品,最后由自身接待会议,或将会议产品分包给专业的会务公司。

2. 会议的分类

会议类型多种多样,按照不同的标准可以有多种划分方法。会议的分类标准及类型如表1-2所示。

表 1-2　会议的分类标准及类型

分类标准	类　型	说　明
按照会议的地域范围和影响力划分	国际会议	国际大会及会议协会（ICCA）的规定，国际会议的标准是：至少有20%的与会者是外国人，与会的人数不少于50人
	全国会议	
	地区会议	
	本地会议	
按照会议本身的性质划分	营利性会议	主要由专业会议公司（PCO）或一些营利性机构来策划和组织，如企业研讨会、产品发布会、行业培训会等
	非营利性会议	主要由自身组织和召开，如政府工作会议、协会会议、公司内部会等
按照会议举办者的性质划分	协会会议	如贸易、医药、食品等行业每年度起举办的各种会议
	公司会议	如销售、培训、股东等各种类型的公司会议
	政府会议	地方和中央政府所举办的各种会议
	其他类型会议	如工会、政治团体、宗教等组织所举办的会议
按照会议所属行业划分	医学、科学、教育、农业、环境等类别	

（二）展览

美国《大百科全书》将展览定义为"一种具有一定规模，定期在固定场所举办的，来自不同地区的有组织的商人聚会"。展览会的主要利益相关者有展览的主办者、承办者、参展商和观众（又分为专业观众和业余观众），展览活动的主要内容有实物展示、参展商与观众之间的信息交流和商贸洽谈等。按照不同的划分标准，可将其分为不同类型。展览的分类标准及类型如表1-5所示。

表 1-5　展览的分类标准及类型

分类标准	划分类型	解　释	说　明
内容	综合性展览会	因涉及多个行业、多种展品，又被称为水平型（横向型）展览会，如世博会	综合展和专业展一般都属于贸易展览会，目的是交流信息、洽谈业务
	专业性展览会	因具有鲜明的主题，也被称作垂直型（纵向型）展览会，主要展出某一行业或同类型的产品	
	消费展览会	展的（展出物）以消费品为主，主要对公众开放，其目的是直接销售	

续表

分类标准	划分类型	解 释	说 明
规模	国际展览会	参展商和观众来自多个国家,如汉诺威工业博览会、中国进出口商品交易会(广交会)等	"规模"是指参展商和观众所代表的地域范围,而不是展览场的面积
	全国展览会	介于国际展和本地展之间	
	地方展览会	所面向的专业观众主要为当地及周边地区的企业和公众	
	独家展览会	由单个公司为其产品或服务举办的展览会	
时间	定期展、不定期展	定期展按照固定的时间间隔周期性举办,不定期展则按照企业的需要而定	普通的展览会的展期一般为3～4天
	短期展、长期展、常年展	按照一次展出的持续时间长短来划分	
地域	国内展	在本国国境之内举办的各种展览	
	出国展	在本国国境之外举办的各种展览	
功能	教育性展览	主要指经济建设成就展览、先进人物事迹展览、科普类展览、欣赏性书画展等。多属于非营利性展览,主办者多为政府或社会组织,其目的是宣传政策、弘扬精神、普及知识等	教育性展览一般多为公益性的非营利性的,中介性展览多为营利性的
	中介性展览	主要指商业推广展、贸易型交易展、消费型交易展、综合性展览,目的在于通过举办展览,搭建一个平台,供参展商和观众洽谈贸易	
方式	实物展览会	日常所说的各种展览会	如今多为虚实同步进行
	网上展览会	网上虚拟的展览会,是对实物展的有效补充	

展览涉及众多周边产业,经济带动效益明显,对繁荣展览举办地经济具有重要作用。展览所涉及的周边服务业,如表1-6所示。

表1-6 展览所涉及的周边服务业

项 目	涉及的周边服务业
进出场	货物运输、海关、物流公司
展览安保	保安公司、公安
清洁	环卫公司
布展	装饰公司、广告公司
展厅网络技术服务	网络公司、信息服务公司
展览宣传报道	公关公司、广告公司、新闻媒体
餐饮、住宿	餐饮业、住宿业

续表

项　　目	涉及的周边服务业
人员交通	航空公司、出租车公司等
节目/视听设备	开闭幕、主题演讲、商贸洽谈会、文艺汇演
旅游服务	附近的旅游景区、主题公园、旅行社
购物	商场、超市、旅游商店等
其他	横幅、布旗、印刷、宣传单、赠品等

四、会展业的发展趋势

会展业在经历近两个世纪的经营发展,已成为举世瞩目的大产业,进入 21 世纪,随着世界经济一体化的增强和互联网经济异军突起,会展业也将面临一个转机,具体而言会展旅游业将会面临以下九大变化趋势。

1. 会展旅游业运行机制市场化、信息化

随着经济全球化的进一步发展,会展旅游业运行机制的市场化特征将更趋明显。一方面,会展旅游业的法律法规、行业规则将得到进一步完善;另一方面,政府和行业协会按照市场化原则对会展旅游市场进行调控、管理和规范,将进一步拓展市场服务,从而引导市场功能越来越强化。市场化的实质是信息化,信息化既是我国会展业与国际接轨的一个重要衡量标准,也是会展业发展的必然趋势。这里的"信息化"有两层含义:一是要尽可能地掌握国际会展业最前沿的东西,包括行业最新动态、理论研究成果、展会信息或专业设备等;二是在会展业中充分利用各种信息技术,以提高行业管理和活动组织的效率。

2. 会展主办机构专业化

只有实现专业化才能突出个性,才能扩大规模,才能形成品牌已成为国内会展界的共识。在 20 世纪五六十年代,绝大部分的专业性国际展会都是由行业协会主办的。随着展会之间的竞争日益激烈,越来越多的行业协会把自己的展会卖给了专业展览公司,或者和专业展览公司合资组成股份有限公司,行业协会只保留一定的股份,把展会的经营权全部或部分地交给专业展览公司。近几年来,国内会展界已在这方面做了大量有意义的探索:一是展会内容的专题化。展会必须有明确的主题定位,否则就吸引不了特定的参展商和观众,国内绝大多数展会主办者都意识到了这一点。二是场馆功能的主导化。除了会议或展览需要有明确的定位外,场馆也应该有比较清晰的主导功能定位。在会展业发达的国家,一些国际性的品牌展会总是固定在某个或几个场馆举行,这样既便于会展公司和场馆拥有者之间开展长期合作,又有利于培育会展品牌,我国会展企业应吸取其中的成功经验。三是活动组织的专业化。随着中国会展业的发展尤其是与国际会展市场的进一步接轨,国内会展业必将在展会策划、整体促销、场馆布置、配套服务等方面上一个新台阶,各类专业会展人才也会越来越多,组展过程将呈现出专业化、高水平的特点。

3. 展览公司集团化

由于市场对展会的要求越来越高,展览公司要想成功地主办展会,就必须在资金、人力

资源、国际网络等各方面做出很大的投入,这使得小型展览公司往往力不从心。因此,大部分小型展览公司被大型展览公司兼并或收购,形成了展览公司集团化的趋势。会展企业的集团化不是企业和企业的简单相加,而是整个行业在资产、人才、管理等方面全方位的融合与质的提升。我国会展行业的集团化可以分三步走:一是采取横向联合、纵向联合、跨行业合作等灵活多样的组织形式,组建会展集团。二是开展品牌竞争,即会展集团应以统一的企业文化和品牌开展经营管理,以逐步提高品牌的知晓度及价值含量。三是实行海外扩张。积极向海外扩张是会展企业集团化达到较高水平的一项重要竞争策略,它能使国内会展企业在国际市场竞争中保持主动。海外扩张主要有设立办事机构、合作主办展览、移植品牌展会、投资兴建展馆等四种形式。

4. 会展品牌化

品牌是会展业发展的灵魂,也是中国会展业在21世纪实现可持续发展的关键。综观世界上所有会展业发达国家,几乎都拥有自己的品牌展会和会展名城。国际会展旅游业发展之初,在同一经济领域内往往有众多展会并存,经过市场长时间的优胜劣汰,许多展会实际上已经消失了,一个经济领域内的"强势会展"越办越大,越办越好,逐渐形成自己的品牌,确立了自己的优势地位。一般来说,展会的知名度越高,对参展商和买家的吸引力就越大,成交的可能性也就越大。现代会展旅游业发展至今,几乎每个行业都形成了几个品牌展会,如汉诺威工业博览会、米兰时装展、巴黎时装展、芝加哥工具展、广州中国出口商品交易会等,这些品牌展会已成为买家和卖家不可不去的地方。

5. 会展国际化

会展旅游业作为促进技术进步和贸易交流的利器,已经成为经济发展的桥头堡。因此,随着经济全球化的进一步发展,大型展会的国际参与程度不断提高,其中许多世界著名的会展,其国外参展商数量超过参展商总数的50%,国外观众占到全部观众的15%以上。这对展会主办者提出了更高的要求,无论是从参展商还是从参展观众方面,都必须事先精心做好大量的组织工作,才能满足各方的要求。

6. 会展电子商务化

目前,许多大型会展都辟有电子商务展区,为参展者建立起一个三维立体的虚拟会展世界,向其提供智能化、个性化服务。参展者通过便捷的搜索引擎可在几秒钟之内找到所需的产品,然后可将产品信息存储或发送到指定的电子邮箱,还可以通过互联网与厂商或经营者直接取得联系,从而实现实时的电子交流、交易。展会现场的内容通过互联网发布并随时更新,虚拟展会的网络打印机还可以打印出会展的图文资料。这使得展会成为永不落幕的网上专业会展,在虚拟时空中继续延伸着会展的巨大威力。

7. 会展经营创新化趋势

21世纪是创新的世纪,在这样一个追求个性的时代里,一种事物如果不能常变常新就不能获得持续发展的能力。会展业在中国是一项新兴的经济产业,并且与会展发达国家相比竞争力明显不足,因此唯有不断创新才能突出自身的特色,最终达到"以弱胜强"的效果。我国会展业的创新可分为四个主要方面,即经营观念创新、会展产品创新、运作模式创新和服务方式创新。经营观念创新是指我国会展企业应树立"不求最大,但求最佳"的经营思想,即在最大限度地满足参展商和观众需求的前提下,实现企业综合效益的最大化;会展产品创新主要包括不断开发新展会和大力培育品牌展会;运作模式创新即在组织方式或操作手段上进行变革,以适应新的市场形势,如推进会展企业上市、向海外移植品牌展览会、开展网上展览等;服务方式创新则指按照"以人为本"的原则,充分利用各种现代科技成果,为参展商和观众提供更超前、更便捷的配套服务。在今后一段时间里,推进创新将成为我国各主要城市发展会展业必须坚持的一项重要原则。

8. 展会过程生态化趋势

可持续发展是人类社会永恒的话题。任何一项经济产业要获得持续、健康的发展,都必须寻求经济效益、社会效益和生态效益的统一。可以预见,生态化将成为会展业发展的必然趋势。中国会展业的生态化主要体现在以下四个方面:

(1) 注重场馆的生态化设计。

投资者在兴建会展场馆时将从会展场馆选址、建筑材料选择到内部功能分区,突出生态化的特色,有关管理部门也会对此制定相应的规范。目前,"绿色会展场馆"的概念在国内已经相当时兴。

(2) 大力倡导绿色营销理念。

会展城市在组织整体促销或展会主办者在对外宣传招徕时,都将更加强调自身的生态特色和环保理念,以迎合参展商和大众的环保需求心理。

(3) 强化环境保护意识。

除积极建设绿色场馆外,展会组织者和场馆管理人员将比以前更加注重节能降耗和"三废"处理,在布展用品原材料的选用上也应做到优先考虑易回收的材料。

(4) 以环保为主题的展览会将备受欢迎。

随着中国会展业的日益成熟,国内会展产品中必将涌现出大量与环保相关的专业会议或展览,并且这些展会具有极大的市场潜力。

9. 多元化趋势

从整体上看,世界会展业正在向多元化方向发展,具体包括产品类型的多行业化、活动内容的多样化和经营领域的多元化。首先,会展业的蓬勃发展对会展产品类型提出了越来越高的要求。中国会展企业应根据当地的产业经济基础和自身的办展实力,积极开发新的专业性展会。专业内容可涉及汽车、建筑、电子、房地产、花卉等各个行业,关键是要尽快形成自己的品牌。其次,会展形式正在从传统的静态陈列转向融商务洽谈、展会参观、旅游观光、文化娱乐等项目于一体,这是全球会展业发展的必然趋势。最后,面临激烈的行业市场竞争,我国的绝大多数会展公司都会努力拓展本企业的经营项目,形成"一业为主,多种经营"的格局,以分担经营风险,增强企业综合竞争力。

第二节 会展活动的性质

会展活动作为市场经济时代所特有的一种社会现象,有其产生的时代背景的社会原因。在会展活动的生成和发展壮大的过程中逐渐形成了自己独特特性。从宏观的层面来看,会

展活动一般具有社会、文化和经济方面的独特性质。

一、会展活动的社会属性

一般而言,社会性是指某一个体或集体作为社会的一分子而活动,既依赖又促进社会发展的特性。会展活动作为一种人类社会活动,既是社会发展的产物,又以自身的发展壮大促进了社会的和谐、稳定与发展。会展是人的社会性的延伸,正是人们出于物品展示、信息交流等社会性的需求,造就了会展这种人类所特有的社会活动形式。

会展的社会属性最突出的体现在于会展是人类社会发展的产物。从历史的发展历程来看,以会议和展览活动为主要内容的会展活动,伴随着人类的产生而产生。在前工业时代,人类社会的发展主题处于满足生存需要阶段,生产力低下、社会分化度低、交通运输能力有限,商品的丰富度和交换的迫切性都难以和现在同日而语。随着生产力的不断进步,社会分工日益细化、行业门类日益增多,体现出了社会发展日益相"分"的一面。社会分工的细化和行业门类的增多,一方面有效地提高了生产效率,增加了社会财富;另一方面却使人与人之间、行业与行业之间信息交流和产品交换成本增加。因此,全社会范围内信息交流和物品交换的社会需要日益增强,这又促使社会之"合"的需要的增加,尤其是随着跨国公司的出现和国际贸易的日益频繁,都需要一个供买卖交流合作的平台。正如恩格斯所说,社会一旦有技术上的需要,则这种需要会比十所大学更能把科学推向前进。社会对物品展示、信息交流和商贸洽谈的需要,催生了会展业和会展研究。

会展的社会属性还表现在会展利益相关者之间的社会关系和价值诉求的不同上。会展的各利益相关者,按照价值诉求的不同可区分为以下三对关系:

第一,会展主(承)办者与参展者、观众三者之间的价值关系——会展成功与否、主(承)办者是否赢利,都取决于参展者和观众的多寡。一般情况下多则双赢、少则两败。

第二,会展的参展者与观众之间的价值关系。参展者作为"展的"供给方,自然希望展会上潜在需求者越多越好,从而提高产品的展示效率;另一方面观众作为"展的"的需求方,也迫切需要在展会期间,在有限的时间和空间里尽可能多地获得关于所需商品的信息,降低商品的市场选择成本。因此,参展商和观众是互以对方是否参加会展作为自己是否参加的依据。但是,由于会展供需双方消费的同步性,就使得供需双方都需要在参展前有一个识别符号——会展本身的品牌效应(会展的品牌效益就体现在会展活动对参展商和观众的吸引力,最直接的表现就是二者的人数)来决定是否参展。

第三,会展与会展举办地之间的价值关系。会展本身是社会的产物,需要社会各界的广泛参与才能实行。会展期间,尤其是大型节事活动期间(如世博会、奥运会等)大量的外来人口涌入会展举办地,一方面能够为举办地带来巨大的商机、繁荣当地经济,另一方面也对当地的餐饮、住宿、交通、安保等基础设施和接待服务设施提出挑战,同时也对当地居民的社会心理容量都提出了挑战。总之,多种原因决定了会展活动尤其是大型的会展活动大多选择在经济发达、交通便捷、社会容纳力大的大城市举办。

会展活动对举办地的社会性还表现在增加就业和缓解旅游淡季影响的作用。会展业不仅本身可以吸纳大量就业,还能带动相关产业的就业,具有良好的社会效益。据国际展览联合会测算每20平方米可以提供1~2个就业岗位,每1000平方米的展览面积可创造将近

100个就业岗位。在明白了这一点之后,我们来思考一问题:会展的举办时间与举办地旅游淡旺季的是否应该重合?一般而言,人们往往将会展举办时间放在举办地的旅游淡季进行,其理由主要有三:①从当地居民的社会心理容量和当地的承载力来看,旺季时人满为患,如在举办会展活动,只会起到火上浇油的效果,会对举办地的社会的和谐稳定带来风险;②从经济成本考虑,淡季时餐饮、住宿、人员、物流、交通等和会展各利益相关者息息相关的成本均要低于旺季,会降低会展活动的投入产出比;③会展活动会带来大量的人流,有效地拉动举办地的消费,有效缓解举办地旅游淡季的资源闲置问题,提高旅游接待设施的利用率,对以旅游业为代表的第三产业具有良好的逆周期效益。

此外,欧洲会展的"祖父原则"和会展展期的安排上也充分体现了会展所独有的社会文化特征。所谓"祖父原则",就是指连续参展商可以提出在下一届展览会继续展出同类商品、租用同一展位的申请,会展组织者将优先考虑和满足连续参展商的利益和要求。有时还允许连续参展商拥有长期和永久性展位,如在汉诺威举办的电脑展上,展会组织者专门将一个馆租给IBM建永久性展台,该展馆每年只在展览会举办期间使用一次。欧洲展览会的展期安排一般都有四天的展出时间,还有不少展期在一周或一周以上,每天展出时间一般从上午9:00或9:30直至下午6:30或7:00,每天开馆9~10个小时,欧洲展览会的展期和开馆时间长短与展览会的规模大小有关。在展台设计、装修和其他各项参展准备上花费了大量的时间和精力的参展商希望有足够时间来发挥其应有的作用,而且还需要有足够的时间接待从各处赶来的参观商和专业购买商,展会会展组织者、展馆、酒店等行业和部门也需要较长的时间来分散人流,做好观众的接待工作。欧洲展览会虽然贸易性很强,但都安排专门的时间接待普通观众。

二、会展活动的文化属性

会展活动的文化属性是指社会团体和个人为了更好地生存和发展,在生产、生活中与自然和社会环境相互作用而形成的心理和行为定式。文化属性在日常生活中,多通过受这一文化熏陶的人的衣、食、住、行、言而得以显现,一般处于不自觉的状态,当生存环境改变或遭遇外来文化碰撞时会变得自觉起来。会展活动作为一项社会活动,在漫长的历史长河中在不同的地方各自独立的发展着,尽管会展展示和交流的功能是一致的,但展示和交流的方式和内容,却因人们的生活方式、价值判断、社会归属、文化认同的不同而显示出历史差异性和地域差异性;尽管会展活动形式多样、内容丰富,但会展活动的主体依然是人。

按照德国哲学家、文化哲学创始人卡西尔的说法:"人是符号的动物"——人能发明、运用各种符号去创造文化,而人类的全部文化都是人自身的创造和使用符号的活动的产物。因此,文化总是以符号的形式存在,作为符号动物的人总是通过掌握符号来把握文化。从这个意义上讲会展本身也是人所创造的一种文化符号,体现了在工业化大生产的市场经济时代,人们为了更好地适应市场经济的需要而创造的一种展示和交流的文化形式。从文化传播和商品交换的角度来看,会展在本质上就是以商品(产品、信息、技术、服务等)为中心,依靠文化的渠道和现代技术手段来疏通和缩短供应方与需求方之间,在情感认同、审美情趣、价值判断等方面的距离。任何一次成功会展活动都具有一个鲜明而独特的文化主题,那些享誉世界的会展品牌和会展企业无一例外都经历过文化历练和市场文化认同的过程。

一般而言,会展的文化性体现在以下三个层面:

第一个层面是会展活动所在的国家和地区的民族和地方文化特色。这是最为宏观的文化属性,往往构成了会展活动的文化背景,就像绘画活动的底色,似有若无,但又非常重要,对一幅画的成败具有重要影响。

第二个层面是会展品牌和会展企业自身的文化特性。随着文化因素在企业管理和市场影响中的重要性越来越为人们所认可,在现代会展活动中会展企业和参展企业更愿意通过形式多样的展台设计、文化创意活动和别出心裁的展览方式让参观者停下脚步,并打动参观者,让其留下深刻印象,从而达到传播企业文化的目的。

第三个层面是展厅和展台布置上的文化属性。那么企业展厅如何布置才能凸显文化主题呢?其一,区域分布、层层递进、企业人文渲染。可结合一些数字多媒体技术,进行深度互动,让整个展厅散发人文氛围,最主要还是前期文案策划,由专人对企业文化进行梳理。其二,展示区域将对企业形象进行宣传,让参观的领导、合作伙伴及行业媒体留下深刻的印象,展示区域最基本的要求就是用一些明亮的灯光凸显其企业的发展历程,但是最为重要的是应该结合企业文化与形象来制作,整体给参观者的感觉就是眼前一亮,别出心裁,让参观者喜欢甚至传播这种文化氛围,这才是展厅所带来的价值。

三、会展活动的经济属性

会展业作为一个产业登上历史舞台发展至今已走过了200多年的历史,随着全球经济一体化步伐的加快,如今已发展成为新兴的现代服务贸易型产业,同时也成为衡量一个国家或地区经济发展水平、国际化程度的重要标准之一。经济功能是会展业快速成长的主要原因之一,因此会展业具有浓厚的经济属性。会展业具有四大经济属性,如表1-7所示。

表1-7 会展业的四大经济属性

经济属性	解释说明
经济带动性	主要包括直接经济效益和间接经济效益,直接经济效益主要是指会展成交的金额和门票收入,会展业的平均利润一般在25%以上。间接经济效益是指会展业收益引起的其他相关行业的收益,会展业直接收入与相关行业收入之比为1:9至1:10
产业互动性	会展业涉及面广,与展览营销、展览工程、广告宣传、运输报关、商旅餐饮、通信交通和城市建设等相关行业联系密切、互动明显。会展业的产业互动性一方面源于会展活动本身涉及这些行业,需要这些行业高效率、高质量的配套服务作支撑;另一方面,大型会展活动的举办能够有效地推进城市建设,促进社会整体服务水平的提高,从而带动相关行业的发展。据国际展览联合会测算,国际上会展业产业关联系数达到1:9,会展业被誉为"城市的面包"
非均衡性	会展经济的非均衡性主要体现在时间和空间上:时间上的非均衡性是指会期间与展会后期经济发展的一热一冷的不均衡性;空间上的非均衡性是指由于会展业对举办地具有经济发展水平的依赖度较高,只有那些综合发展水平较高的城市才具备会展业所需的条件,因此会展业的发展不仅不会缩小区域经济发展的差异,而且会加大这种差距,表现出锦上添花式的马太效应

续表

经济属性	解释说明
运作复合性	会展经济运作的复合性体现在两个方面：第一个方面是公益性和营利性共存，第二个方面是会展场馆的自然垄断和会展公司的充分竞争的相结合。其中，公益性是指会展场馆具有准公共产品性（如作为城市的标志性建筑等），因此在建造过程需要政府补贴，但在建成后和运营过程中则需要市场运作来维持场馆的运营和维护；自然垄断是指某一地区或某一行业，在相关产量范围存在规模经济时，某一厂商以低于两个或者更多的厂商的成本为整个市场供给一种物品或者劳务的市场竞争状况

第三节 会展经济的功能

一般而言，功能是相对于人和人的需要而言的，是指某一事物所具有的满足人的需要的属性。会展经济作为国民经济门类中主要的一部分，正是以其独特功能满足人类经济社会发展的各种需要，从而奠定了自己的经济地位和社会地位。

一、会展活动的核心功能

1. 产品展示和信息交流的功能

产品展示和信息交流是会展业的基本功能，通过会展活动能够有效地实现有形的产品展示和无形的信息传播与交流，使参会各方都能不同程度地共享展会所呈现的产品、市场和文化交流信息，以便有针对性地调整自身的行为，从而更好地适应环境变化，达到企业的预期目标。从参展商角度而言，会展活动不仅能为其创造产品展示和流通的机会，还能为同行之间的相互了解提供交流学习的机会；从观众的角度而言，会展活动为以专业观众为代表的买方市场提供了充分选择的机会、降低了购买产品的市场选择成本，提升了消费者的让渡价值；从技术进步的角度而言，会展活动促进了生产技术交流，为商品生产提供了新技术，降低了生产成本，从而提高了商品的供给能力。回顾一下科技发展史可以发现，人类历史上具有许多划时代的发明创造，如蒸汽机、电话机、电视机等都是首先在展览会上进行展示从而得到推广和传播的，即使是在信息技术高度发达的今天，会展活动因其供需双方的集中性，买卖信息的直观、便捷性，依然在产品展示和信息传播与交流方面发挥着不可替代的作用。

2. 企业营销和商贸洽谈的功能

产品展示和信息传播的主体是企业，会展活动为参展商提供了一个表现自己的舞台。参展商综合利用声、光、电等技术手段和创意设计对展厅和展台进行精心布置，并配合各种公共关系和促销活动，在充分展示产品、传播市场信息的同时，也充分地展示了企业的形象、传达了企业的经营理念，为企业的发展创造了良好的社会氛围。营销的目的是为了寻找企业产品的现实购买者，同时也为有购买需要的专业观众提供可供选择的产品。会展活动将参展商和观众（采购商）汇聚一堂，提供了相互认识、相互洽谈并实现交易的平台。从平台的意义上讲，会展活动促进了政府与企业、企业与企业、企业与消费者以及社会其他各利益相

关者之间的沟通与交流。各类专业性、综合性的国际展览会有力地促进了中外技术合作、信息沟通、贸易往来、人员互访和文化交流等,创造了良好的经济和社会效益。

二、会展活动的延伸功能

1. 产业联动和经济辐射的功能

会展业具有较强的产业带动效应,会展活动本身不仅能带来场租费、搭建费和门票等直接收入,还能间接带动包括餐饮、住宿、商业购物、广告、娱乐、通信、交通、旅游、印刷、房地产等数十个相关行业的收入。从国际上看,在德国汉诺威、法国巴黎、美国纽约、瑞士日内瓦、英国伦敦等世界著名的会展城市,会展业为区域经济和城市发展做出了巨大的贡献。据统计,美国每年举办200多个商业展会带来的经济效益超过38亿美元;法国每年展会营业额达85亿法郎,参展商的交易额高达1500亿法郎,参展商和参观者的间接消费也在250亿法郎左右;在中国,广交会(中国进出口商品交易会)极大地带动了广州第三产业的发展,会展期间,广州市酒店入住率达90%以上,来自200多个国家和地区的10万多名外商云集广州,仅出租车的日收入就比平时增长300万元左右;我国香港每年也通过举办各种大型会议和展览获得可观的收益。

会展业不仅自身高收入、高赢利,而且具有较强的经济辐射能力;会展业不仅能集聚人气,而且能促进各大产业的发展,对一个城市或地区经济发展和社会进步产生重大影响和催化作用。据有关统计表明,一个好的会展活动对经济的拉动能效比达到1∶9,甚至更高。会展业不仅自身市场巨大,而且对国家、地区的服务、旅游、餐饮、通信、住宿、广告、交通等经济部门的发展有非常强的带动作用。据英国联邦展览会联合会的调查,对参展企业而言,企业通过一般渠道寻找到客户的成本为219英镑,而通过会展活动寻找到客户的成本仅为一般渠道寻找到客户成本的25%;对会展组织者而言,会展利润一般超过25%,有的甚至高达50%。根据国际会展业权威人士估算,国际会展业的产值约占世界各国GDP(国民生产总值)总和的1%,如果加上其他相关行业从展览中的获益,会展业对全球经济的贡献则达到8%的水平。

2. 资源整合和优化城市建设的功能

会展业汇聚了巨大的信息流、技术流、商品流和人才流,意味着各行业在开放的大潮中,在产品、技术、生产、营销等方面获取比较优势,优化配置资源,增强综合竞争力。会展业发展可以不断创造出"神话",博鳌效应就是其中的一个最典型范例,穷乡僻壤的博鳌建成国际会议中心后,以其良好的生态、人文、治安环境,吸引了众多海内外会议组织者、参会者、旅游者等。会展业,尤其是国际会展业的发展,需要城市在交通运输、酒店服务等各方面优先发展,促进城市基础设施建设,加快美化市容市貌,从而为会展业的发展奠定基础。我国的大连市,原本是一个以重工业为主的城市,通过举办"大连国际服装节"、"大连国际啤酒节"等国际性展会,促使其新建了一大批具备国际标准的基础设施,并逐渐成为有影响力的国际会展城市。通过举办展会,还能促进不同国家和地区人民之间的交流,不断提高展会举办国或城市的国际知名度与美誉度。如法国巴黎因每年举行300多个国际性展会,而享有"国际会议之都"的美誉。

3. 促进就业和改善民生的功能

会展业是劳动密集型产业,不仅能提供就业机会,而且能拉动和促进就业。单就展览本身来说,据测算,每增加1000平方米的展览面积,就可创造近百个就业机会。再加上会展业对其他行业的带动,更为人们增加了就业机会,如1996年在德国汉诺威举办的世界博览会,创造了10万个就业机会,获得了145亿马克的利润及45亿马克的税收;1999年,我国昆明世界园艺博览会带动了整个云南旅游业的火爆发展,进而带动了相关行业的40万~50万人就业;在我国香港,一年的会展活动可为香港居民提供9000多个就业机会,极大地缓解了就业压力。我国人口众多,随着产业升级换代步伐的加快,第一、第二产业的劳动力不断被挤出,会展经济的发展无疑为我国增加就业、改善民生提供了一条有效的渠道。

会展业紧扣经济发展脉搏、展示经济发展成果,会展经济的发展又反过来刺激了金融、贸易、房地产、交通、运输、旅游、宾馆、零售等行业的市场繁荣,推动了商品(服务)贸易、投资合作、文化交流、高层论坛等各方面的发展与进步。因此,人们常将会展业比喻为区域经济发展的"晴雨表"和"风向标"。

第四节 会展经济的发展模式

世界上第一个样品展览会是1890年在德国莱比锡举办的莱比锡样品展览会。随着社会的演变和科技的进步,会展业自身的发展也都在不断地调整和变化。从经济总量和经济规模的角度来考察,世界会展经济在世界各国的发展很不平衡。欧洲是世界会展业的发源地,经过一百多年的积累和发展,欧洲会展经济整体实力最强、规模最大,在这个地区中,德国、意大利、法国、英国都是世界级的会展经济大国。

从总体上看,会展业发达国家和地区的会展活动多属于市场行为,主要依靠市场机制的调节。但是,不同地区和国家由于会展行业起步时间不同,以及经济实力、经济规模和经济管理模式不同,会展业的发展及其管理模式也存在一些差异。根据政府、行业协会调节力度大小的不同,可以将会展经济分为政府推动型(如德国、新加坡)、市场主导型(如法国、瑞士)、协会推动型(如加拿大、澳大利亚)、政府市场结合型(如美国)四大模式。

一、政府推动型的发展模式

德国是名副其实的展览王国,会展业发展至今已有800多年的历史。国际大型博览会三分之二在德国举行。德国拥有140多个国际和跨地区专业博览会,约15万参展商和近1000万参观者,其中45%以上的参展商和180多万参观者从190多个国家云集德国。世界十大展览公司中的六个是德国的。在探索和构建会展经济发展模式方面,德国在长期发展过程中逐步形成了会展经济独有的运作模式,值得我们借鉴学习。

在德国会展业的发展过程中,政府扮演着重要的角色,它以其特有的调控管理方式,推动了德国会展业的蓬勃发展。德国的展馆全部由各州和地方政府投资兴建,展览公司由政府控股,实行企业化管理。如位于汉诺威的德国最大的展览公司——德国展览公司由下萨

克森州政府和汉诺威市政府分别控股49.8%。德国展览公司既是展览中心的管理者,又是许多大型博览会的举办者和实施者。具体的运作模式如下:政府首先投资建立规模宏大的展馆设施,在确定产权归属国有的前提下,不直接参与展馆的日常运营,而是以长期租赁或委托经营等形式把展馆的经营管理权授让给德国大型的国际会展公司。政府的职责主要体现在对行业的宏观调控方面。

德国展览委员会是代表德国政府进行宏观调控的唯一的会展管理机构。多年来,制定了一系列管理制度和措施。如为制止会展雷同、保护名牌会展,德国展览委员会对会展名称给予类似商标的保护。德国展览委员会还根据章程要求,在会议、展览的类别、展出地点、日期、展期、周期等方面进行协调,保护了参展商、组织者、参观者等多方的利益。此外,它还每年与经济部、农林部、能源部等政府各部门协调,制定国家会展计划,该计划一旦批准,便由德国展览委员会会同有关部门协调选择专业会展公司进行具体的运作。

德国会展公司在受让国有展馆后,便扮演着展馆经营管理者和会展项目组织者的双重角色。如汉诺威国际展览公司通过政府授权管理的展馆就达100万平方米,同时,它还每年在全世界主办50多个国际展览会,年营业额达5亿德国马克,场馆经营与项目经营相结合的方式构成了德国展览公司特有的经营管理模式,共同构筑成集团经营的核心内容。会展公司在成功组织会展项目后,便将所有的会展服务委托给各会展服务公司实施,这些公司将根据与会展公司签订的合同,以专业化服务能力为参展商提供周到的会展及配套服务。几十年来,德国会展业能独占鳌头,很大程度上归功于这种运作模式的成功实践。

二、市场主导型的发展模式

法国是世界会展强国,是欧洲三大展览国家(德国、法国、意大利)之一,每年要举办1400个展览会,包括只允许专业人士入场的专业展览和允许社会公众入场的大众性展会,以及100多个博览会(以社会公众为观众的多种行业参加的展览会)。法国国际大型展会的国际参与程度不断提高,国外参展商占总数的33%,国外参观者占总数的8%。其中有些世界著名的展会,其国外参展商超过总数的50%,国外参观者占总数的15%以上。法国共有近600家展览会和博览会的主办企业,这些主办企业的总营业额约为9亿美元。经过多年的发展,为适应市场竞争的发展趋势,法国会展业形成了自身独有的运作模式,具体体现在以下几个方面。

第一,展馆设施由法国中央及地方政府投资建设,他们组成国有场馆公司负责展馆的经营管理。此经营实体业务单一,只开展自己的场馆服务业务,不进行会展项目的运营。而展览公司则不拥有展馆设施,场地公司不组办展会,也不参与展馆经营,主要从事会展项目经营。法国行业主管部门坚持这种"泾渭分明"的业务划分的做法,认为这样能够促进会展公司之间的公平竞争,也有利于场馆专心做好自己的服务工作,体现出比德国会展模式更细的社会分工,有利于法国会展服务专业水平的提高。

第二,在整个运作模式中,法国会展委员会代表政府同样扮演着重要的角色,它与德国展览委员会一样行使着宏观管理权。如它除了制定有关的管理制度、组织人员培训外,还负责会展经费的预算和支配,每年2月份开始准备下一年度的工作方案,讨论选择参展的主题、国家(地区)和预算计划,并要听取涉及国的大使馆的意见和有关企业的意见,6月份向分管部长报告,7月份在讨论全年预算时做出决策。

第三,为了保持在市场上的地位,展览公司在展会装修、展会活动、宣传报道等方面越来越精益求精,且把工作的重点放到参观观众的组织上来。参展商参加展会主要是为了拓展销路和市场,如果观众很少,或者观众的质量不高,参展商就不会再次参展。已有知名度的展览公司,不缺少参展商,却会因参展观众数量少而影响展会质量。从某种意义上讲,展会的成功与否,主要是要看观众的组织情况好坏,而不是单纯寻求参展商的数量。

三、协会推动型的发展模式

澳大利亚将"展览"定义为至少20个摊位,并且摊位之间有隔断。在这个定义的基础上,据统计,澳大利亚整个展览行业每年为澳大利亚经济贡献了约23亿澳元的收益,公众性和专用性展览会共吸引了约500万观众,10700余家企业参展。澳大利亚共有主办机构类展览公司106家,展览服务性公司122家,雇员超过3500人,为澳大利亚带来超过5亿澳元的收入。澳大利亚展览主办机构一般不拥有展览场地,而是通过租用展览场地来举办各类展览会。澳大利亚主办的各类展览会相比欧美同类展览会来说,规模相对较小,但在南亚及南太平洋地区极具影响力。

目前,澳大利亚能够举办规模较大的展览会的主要有两家,分别是澳大利亚展览服务有限公司和励展(澳大利亚)公司,澳大利亚展览服务有限公司总部位于墨尔本,励展(澳大利亚)公司总部设在悉尼。澳大利亚展览服务有限公司成立于1982年,目前是澳大利亚最大且最有实力的展览会主办公司,该公司已经组织了250个较大的专业贸易展览会,同世界很多同行业机构和企业建立了广泛的合作关系。澳大利亚的展览服务公司有122家,主要涉足除展览会主办和场馆经营外的其他配套服务业务,包括展台搭建、展览设计、展品运输、展览会餐饮、展览配套旅游等,每年总营业额近1.8亿澳元。

澳大利亚展览和会议协会是市场主导型非营利性组织。该协会成立于1986年,具有民间组织性质,属于市场主导型商会组织。市场主导型商会是以服务为宗旨,由企业自愿设立、活动自主、经费自筹的民间非营利性组织,代表行业或地区整体利益向政府提出建议,以促进贸易发展和会员企业利益的实现。政府一般不干涉商会的活动,并在制定有关工商业政策时需要征求商会组织的意见。

澳大利亚展览和会议协会采用会员制,包括展览会主办者、展览场馆经营者以及会议展览服务行业相关企业。目前,拥有会员225家,其中新西兰会员8家。协会主要是开展培训认证等工作。由于澳大利亚展览和会议协会是非营利性组织,它的主要宗旨是提供有效并且专业的服务,以促进整个澳大利亚展览和会议行业的发展。

四、政府市场结合型的发展模式

20世纪90年代,美国经济保持了快速增长,对外贸易额迅猛增长,极大地促进了会展业的壮大和发展。美国是世界会展业的后起之秀,每年举办近万个展览会,其中,净展出面积超过46.5万平方米的展览会约有4300个,展会总面积约4600万平方米,参展商120多万家,观众近7500万人。在美国,主要的展览大多由行业协会与大型商业展览公司举办,展览场地的所有者与展会的组织者截然分开,展览馆出租展览场地和设施,没有自己的展览项目;而展会组织者一般没有自己的展览馆,举办展会时需要从展览场地的所有者那里租用展览馆和相应设施。如著名的消费电子展即由美国消费电子协会主办;计算机方面的专业展COMDEX是由IDG(一家有很强专业性的媒体出版公司)与K3M公司联合主办的。

这些市场的共同特点是将短期展览和常年商品展示、交易结合在一起,将各类目标产业的产品集中起来,吸引各行业的制造商、代理商、进出口商以及批发商进入市场,从而形成独特的内销与外贸相结合的"交易市场",并联合有关机构,将海关、商检、报关、运输等业务引进市场,为客户提供"一站式"服务。同时,利用市场的聚集效应,建立商情网络,提供商情咨询服务等。这种新型市场以其独特的功能赢得了众多客户,显现出勃勃生机。

综上所述,任何一种因素为主导的会展经济发展模式,并不排斥其他力量的推动,如以"政府推动型"发展模式为代表的德国和新加坡,也非常重视协会的力量;而在以市场推动为主的法国、瑞士和我国香港地区,尽管政府干预较少,但政府也在会展经济发展过程中给予必要的支持。

第五节 会展组织与会展活动

一、国际展览联盟、国际展览局与世博会

1. 国际展览联盟

国际展览联盟(Union of International Fairs,UFI)是由欧洲一批综合性国际博览会的组织者于1925年成立于意大利的米兰,二战后,国际展览联盟总部从米兰搬到巴黎。UFI是一个中立机构,旨在给其成员提供一个交流信息、交换经验、探讨同行业发展趋势以及加强合作、密切关系的机会,其宗旨是代表展览会(博览会)组织者的利益,维护展览会(博览会)的质量标准,规范展览会(博览会)组织者的市场行为。

直到20世纪60年代中期,UFI只有展览会举办单位,即展览公司,才能成为其正式会员。迄今为止,UFI有80%的活动还是集中在展览会举办行业。从1994年起,展览中心、展览会、贸易协会、管理机构以及统计机构业被接收为该联盟的合法会员。UFI会员每年举办3000多个国际、国内及地区性展览会或贸易博览会,总出租面积达4000万平方米,观众人数高达7000万人。20世纪70年代,随着科技的飞速发展和国际生产专业分工的深化,国际展览业发生了深刻的变化,综合性展览会逐渐退出市场,专业性展览会如雨后春笋般大批涌现。2002年,全球展览会数量已达3万个,专业观众达300万人次,普通观众达3亿人次。展览业已成为一个欣欣向荣的产业,在这条产业链上既有展览组织者,也有展览场馆、展览工程、展览服务等不同的业务主体。它的年产值已接近全球GDP的1‰。在这种形势下,来自国际展览业的各路"英雄豪杰"于2003年10月20日汇聚于尼罗河畔的世界历史名城——开罗,召开第70届国际展览联盟会员大会,共同商讨国际展览业的发展大计。大会通过了对UFI章程、名称、会徽、组织机构的一系列修改决议,批准了未来UFI的发展战略。这些重大举措标志着已走过近80年风风雨雨历程、备受业界认可的UFI正以崭新的面貌走进发展的新纪元。根据修改后的章程,UFI的全称由"国际展览联盟"改为"全球展览业协会"(The Global Association of the Exhibition Industry)仍简称"UFI",会徽修改情况,如图1-3、图1-4所示。UFI的使命改为"促进与代表国际展览业的整体利益"。

图1-3 2003年以前的UFI会徽

图1-4 2003年修改后的UFI会徽

UFI总部位于巴黎,其法人为主席。主席在会员联合大会上由会员选举产生,任期为3年。联盟的日常事务由总秘书长负责处理,UFI的日常运行主要靠会员缴纳的会费。在众多的活动中,只有那些遵照UFI规定举办的展览会,才能获得UFI的认可和支持。

UFI并不是付钱就可以加入的组织,展览会举办公司只有在其举办的展览会至少有一个被UFI认可后才有可能被接受为正式会员。在每年10月份举行的全体联合大会上,联盟成员对将接受的新会员进行投票表决,选举的标准是展览会举办的质量、展览中心设施、为参展商及观众提供服务的设施及质量。

2. 国际展览局

国际展览局(International Exhibitions Bureau,BIE)总部设在巴黎,是专事监督和保障《国际展览会公约》的实施、协调和管理举办世博会并保证世博会水平的政府间国际组织。国际展览局的宗旨是通过协调和举办世界博览会,促进世界各国经济、文化和科学技术的交流和发展。它的存在对规范、管理和协调世博会的举办,起到了很好的效果。国际展览局的收入主要来自申办展览会的注册费和举办期间门票收入的一定比例。

1928年,根据外交公约,由法国发起成立了国际展览局,会徽如图1-5所示。同年11月,BIE召开了31个国家代表参加的会议,在这次会议上签订了第一个关于协调与管理世界博览会的《国际展览会公约》。该公约规定了世博

图1-5 BIE会徽

会的类型、举办周期以及展出者与组织者的权利与义务。按照《国际展览会公约》的规定,任何联合国成员国或非联合国成员的国际法院章程成员国或联合国各专业机构或国际原子能机构成员国,提出加入申请并经国际展览局代表大会有表决权的缔约国三分之二多数通过,均可加入BIE。国际展览局1993年5月正式接纳中国为第46个成员国,中国国际贸易促进委员会一直代表中国政府参加国际展览局的各项工作。1999年,中国昆明成功举办世界园艺博览会,2002年中国成功申办2010年上海世博会。截止到2013年4月BIE已有166个成员国。

任何国家都可参加世博会,但只有加入BIE,成为其成员国后,才能申请举办世博会。作为BIE的成员国在决定世博会承办国家时均有一票投票权,因此加入BIE是一个国家的外交行为。BIE成员国不能理解为某些组织,而是缔约国政府。

国际展览局主席由全体大会选举产生,任期两年。BIE下设4个专业委员会:①执行委员会;②条法委员会;③行政及预算委员会;④信息委员会。国际展览局每年由在职主席主持召开两次全体成员国代表大会,这些会议由成员国代表和国际组织的观察员参加出席,会议由代表们评审新项目(世博会)的申请,评估申办国申办世博会的报告,大会也听取分管各个方面工作的委员会的工作报告。

按照《国际展览公约》规定,凡联合国成员,或非联合国成员的国际法院章程成员国,或联合国各专业机构或国际原子能机构成员国,提出加入申请后,经国际展览局代表大会有表决权缔约国三分之二多数的通过,均可加入国际展览局。根据这一规定,加入国际展览局是一个国家的外交行为,BIE组织是国际公约性组织,申请加入的文件交由法兰西共和国政府保存,并于交存之日起生效。鉴于世博会在国际中的影响日益增大,许多国家决定申请加入BIE,以便在今后与主办国之间的政治、经济交往中有协商的优势。

3. 世界博览会

世界博览会又称国际博览会,简称世博会、世博,是一项由主办国政府组织或政府委托有关部门举办的有较大影响和悠久历史的国际性博览活动。参展者向世界各国展示当代的文化、科技和产业上正面影响各种生活范畴的成果。它是一个富有特色的讲坛,它鼓励人类发挥创造性和主动参与性,它更鼓励人类把科学性和情感结合起来,将种种有助于人类发展的新概念、新观念、新技术展现在世人面前。因此,世博会被誉为世界经济、科技、文化的"奥林匹克"盛会。

世博会是一项由主办国政府组织或政府委托有关部门举办的有较大影响和悠久历史的国际性博览活动。它已经历了百余年的历史,最初以美术品和传统工艺品的展示为主,后来逐渐变为汇聚了科学技术与产业技术的展览会,成为培育产业人才和一般市民的启蒙教育不可多得的场所。世界展览会的会场不仅是展示技术和商品,而且伴以异彩纷呈的表演,富有魅力的壮观景色,设置成在日常生活中无法体验且充满节日气氛的空间,成为一般市民娱乐和消费的理想场所。

世博会是由一个国家的政府主办,由多个国家或国际组织参加,以展现人类在社会、经济、文化和科技领域取得成就的国际性大型展示会。其特点是举办时间长、展出规模大、参展国家多、影响深远。

自1851年英国伦敦举办第一届世博会以来,世博会因其发展迅速而享有"经济、科技、文化领域内的奥林匹克盛会"的美誉,并已先后举办过 40 届。按照国际展览局的最新规定,世博会按性质、规模、展期分为两种:一种是注册类(综合性)世博会,展期通常为 6 个月,每 5 年举办一次;另一类是认可类(专业性)世博会,展期通常为 3 个月,在两届注册类世博会之间举办一次。注册类世博会不同于一般的贸易促销和经济招商的展览会,它是全球最高级别的博览会。

以下是世博会的申办程序:

(1) 申请。

按 BIE 规定,有意向举办世博会的国家不得早于举办日期的 9 年,向 BIE 提出正式申请,并交纳 10%的注册费。申请函包括开幕和闭幕日期、主题,以及组委会的法律地位。BIE 将向各成员国政府通报这一申请,并告知他们自通报到达之日起 6 个月内提出他们是否参与竞争的意向。

(2) 考察。

在提交申请函 6 个月后,BIE 执行委员会主席将根据规定组织考察,以确保申请的可行性。考察活动由一位 BIE 副主席主持,若干名代表、专家及秘书长参加。所有费用由申办方承担。考察内容是主题及定义、开幕日期与期限、地点、面积(包括总面积、可分配给各参展商面积的上限与下限)、预期参观人数、财政可行性与财政保证措施、申办方计算参展成本及财政与物质配置的方法、对参展国的政策和措施保证、政府和有兴趣参与的各类组织的态度,等等。

(3) 投票。

如果申办国的准备工作获得考察团各项的支持,全体会议将按常规在举办日期之前 8 年进行投票选择。如果申办国不止一个,全体会议将采取无记名方式投票表决。

若第一轮投票后,申办国获三分之二票数,该国即获得举办权。若任何申请均未获三分之二票数,将再次举行投票,每次投票中票数最少的国家被淘汰,随后仍按三分之二票数原则确定主办国。当只有两个国家竞争时,根据简单多数原则确定主办国。

(4) 注册。

获得举办权的国家要根据 BIE 制定的一般规则与参展合约(草案)所确定的复审与接纳文件,对展览会进行注册。注册申请应在开幕日之前 5 年提交给 BIE。这也是主办国政府开始通过外交渠道向其他国家发参展邀请的时间。注册意味着举办国政府正式承担其申请时提出的责任,认可 BIE 提出的标准,以确保世博会的有序发展,保护各成员国的利益。BIE 在收到注册申请时,将向举办国政府收取 90%的注册费,其金额按 BIE 全体会议通过的规则确定。

按照国际展览局的规定,世界博览会按性质、规模、展期分为两种:一种是注册类世博会,展期通常为 6 个月,从 2000 年开始每 5 年举办一次;另一类是认可类世博会,展期通常为 3 个月,在两届注册类世博会之间举办一次。注册类世博会不同于一般的贸易促销和经济招商的展览会,它是全球最高级别的博览会。认可类博览会分为 A1、A2、B1、B2 四个级别,A1 级是认可类博览会的最高级别。中国申请的上海世博会属于注册类世博会。

二、国际奥林匹克委员会与奥林匹克运动会

1. 国际奥林匹克委员会

国际奥林匹克委员会简称国际奥委会,是奥林匹克运动的领导机构,是一个不以营利为目的、具有法律地位和永久继承权的法人团体。由法国教育家皮埃尔·德·顾拜旦(见图1-6)发起并成立于1894年在巴黎召开的国际体育代表大会上,当时的总部设在巴黎。1914年,第一次世界大战爆发,1915年总部迁入有"国际文化城"之称的瑞士洛桑,这里有奥林匹克博物馆、奥林匹克研究中心,还有体育场和以顾拜旦的名字命名的大街等。数十年来,洛桑为奥林匹克运动的发展,做出了重大贡献,被称为"奥林匹克之都"。

《奥林匹克宪章》是国际奥委会为奥林匹克运动发展而制定的总章程,是国际奥委会制定的关于奥林匹克运动的最高法律文件。该宪章对奥林匹克运动的组织、宗旨、原则、成员资格、机构及其各自的职权范围和奥林匹克各种活动的基本程序等做了明确规定。这个法律文件是约束所有奥林匹克活动参与者行为的最基本标准和各方进行合作的基础。1894年,国际奥委会成立时没有制定具体的规章制度,只是确定了一些基本的意向与原则,如每4年举办一次奥运会以及国际奥委会与政府的关系等。第一个具有宪章性质的文件是1908年由顾拜旦起草的《国际奥委会的地位》一文,这个文件对国际奥委会的任务、组织管理、委员产生方式等问题做了比较明确的阐述。之后,在这个文件的基础上逐渐形成了奥林匹克运动的规章。有很长一段时间,规章的名称用语混乱,如"奥林匹克规则"、"奥林匹克章程"和"奥运会规则"等,从1978年开始,国际奥委会正式使用"奥林匹克宪章"这一名称。

随着奥林匹克运动的发展,国际奥委会在保持奥林匹克基本原则和精神始终如一的前提下,针对不断变化的情况,对《奥林匹克宪章》做过多次修改。现行的《奥林匹克宪章》是国际奥委会在亚特兰大第105次全会上批准生效的,该宪章由基本原则、奥林匹克运动、国际奥林匹克委员会、国际单项体育联合会、国家奥林匹克委员会、奥林匹克运动会6部分组成,共74款,对奥林匹克运动的思想、组织、活动和制度等重要方面做了明确规定。《奥林匹克宪章》的内容有以下几个方面:①阐述了奥林匹克运动的宗旨,确定了奥林匹克运动的目标,规定了奥林匹克运动的发展方向;②界定了奥林匹克主义和奥林匹克精神等重要概念,奠定了奥林匹克运动实现其目标的思想基础;③将奥林匹克运动组织体系以法律条款的形式固定下来,对奥林匹克大家庭的各个成员,特别是三大支柱(国际奥委会、国家奥委会和国际单项体育联合会)在这一运动中各自的位置、功能、任务以及相互之间的关系做了清晰的表述和规定,既保证了它们各自的独立性,又使它们互相联系,形成一个完整的功能体系,从而提供了一个与奥林匹克运动相应相称的组织基础;④界定了奥林匹克运动的基本内容,如奥运会、大众体育活动及奥林匹克教育与文化活动。

国际奥委会会旗系1913年根据顾拜旦的构思而设计制作的(见图1-7),旗为白底无边,中央有五个相互套连的圆环,即我们所说的奥林匹克环。环的颜色自左至右为蓝、黄、黑、绿、红(也可用单色绘制),是顾拜旦以它们能概括各会员国国旗的颜色而选定,但后来对这五种颜色又有其他解释。1979年,国际奥委会出版的《奥林匹克评论》强调,会旗和五个环的含义是象征五大洲的团结,全世界的运动员以公正、坦率的比赛和友好的精神,在奥运会上相见。1914年,为庆祝现代奥林匹克运动恢复20周年,在巴黎举行的奥林匹克代表大会

图 1-6　皮埃尔·德·顾拜旦

图 1-7　国际奥委会会旗

上首次升起会旗。1920年安特卫普奥运会时,比利时国家奥委会绣了一面同样的锦旗在当届奥运会上使用。运动会后,比利时将它赠给国际奥委会并成为国际奥委会正式会旗。历届奥运会开幕式上都有会旗交接仪式,由上届奥运会主办城市的代表将旗交给国际奥委会主席,主席再将旗递交当届主办城市的市长,然后将旗帜保存在市政府大楼四年再送交下届主办城市,当届奥运会主会场上空升起的旗帜是会旗的代用品。根据《奥林匹克宪章》规定,"奥林匹克五环"是奥林匹克运动的象征,是国际奥委会的专用标志,未经国际奥委会许可,任何团体或个人不得将其用于广告或其他商业性活动。

国际奥委会在《奥林匹克宪章》中有这样一段话:每一个人都应享有从事体育运动的可能性,而不受任何形式的歧视,并体现相互理解、友谊、团结和公平竞争的奥林匹克精神。显然,《奥林匹克宪章》赋予奥林匹克精神的内容是相互理解、友谊长久、团结一致和公平竞争。顾拜旦对奥林匹克精神的阐释如下:奥运会最重要的不是胜利,而是参与;正如在生活中最重要的事情不是成功,而是奋斗;但最本质的事情并不是征服,而是奋力拼搏。

2. 奥林匹克运动会

奥林匹克运动会简称"奥运会",是在奥林匹克主义指导下,以体育运动和四年一度的奥林匹克庆典——奥运会为主要活动内容,促进人的生理、心理和社会道德全面发展,沟通各国人民之间的相互了解,在全世界普及奥林匹克主义,维护世界和平的国际社会运动。奥林匹克运动是时代的产物,工业革命大大扩展了世界各民族之间在经济、政治和文化等方面的联系,各国交往日益密切,迫切需要以各种沟通手段来加强国际间的相互了解。奥林匹克运动正是为适应这种社会需要而出现的,是人类社会发展到一定阶段的必然产物。1894年6月23日,当被尊称为"现代奥林匹克之父"的法国教育家顾拜旦与12个国家的79名代表决定成立国际奥委会,开创了现代奥林匹克运动。1998年,著名的《生活》杂志刊登了历史学家精选的过去千年中最重要的1000个事件和人物,顾拜旦恢复奥运会的壮举也跻身其中,被誉为千年盛事之一。奥林匹克运动的影响力远远超出了体育的范畴,在当代世界的政治、经济、哲学、文化、艺术和新闻等诸多方面产生了一系列不容忽视的影响。

奥运会是国际奥林匹克委员会主办的世界规模最大的综合性运动会,每四年一届,会期不超过16天,分为夏季奥运会(奥运会)、冬季奥运会(冬奥会)、夏季残疾人奥运会(残奥

会)、冬季残疾人奥运会、夏季青年奥运会(青奥会)和冬季青年奥运会。奥林匹克运动会发源于2000多年前的古希腊,因举办地在奥林匹亚而得名。古代奥林匹克运动会停办了1500年之后,于19世纪末法国人顾拜旦提出举办现代奥林匹克运动会的倡议,1894年国际奥林匹克委员会成立,1896年举办了首届奥运会,1960年举办了首届残奥会,2010年举办了首届青奥会。

1999年1月6日,中国奥委会全会在北京召开,决定由北京再次代表中国申办2008年第29届奥运会。2001年7月,在第112届国际奥委会全会上,北京赢得了2008年奥运会主办权。2008年北京成功地举办了第29届奥运会,时任的国际奥委会主席罗格将北京奥运会评价为"这是一届真正的无与伦比的奥运会"。

三、国际大会及会议协会与国际奖励旅游管理者协会

1. 国际大会及会议协会

国际大会及会议协会(International Congress and Convention Association,ICCA),创建于1963年,总部位于阿姆斯特丹,是全球国际会议最主要的机构组织之一,是会务业最为全球化的组织,包括会议的操作执行、运输及住宿等各相关方面的会议专业组织。

ICCA在全球拥有80个成员国,其首要目标是通过对实际操作方法的评估以促使旅游业大量地融入日益增长的国际会议市场,同时为他们对相关市场的经营管理交流实际的信息。作为会议产业的领导组织,ICCA为所有会员提供最优质的组织服务,为所有会员间的信息交流提供便利,为所有会员最大限度地发展提供商业机会,并根据客户的期望值提高和促进专业水准。目前,我国有19家单位加入ICCA,分布于北京、上海、广州、深圳、济南、杭州、扬州等地。

2. 国际奖励旅游管理者协会

国际奖励旅游管理者协会(Society of Incentive and Travel Executive,SITE)是目前国际上会议奖励旅游行业最知名的国际性的非营利性的专业协会,成立于1973年,总部在美国芝加哥,聚集了全球92个国家和地区的2200名会员,在34个国家和地区设有分会。会员则来自航空、游轮、奖励旅游公司、旅游批发商、研究机构、景区、餐饮等与商务会奖旅游相关的专业领域,汇聚了全球奖励旅游行业的精英和专业工作者。一年一度的国际奖励旅游管理者协会全球年会被业内誉为"世界会奖旅游业奥运会",并于2012年9月第一次在中国北京举行了SITE组织全球年会。

2012年SITE全球年会期间,来自31个国家,10多个省市,20多个行业的400余名参会者相聚北京,其中包括会议策划、目的地管理公司、酒店和度假地、奖励旅游公司、会议中心、旅游管理部门、餐饮等与商务会奖旅游相关的专业领域的精英同仁。此次会议是SITE组织成立近40年来,第一次在中国举办全球年会。年会进一步巩固和提升了北京作为"中国首选、亚洲一流"高端商务会奖旅游之都的地位,为北京会奖旅游产业带来长远的积极影响。2012年SITE全球年会共有以下7大亮点:

亮点一是本次会议突出了绿色环保的主题,践行绿色低碳理念,并根据国际绿色会议标准采取了一系列的措施。在整个会议的签到、住宿、会场布置、会议、用餐、考察、交通等环节融入了绿色环保的节约设计。如:本次年会给所有的参会来宾均发放再生环保的会议资料;

以环保布袋取代传统的纸制资料袋;会议期间取消瓶装水服务,在注册时发放折叠水壶,并在会场设立饮水处,以及设置分类垃圾箱等多项环保措施。在会议服务方面,按照无纸化会议的理念,设立了统一的无线体验区让来宾实时查看及下载资料。大会的志愿服务人员接受了专门的培训,为来宾提供绿色环保的温馨提示,引导鼓励每位与会人员参与其中。

亮点二是本次年会内容丰富、主题鲜明,站在全球视角上研讨会奖旅游业发展的前沿问题,并突出了中国议题。在专题论坛和多个不同主题的分会场会议中安排了多场专业性的主题研讨,如"奖励旅游中的基本要素"、"体验与沟通,创造大不同——将可持续发展融入企业社会责任中"等。这些主题都深刻分析了如何提高行业之间的连接与运作,如何在传统的基础上突破创新,怎样坚持可持续发展等实际的问题。

亮点三是安排了丰富多彩的体验活动,让每一位参会者参与体验,感受北京乃至中国的丰富文化旅游资源的深厚魅力。北京长城一日游、晨练太极运动、京剧学校的参观等安排都让参会者更深层次、近距离地接触北京民间文化,体验民间文化的乐趣及意义。两场特色主题晚宴,都分别以中国的历史与现代特色为背景,创新设计了晚宴的布置现场,安排了国内著名的特色演出节目,如闭幕晚宴在水立方现有的特色上,又融入了现代科技的技术,布置出一个非常棒的"冰"的现场效果等。

亮点四是大会邀请到了高水平的演讲嘉宾。本次年会邀请到国际著名的旅游行业专家彼得·格林伯格担任主讲人。他是美国知名度很高的旅游新闻记者,担任 CBS(哥伦比亚广播公司)的旅游节目编导,其关于商务旅行的专栏曾经获得艾美奖,被公认为最佳记者及电视制作人,在美国旅游行业极具影响力。从 1972 年至今,他来中国做深度旅游报道超过 100 次,曾在北京举办的世界旅行和旅游理事首脑会议上受邀担任主讲人。在本次年会开幕式的高峰论坛会议上彼得·格林伯格邀请了美国旅游协会会长兼首席执行官罗杰·陶、Greenearth.travel 网站主管杰弗瑞·里普曼教授、微软公司全球奖励及认可项目高级经理米歇尔·萨姆里德斯、Aimia 公司企业忠诚度部门总经理费伊·毕欧塞恩共同探讨《如何在恰当的时间,在合适的地点,为正确的人,创造绝佳的奖励旅游体验》这一备受关注的主题。

亮点五是打造一个全面展示北京和中国高端会奖旅游资源和服务的平台。年会的举办不仅系统地展示了北京城市的历史、文化、场馆、接待、餐饮、商务、交通等高端会奖旅游资源,而且对北京会奖旅游的运营管理、服务水平、创新能力、科技实力、传播推广、人力资源等各方面服务水平进行实地测试,以加强与会代表对北京的感受和体验。此外,北京还携手上海、杭州等会议城市开展合作,共同推广中国的会奖旅游资源,充分展示中国会奖旅游业的整体实力。

亮点六是赞助商反响热烈。与以往政府办会不同,本次年会吸引了行业赞助,获得了业界 25 家单位的积极参与。这不仅是一次办会方式的成功尝试,而且为业界通过参与赞助实现国际化推广构建了良好的平台,全面展示了中国会奖旅游业的整体实力。

亮点七是媒体的广泛参与。与往届年会媒体参与不多的情况不同,针对北京会奖旅游业正处于成长期,发展潜力巨大的实际情况,本次年会共有 30 多家媒体参与大会并增强了政府、公众对会奖旅游业重要性的认识,借大会为平台,促进北京旅游业向高端化、国际化转型,促进会奖旅游行业的稳步提升。

本章小结

(1) 会展活动历史悠久,但作为一个产业的会展业却是在近代形成的。在解析了会展的概念的基础上进一步介绍了会展经济的内涵:会展经济是指以现代化的会展场馆为基础,以完善的城市设施和健全的服务体系为支撑,通过举办各种形式的会议或展览活动等,吸引大批与会、参展人员及观众前来进行参观访问、经济洽谈、文化交流等,从而在获得直接经济效益的同时带动城市一系列相关行业发展的一种经济现象。

(2) 会展活动是人类社会和经济发展到一定阶段、市场竞争日益激烈的产物,一般而言会展活动具有社会、文化和经济等属性。

(3) 会展经济具有以产品展示和信息交流、企业营销和商贸洽谈为代表的核心功能,以及产业联动和经济辐射、资源整合和优化城建、促进就业和改善民生为代表的衍生功能。

(4) 会展经济发展至今已形成政府推动型、市场主导型、协会推动型和政府市场结合型等四种代表性的发展模式。

思考与练习

1. 会展经济的内涵和内容是什么?
2. 会展活动具有哪些性质?
3. 会展经济具有什么功能?
4. 会展经济有哪些发展模式?

案例分析

世博会历史上的十大经典建筑

世博会的每一次举办,都会给我们留下大量的物质财富与精神财富。面对着150多年的世博会发展历史,我们不由得为她所取得的丰硕成果而感到震撼。其实,仅从历届世博会的建筑这一侧面,我们就可以充分感受到世博会所创造的种种辉煌。从第一届伦敦世博会的水晶宫开始,世博会就不断为世人带来令人震撼的建筑。

世博会作为建筑学历史上不容忽视的一页,对于近现代建筑学的发展起着深刻的影响和促进作用,它直接或间接地改变了世界建筑史。建筑技术的成熟和发展,影响了日后建筑的发展趋势,最终在新的一届世博会上得以集中展现。世博会是一个阶段建筑技术发展的集中回顾和总结,每一届世博会就像是为我们提供了一个个建筑技术发展的切片,让我们了解既有的成果;同时,在世博会上出现的新兴技术也为我们提供了未来建筑技术发展的新趋势,预示了未来建筑发展的方向。总体而言,世博会建筑代表了世界建筑发展的方向。

世博会基本上是城市的世博会,与城市的发展史密切相关。世博会的成功与否在建筑设计领域而言,取决于规划与建筑、景观、展示、标识等系统的整合,改变以往相互割裂、自我封闭的专业领域界限。世博会在规划上的成功与否则取决于其区域定位以及与城市的总体关系,包括交通、环境及城市管理等因素。世博会是一项以所在城市为依托、世博园区为主要平台的多元化大型展示和庆典活动。在经济全球化的背景之下,这种大型活动不仅成为城市竞争力的标识,而且活动的举办,可能影响城市的未来发展,成为城市实现未来发展目标的动力。因此,世博会往往成为各个举办城市进行大规模建设、推动城市发展的催化剂,主办方大多很注重世博会项目计划和城市规划战略之间的联系,同时也特别关注世博会结束之后保证城市可持续发展的可能性,而不是让这个地区成为孤立的城市碎片。

1. 玻璃巨室——水晶宫

1849年6月30日,一次历史性的会议在英国伦敦白金汉宫召开,举办世博会的想法由此诞生,会议同时决定建一幢临时建筑作为世博会展厅,地点选在海德公园南侧。

在当时,选址海德公园引来一阵风波,抗议的人们认为,要建筑砖结构的世博会场馆,必定会成为永久性建筑,那么将会砍伐公园里的大榆树,破坏伦敦人的休闲场所。正当大家一筹莫展之时,一个不经意的方案不仅成功地挽救了世博会,而且成为人类历史上的里程碑作品,甚至建筑物作品本身成为第一届世博会最成功的展品,这便是英国皇家园艺师约瑟夫·帕克斯顿创作的作品——水晶宫,一些树木可以罩在屋顶下得以保护。尽管如此,有关方面还是决定在世博会结束之后的1852年6月1日拆除水晶宫,恢复海德公园的原貌。

帕克斯顿设计的水晶宫于1850年9月26日奠基,6个月不到就竣工了。这个伟大的建筑由钢铁、玻璃和木头制成。整幢建筑是现代化大规模工业生产技术的结晶。这幢宏伟的建筑,占地面积约7.7万平方米,长606米,宽150米,高20米,中间穹隆顶甬道高35米,巨大的钢铁框架被30万块玻璃覆盖,显得壮丽辉煌,被誉为"水晶宫"(见图1-8)。

图1-8 水晶宫

1851年5月1日早上9时，水晶宫开门接纳来参加开幕式的客人。50多万人聚集在海德公园四周。水晶宫内挂满万国彩旗，参观人流摩肩接踵，各种工艺品、艺术雕塑琳琅满目、目不暇接。同时，人们赞美这座通体透明，庞大雄伟的建筑，为英国人能开创世界建筑奇迹感到无比荣耀和自豪。水晶宫，这座原本是为世博会展品提供展示的一个场馆，不料却成了第一届世博会中最成功的作品和展品。水晶宫成为世博会的标志。

世博会结束后，水晶宫如期于1852年拆除。1852—1854年，水晶宫在伦敦南部的锡德纳姆山进行了重建，规模有所扩大，并且加建了一些仿古代埃及、希腊、罗马和尼尼微的庭院。1854年6月10日由维多利亚女王主持向公众开放。在建成的80多年间，作为世界各地艺术品的博物馆，曾举办过各种演出、展览会、音乐会、足球比赛和其他娱乐活动，每年吸引了大约200万人来参观，并因其焰火表演而享有盛名。1936年11月30日晚，水晶宫毁于一场大火。

2. 中央工业宫——罗托纳达圆顶大厅

1873年维也纳世博会的建筑亮点是由斯各特·罗素设计的中央工业宫——罗托纳达圆顶大厅(见图1-9)。罗素曾担任1851年伦敦世博会参展委员会的秘书，该大厅设计显然受到了1851年世博会官方建筑计划书的启发，风格极其相似。

图1-9　罗托纳达圆顶大厅

罗托纳达圆顶大厅直径约110米，顶高83米，是当时世界上最大的圆顶大厅建筑，比罗马的圣·皮耶尔大教堂的顶高48米圆顶和伦敦的圣保罗大教堂顶高37米圆顶确实大了许多，圆顶大厅的结构也是用金属制作，建设周期仅18个月，时间之短在当时令人难以置信。圆顶大厅其锥形屋顶由32根粗大的柱子支撑，圆顶之上有一个直径为28米的穹隆塔顶，再上面是一个直径为7米的小型穹隆灯塔，最高处是一个奥地利皇冠的巨大复制品，由皇冠珠宝的仿制品装饰。该建筑被称为"世界第八大奇观"。

这个巨大的圆顶建筑物在当时引起了轰动，也倾倒了观众。维也纳世博会期间共有20多万名参观者踏着台阶登到圆顶皇冠处，饱览维也纳城市的迷人景色。

维也纳世博会除工业官建筑群外,还有机械厅、美术馆、园艺馆等新建190多幢建筑,整个世博会把现实和艺术、现代和古代、东方和西方不同建筑元素和谐地融为一体。

3. 巴黎的化身——埃菲尔铁塔

众所周知,埃菲尔铁塔(见图1-10)是巴黎的城市地标之一,它的建造缘起于1889年巴黎世博会,它是19世纪末期现代主义思潮在建筑领域的反映,也曾经是载入城市发展史册的世界最高建筑。

图1-10　埃菲尔铁塔

1889年,正值法国大革命爆发一百周年纪念,法国人希望借举办世博会之机留给世人深刻的印象,尤其是1851年伦敦举办万国博览会取得了空前的成功之后,法国人更是不甘落后,一直想建造一个超过英国"水晶宫"的博览会建筑。从1886年开始,法国举行了设计竞赛征集方案,其宗旨为"创作一件能象征19世纪技术成果的作品",应征作品达到了700多件,最后中选的是建筑师埃菲尔提交的有关建造一座约305米高铁塔的设计方案。

53岁的亚历山大·古斯塔夫·埃菲尔当时是欧洲有名的建筑设计师,19世纪下半叶的大部分著名建筑的设计师名录中都能找到他。埃菲尔建议法国当局建造一座高度两倍于当时世界上最高建筑物的铁塔,并于1886年6月向博览会总委员会提交了图纸和计算结果,1887年该设计成功中标。

不过巴黎的文化人士听说这个计划之后马上就发表了抗议信:"……该清楚地认识到我们在追求什么了,该想象一下这个奇怪可笑的铁塔了。它如同一个巨大的、黑色的工厂烟囱,耸立在巴黎的上空。这个庞然大物将会掩盖巴黎圣母院、凯旋门等著名的建筑物。这根由钢铁铆接起来的丑陋的柱子将会给这座有着数百年气息的古城投下令人厌恶的影子……"

埃菲尔铁塔的设计出现在一个变革的时期,铁塔是现代主义作品,反对古典的穹隆顶模式。19世纪的巴黎依然是仿文艺复兴古典主义的风格,体现在建筑上是恢复穹隆顶的风尚,埃菲尔设计的铁塔是反传统的。铁塔是钢铁结构建筑,自从"水晶宫"

作为历史上第一个利用玻璃、钢铁和木材建造出的大型建筑物开创了现代建筑的源头之后,还没有能与之媲美的城市建筑产生。

1887年1月28日,埃菲尔铁塔工程正式破土动工,基座建造花了一年半时间,铁塔安装花了8个多月时间,于1889年3月31日全部完工。共有50名建筑师和设计师画了5300张蓝图,埃菲尔的计算极为精确,位于勒瓦卢瓦-佩雷的工厂生产了12000多件规格不一的部件,安装中没有一件需要修改,施工的两年时间内几乎没有发生一起事故。

对于1889年巴黎世博会的2500多万游客而言,高达300多米的埃菲尔铁塔成了最具吸引力的世界奇迹,埃菲尔铁塔体现了整个世纪的建筑技术成就,体现了最大胆、最进步的建筑工程艺术。4部可容纳100人的电梯每天把数千名游客送到110多米高空俯瞰巴黎,还可沿着1792级阶梯走下来。埃菲尔铁塔使巴黎世博会取得了极大商业成功,以至于第二年的第13届世界工业博览会依然在巴黎举行,人们发现,登塔远望是了解城市布局的最好办法。

直到20世纪30年代,埃菲尔铁塔仍是世界最高的建筑物,至今它依然是世界著名的城市地标和符号。自从埃菲尔铁塔建成以来,世界各大城市竞相建造高塔,高塔作为城市制高点和城市地标,一度成为愈演愈烈的潮流,我们几乎在任何一个城市都可以看到高耸入云的电视塔、观光塔、旅游塔。"一切始于世博会",世博会云集了各个时代最先进的文明成果、最新潮的产品和理念,在世博会上诞生的"水晶宫"和埃菲尔铁塔开创了历史先河,所引领的现代建筑风潮至今不衰。相信在一个新的世纪里,世博会将带给人们更多创意与惊喜。

4. 足球圣地——温布利球场

相信绝大部分足球爱好者都听过英格兰温布利球场(见图1-11)这个名字,但是却很少有人知道这座被称为"足球圣地"的球场也是世博会的产物。毫不夸张地说,世博会为世界足球留下了一座殿堂级的球场,以至于很多职业球员都会因为在温布利球场踢过比赛而津津乐道。虽然在2006年,旧的温布利球场已经被新的温布利球场所取代,但是"温布利"在足球界已经变成经典的代名词。

图1-11 温布利球场

1919年，刚刚从第一次世界大战中恢复过来的英国政府开始筹办世博会，1921年资金到位后，位于伦敦北郊的温布利被选作世博会的场地，因为那里不仅是一片空旷的园林，更是因为当时有两条地下铁路已经修到了温布利，此外还有地面都市铁路线直达温布利公园两侧。但当时的温布利市区委员会想把这个地方建成高质量的郊外公园，他们竭力反对在此举办世博会，幸好威尔士亲王坚持在这里举办世博会并修建一座国家级体育场，用于世博会开幕式的场地。

　　温布利球场的设计者是建筑师欧文·威廉斯，他是英国首屈一指的建筑师，也是英国应用混凝土和钢筋骨架建筑法的主要代表，在英国建筑史上占据着重要位置。当时的温布利球场仅用75万英镑就在300天内完工了，工程使用了25000吨混凝土、1000吨钢和50多万枚铆钉。1923年，第一届足总杯在温布利球场举行，比赛吸引了成千上万的观众，温布利球场一举成名，也为第二年举行的世博会获得了颇有成效的免费宣传。

　　此后，温布利球场长期作为英格兰国家男子足球队的主场，标志性的双塔是广大球迷向往的地方。对英格兰足球队来说，温布利记载了无数回忆，而对世界足球来说，温布利就是职业球员的巅峰舞台。直到2003年，老的温布利球场被拆除，取而代之的是一座更加现代化、更加宏伟的温布利新球场，如图1-12所示。

图1-12　温布利新球场

5. 残酷的与美好的——原子模型塔

　　1958年比利时布鲁塞尔世博会的标志性建筑——原子模型塔（见图1-13），是在当时破坏性核武器的阴影下，人类向往世界和平的象征，也是人类对和平使用核能源的美好愿望。对于这个建筑，人们评价它是地球上最令人感到震惊的建筑。

图1-13　原子模型塔

布鲁塞尔世博会的场馆建设地原是一片皇室园林，整个场馆用地200万平方米。当时的比利时国王博杜安一世同意在此举办世博会，但他要求会后必须将所有展馆一律拆除，恢复皇室园林面貌。然而，当博杜安一世亲临布鲁塞尔世博会场馆时，他被标志性建筑——原子模型塔的设计震撼了。布鲁塞尔世博会闭馆后，博杜安一世毅然决定保留这座精妙绝伦的建筑，成为1958年布鲁塞尔世博会的见证。

原子模型塔的设计者安德·沃特凯恩发挥充分的想象力，提出了以原子为主题的设计思想，并设计出放大了1600亿倍的铁分子原子构架的原子模型塔，总高约102米，总重量为2200吨，由9个直径约18米的铝质大圆球组成，每个圆球代表一个原子，正巧当时有9个欧洲共同体成员国，比利时也共有9个省，因此，原子塔的9个球体成为比利时国内团结和西欧联合的象征。在圆球内举办科学展览，球与球之间用自动扶梯连接，原子模型塔底部接待大厅首先展示的就是比利时的核能工厂。原子模型塔的设计表现了人类对金属和钢铁工业的尊崇和对原子能和平利用的期望。

2003年，比利时政府投资2400万欧元，对原子模型塔进行整修。如今，原子模型塔不但是世博会留存在世的标志性建筑，而且是布鲁塞尔的游览胜地之一。

6. 西雅图的地标——太空针塔

太空针塔（见图1-14）是为1962年在美国西雅图举行的世博会而设计建造的，占地约30万平方米，高185米，站在塔顶可以360度俯瞰西雅图的街景，太空针塔已成为西雅图不可或缺的城市标志。

图1-14　太空针塔

太空针塔于1961年12月落成，耗资450万美元。2000年，太空针塔完成了2000万美元的重建计划，包括增加了塔底的零售店、餐馆、观景台再设计、外部照明设备加强及其他更多的改进。每年从圣诞节到新年，塔上的火树银花与熠熠星空交相辉映，令人流连忘返。

现在，太空针塔已是西雅图的旅游胜地，人们常说：到西雅图没有登过太空针塔，就像到巴黎没有去过埃菲尔铁塔一样。太空针塔的一楼是礼品店，出售各种具有西雅图特色的纪念品，再上一层是可容纳1000多人的宴会厅；最上层是观赏台，电梯以大约每小时16公里的速度从一楼到185米高的观赏台只需43秒钟。观赏台的下一层是每48分钟旋转一圈的旋转餐厅,这是世界上目前还在营运的最古老旋转餐厅,从1992年起,它每年都被选为西雅图最有情调的餐厅,游客在旋转餐厅或观赏台可把西雅图的美景尽收眼底。太空针塔的后方,是太平洋科学中心,有许多供青少年实地动手操作的科学游戏,还有I-MAX电影,是孩子们驻足流连的场所。

7. 日本的图腾——太阳塔

在1970年大阪世博会上,最受关注的作品莫过于日本现代艺术大师冈本太郎设计的太阳塔(见图1-15)。

太阳塔造型像是一个冲天巨人,也像一尊古老的雕像,高举的双臂托起了富丽堂皇的节日广场巨大的屋顶。太阳塔上有4个大面具:塔顶是光芒四射的"黄金之面",塔中央有"太阳之脸"和"暗黑之星"注视着节日广场,最底端"地底之星"则照耀着"逝去的世界"。4个大面具寓意着世界的过去、现在和未来。

太阳塔下有"智慧"、"祈祷"展馆,基座上有一张象征着人类的巨大的人脸雕塑,在其两侧则是大大小小、各式各样的来自世界各地的雕刻脸谱面具。

图1-15 太阳塔

整个展馆呈现出神秘的气氛,让参观者感觉置身于远古时代的一个祭祀舞会现场。

太阳塔内部布展的立意是人类的智慧创造之火如同太阳从远古燃烧至今,并将照亮未来,直至永恒。人类生命中所蕴藏的创造潜能将势不可挡地为人类开启未来的世界。

参观者通过一条传送带进入象征人类历史之初的"神秘的世界",红、蓝、黄的火焰光线塑造出远古时代的氛围,艺术效果使人深切感受到生命的力量。

大阪世博会后,关于太阳塔的去留问题,引起了当时日本社会的广泛关注。1975年,日本政府决定对太阳塔实施永久保留,成为国家特定的纪念文物。

30多年过去,太阳塔依然屹立,"黄金之面"仍然注视着来往的人群。太阳塔,不仅是世博会历史上的一个"图腾"标志,而且已经衍化为日本民族的一个神灵,成为日本一个时代的符号。

8. 迷人的竖琴——阿拉米罗大桥

没有1992年世博会,就不会有西班牙现在的第三大城市塞维利亚,更不会有被载入史册的世界十大顶级豪华艺术建筑之一——阿拉米罗大桥(见图1-16)。直到今天,人们依然能从塞维利亚的老城区望见这座醒目的大桥。

图1-16 阿拉米罗大桥

1992年的塞维利亚世博会,不仅直接推动了塞维利亚城市的发展,而且直接带动了西班牙全国经济的全面振兴。当时西班牙政府有意促进南方的经济发展以缩小南北差异,而南方城市塞维利亚正好被选为世博会的举办地。当年世博会被选在塞维利亚一个几乎被人遗忘的岛上举办,这一决定不仅能够促进老城市进行改造,而且可以对整个塞维利亚的城市基本建设进行重新规划和改造。

当时怎么完成从陆地到岛上的联结成了最大的问题,于是当地政府决定建桥通路。在修建的几座大桥中,阿拉米罗大桥被看做是最为经典的设计。阿拉米罗桥是世界上最著名的无背索斜拉桥,整个桥的结构非常独特,它没有一个桥墩,全长200米的桥身全由一个高142米、倾斜约58度的斜拉梁所承载,这个梁用13对钢链拉住桥身,整座大桥犹如一把竖琴,典雅美观,散发着高雅的神韵。

阿拉米罗大桥的设计者桑地亚哥·卡拉特拉瓦是西班牙当代建筑的代表人物,他对建筑技术非常入迷,特别是对钢筋混凝土和钢铁构架的支撑能力及形式有着深入的研究,因此他的设计有着突出的强调工程技术的倾向。

关于这座鬼斧神工的大桥还有一段小插曲,原本在设计这座桥的时候,还有一座完全一样而对立在旁的桥,也就是说,阿拉米罗桥本来是一对的,但最后存在着的只有原来的一半。没有了对称的一半,正是现在的不平衡,反而成就了它的完美。

9. 沟通陆地与海洋的纽带——瓦斯科·达·伽马大桥

1998年,葡萄牙里斯本世博会的主题是"海洋——未来的财富"。146个参展国从各自不同的角度对这一主题做出了阐释:大海覆盖了地球表面70%以上的面积,因此地球应该叫做"水球"才恰当。生命起源的大海如今遭到了致命的污染。

里斯本世博会的会址位于里斯本的北部,以前是废弃的工厂,如今展区内的绝大部分建筑都被保留了下来。里斯本的世博会园区成了一个美丽的公园,这里有欧洲最大的海洋馆,并已成为各国游客的旅游胜地,海洋知识馆则成了海洋科研中心。整个场馆的重新使用率达到了90%。现在,这块曾举办过世博会的展区已经成为里斯本的生活新区,这里已经建成一个高档的生活区。

此次世博会占地只有约60万平方米,但是大多数永久性场馆都被赋予了长期使用的功能,比如葡萄牙展厅如今成了政府的办公大楼。如今,葡萄牙的总统和夫人每个周末仍会和普通市民一样前往世博会的场地。现在那里每年仍然能够吸引1200万的游客,而且境外游客占多数。无论冬天或是下雨都有人在参观访问。而在世博会召开之前,前往城市北部的游客数为零。

事实上,世博会为当地历史建筑的修复、街道的整修、公共交通设施的改进提供了非常好的机会。为了举办世博会,政府不惜花费重金为城市美容。不仅建造了堪称欧洲第二大桥的瓦斯科·达·伽马大桥(见图1-17),使得葡萄牙南北贯通,给国民经济也带来了无尽好处,还请西班牙著名建筑师圣地亚哥·卡拉特拉瓦操刀设计了一座崭新的火车站。里斯本世博会还使得城市的交通、街道和卫生环境等基础设施建设焕然一新。

图 1-17　瓦斯科·达·伽马大桥

会展期间,每天都有抓人眼球的亮点,因为每个国家都会在国庆日推出特别的节目。此外,15个露天舞台每天晚上演奏不同种类的音乐,从葡萄牙民谣到爵士乐,游客更有机会上台一展舞姿。

10. 上海世博会中国馆——东方之冠

2010年上海世博会的中国馆建筑外观以"东方之冠,鼎盛中华,天下粮仓,富庶百姓"的构思主题,表达中国文化的精神与气质,设计中凝练了众多的中国元素。作为世博会主办国建造的最重要展馆之一,中国馆(见图1-18)以"城市发展中的中华智慧"为核心展示内容,承载着中华民族对科技发展和社会进步的梦想和期盼。

图 1-18　上海世博会中国馆

中国馆由国家馆和地区馆两部分组成,这两部分的空间位置与取向,分别体现了东方哲学对"天""地"关系的理解。国家馆为"天",富有雕塑感的造型主体——"东方之冠"高耸其间,形成开扬屹立之势;地区馆为"地",如同基座般延展于国家馆之下,形成浑厚依托之态。国家馆居中升起,形如冠盖;层叠出挑,制拟斗拱。"匠人营国"中的九经、九纬之道,成为国家馆屋顶平台建筑构架的文化基础。传统建筑中斗拱榫卯穿插,层层出挑的构造方式,则成为国家馆建筑形态的文化表达。而平卧于国家馆之下的地区馆,为人们的活动提供了厚重坚实的平台。它的四面或以台阶步道,或以园林小品与周围环境巧妙衔接;建筑外观上还镌刻着古代叠篆文字,悬挑在基地最外侧的环廊立面,印出中国历史朝代名称,象征中华历史文化源远流长;环廊中为休憩设置的小品表面,镌刻中国各省(市、自治区)名称,象征中国地大物博和各地区间的团结与进取。

作为上海世博会的中国馆,它不仅仅肩负着文化表达的功能,还必须有效诠释出本届世博会的主题。中国馆极度重视在环境与能源问题方面的探讨与贡献。据介绍,中国馆有一套完整的环境保护与能源节约策略体系,共由4个部分组成,这座中国馆,能把中国化的可持续发展与人居文明给予形象化的表现。

肩负诸多"使命"的中国馆还关照到国际性的审美,以吸引世界的目光。中国馆为人们之间的自由交流提供了充分的开放空间,而这种开放性、公共性的现代意识,是国际建筑设计中的重要理念。中国馆对传统元素进行了开创性的现代转译。在这里,中国传统的斗拱造型有了大胆的革新,传统的曲线设计被拉直,层层出挑的主体造型显示了现代工程技术的力度美与结构美。中国馆选择了容易被世界理解的中国元素,如中国馆将大面积地采用大气、沉稳的"故宫虹",作为建筑物的主色调;地区馆在建筑边界上引入江南园林的理念,以现代园林空间软化建筑与城市的关系等。

时间会对任何建筑有最公平的考验。我们期待着,黄浦江畔的"东方之冠"尽情展现上海海纳百川的情怀,气宇轩昂地印证中国2010年上海世博会的盛况,长久地成为面向世界的一个中国舞台。

问题:
1. 世博会为旅游留下了什么样的遗产?
2. 结合案例分析,世博会是如何推动了旅游业的发展?

第二章

会展旅游

学习引导

提起奥运会,人们都不陌生,但其实比赛并不是奥运会的全部,对于那些来到奥运会举办城市观看比赛的人来说,旅游观光通常都是必不可少的项目。现代奥运会早已经超越了体育竞赛本身,自1984年洛杉矶奥运会成功实现盈利之后,世界各国竞相争办奥运会,并将之视为展示国力和国民形象的最好舞台之一。事实上,奥运会对举办国的经济增长和社会发展的确起到了促进和刺激的作用,而其中奥运会对于举办国旅游服务业的拉动更加明显。

巴塞罗那奥运会被公认为奥运史上的成功典范。奥运会的成功举办使巴塞罗那从一个普通的中等城市一跃成为欧洲第七大城市和国际著名的旅游城市。通过7年大规模的城市改造和各类设施建设,巴塞罗那城市面貌发生了根本性的变化,特别是奥运会提出将"城市向海洋开放"以来,通过对滨海地区实施的道路改造、铁路改造、工厂搬迁、海滩改造等措施,将数公里长的海滩向市民开放,使之成为旅游、休闲胜地,再加上奥运会对城市产生的巨大"广告效应",这个过去在世界上知名度不高的城市一跃成为国际著名旅游城市。

悉尼奥运会是另外一个成功典范。据澳大利亚旅游者委员会提供的数据,悉尼奥运会所吸引的旅游者,1997年到2004年总共达到近200万人,澳大利亚为此获得近百亿美元的受益。在对12个国家的调查显示,有10个国家将澳大利亚列为最理想的旅游国之一,在约11万人专程为奥运会而来的国际旅游者中有88%会成为"回头客"。

学习目标

通过本章学习,重点掌握以下知识要点:
1. 会展旅游的概念;
2. 会展与旅游的区别与联系;
3. 会展旅游的市场主体;
4. 会展旅游资源、产品和产业链;
5. 会展旅游的发展条件和趋势。

第一节 会展旅游的概念内涵

一、会展旅游的概念

如何界定会展旅游的概念,是会展旅游学术研究和经营管理的基础,对于旅游学科的建设和发展也起到至关重要的作用和影响。目前,我国学术界对会展旅游的界定有很多种,还没有一个统一的定义,国内学者对会展旅游的界定主要归纳为三种观点:第一种观点认为,会展旅游是一种专项旅游产品或新兴旅游方式,会展业是旅游业的一部分;第二种观点认为,会展旅游是会展业与旅游业互动发展、相互结合的新型产业;第三种观点认为,会展旅游从属于会展经济,只是为会展经济提供相应的配套旅游服务。

目前,人们比较倾向于第一种观点——将会展旅游理解为"一种专项旅游产品或新兴旅游方式"。我们认为会展旅游和一般旅游的最大不同就在于,会展旅游的旅游吸引物是会展活动,一般旅游活动的旅游吸引物是旅游资源。目前,人们普遍认为旅游资源是指自然界和人类社会凡能对旅游者产生吸引力,可以为旅游业开发利用,并可产生经济效益、社会效益和环境效益的各种事物和因素。可见,在会展旅游中会展就是指定义中的"人类社会"中"对旅游者产生吸引力"的一种社会性事物和因素,旅游业因势利导的对其进行开发和利用就形成了会展旅游这一旅游产品。我们知道"游"是以食、住、行、游、购、娱为代表的旅游六要素中的核心要素,将其他非旅游项目和旅游项目区分开来——因为游览观光是旅游活动的核心内容和主要目的,游客正是被旅游景点所吸引才来到景点进行观光旅游。旅游资源具有吸引旅游者的功能——旅游资源只有在满足旅游者需求时,才真正具有吸引力。可以说,会展就是一种特殊的旅游吸引物,因为它是建立在特殊的旅游资源——某种社会性资源的基础上的。

为了更好地理解什么是会展旅游,我们将国内外有代表性的旅游概念进行了梳理,如表2-1所示。

表2-1 国外旅游学者对旅游的定义

	学者姓名或研究机构名称	国 别	内 容	不足之处
从旅游距离下定义	田中喜一	日本	旅游是基于自由的动机而离开原居住地作旅行活动,并于逗留期间,获得愉快的消费生活	本地人在本地的旅游活动排除在外
	莫根罗特	德国	暂时离开自己的住地,为了满足生活和文化需求,或个人的各种愿望,而作为经济和文化商品的消费者逗留在异地的人的交往	
	伯卡特和梅特利克	英国	除为了进行有偿工作以外的任何原因而离开正常居住地作短期外出访问(或离开家短期逗留别处)的现象	公务旅游排除在外

续表

	学者姓名或研究机构名称	国　别	内　容	不足之处
从旅游距离下定义	贾法利	美国	旅游是离开常住地的游人、满足游人需要的产业,以及游人、产业和旅游地三者的社会交换给旅游地带来综合影响的一种社会文化现象	本地人在本地的旅游活动排除在外
	参议院国家政策研究会	美国	人们出于日常工作以外的任何原因,离开其居家所在的社区,到某个或某些地方旅行的行动和活动。该定义中的旅游也包括商务旅游	公务旅游排除在外
	鲍尔曼	德国	不管是基于休养、游览、商务、职业的目的,还是特殊活动或其他目的,只要是暂时离开居住地的旅行活动,都称作旅游	本地人在本地的旅游活动排除在外
	维也纳经济大学旅游研究所	奥地利	旅游可以理解成是暂时在异地的人的闲暇时间活动,主要是出于修身养性;其次是获取教益、增长知识和扩大交际;再次是参加各种各样的有组织的活动,以及改变与此相关利益方的关系和作用	
	旅行代理商协会	美国	旅游就是个人或公司在国内或国外从事旅行和游览的活动	商务旅游排除在外
	让·梅特森	法国	旅游是一种消遣活动,它包括旅行或在离开定居地点较远的地方逗留。其目的在于消遣、休息或为了丰富他的经历和文化教养	
	旅游学会	英国	人们前往他们惯常居住和工作之外的地方的暂时而短期的活动,包括各种目的不同的活动,以及一日游或参观游览活动	本地人在本地的旅游活动排除在外
	马西森和沃尔	美国	旅游包括人们离开惯常的工作和居住环境去往其他目的地的移动、人们在目的地所进行的所有活动以及能满足他们这些需求的设施这三个方面的内容	
	铃木忠义	日本	旅游可分为狭义和广义两种。狭义的定义:①人们离开日常生活圈;②预定再次回来;③并非以营利为目的;④欣赏自然风物。广义的定义:由这种行为而产生的社会现象的总和	
	伦德伯格	美国	人们除上下班工作通勤以外的任何目的,离开他们常住地社区前往异地所进行的行动和活动	外出作案肯定不是旅游

续表

	学者姓名或研究机构名称	国　别	内　　容	不足之处
从旅游距离下定义	世界旅游组织	马德里	一个人旅行到一个其惯常居住环境以外的地方并逗留不超过一定限度的时间的活动,这种旅行的主要目的是在到访地从事某种不获得报酬的活动	本地人在本地的旅游活动排除在外
	克里斯·瑞安	英国	关于为那些离开家逗留而引起的接待及支持性服务的需求和供给以及相关的消费组合模式、收入创造、就业方面的研究	短途自驾游一般对接待地创收和就业很少有影响
	约翰·特赖布	英国	旅游本质上是一种人类参与的活动,这一活动存在的最低必要特征包括从一地到另一地的旅行,从事这一旅行活动的一个特定的动机集合(排除上下班通勤)以及从事在目的地的活动	本地人在本地的旅游活动排除在外
	斯蒂芬·威廉斯	英国	旅游是一个综合的概念,不仅是离开惯常居住地,在目的地做短暂停留的行为本身还包括这类活动的组织和实施过程,以及满足旅游需求的设施和服务	
从旅游的主体、客体、介体之间的作用下定义	里考瑞什	英国	旅游是人的运动,是市场的运动而非一项产业的运动,是流动人口对接待地区及其居民的影响	强盗为经济目的去其他地区抢夺,是人员流动也对当地居民产生影响,但绝对不是旅游
	格吕克斯曼	德国	旅游是在旅居地短时间旅居的外来者与当地人之间各种关系的总和,是一种与人际关系和人类交流相联系的社会现象	本地人在本地的旅游活动排除在外
	芬内尔	加拿大	旅游是一个互相关联的系统,这个系统包括旅游者和为旅游者提供的相关服务(设施、景点、交通和住宿)	旅游是系统不妥
	戈尔德耐和里奇	美国	在吸引和接待旅游和访客过程中,由游客、旅游企业、当地政府、当地居民相互作用而产生的现象与关系的总和	用游客、旅游企业等名称来阐明旅游定义明显不妥

续表

	学者姓名或研究机构名称	国 别	内　　容	不足之处
从旅游的主体、客体、介体之间的作用下定义	国际旅游学会	摩纳哥蒙特卡罗	人们为实现某种旅行所从事的各种活动的总和,是为满足游客某些需要而予以实现的途径。一方面旅游者可以自由选择旅游目标,另一方面,旅游的消遣愿望可以得到满足	公务旅游就不能选择旅游目标,消遣愿望不一定得到满足
	克里斯·库珀	英国	从需求的角度来定义,旅游是人们为了休闲、商务和其他目的,离开自己惯常居住的环境、连续不超过一年的旅行和逗留活动;从供给的角度来定义,旅游即为旅游业,也就是为满足旅游者需求和愿望的所有的企业、组织机构和设施构成的行业	本地人在本地的旅游活动排除在外
	查德威克	美国	旅游包含以下三个主要概念:人的移动、某个经济或产业部门,以及一个由人际关系、人的需求和满足人的需求而提供的服务这三个方面互相影响因素组成的巨大系统	普通购物也有此特点
从逗留时间下定义	联合国旅行和旅游会议	罗马	旅游者是到一个国家逗留至少24小时的游客,其目的是为了休闲或商务	邻国之间的边境一日游经常达不到24小时
	艾斯特和旅游社团	英国	在家庭环境之外偶尔选择和从事的特定活动,可以包括或不包括离家不过夜的逗留	太宽泛
	利珀	澳大利亚	旅游是一个与5种因素互相作用的开放系统,这5种因素为环境、人文、旅游者、地理(客源区、交通路线和目的地)以及产业。这5种因素又与自然、技术、社会、文化、经济和政治等因素相互作用和影响。从某种程度上说,基于休闲和离家暂居至少一晚以上旅游者是系统中的动力因素	不过夜游客被排除在外
从经济角度下定义	施拉德	奥地利	旅游是外国或外地人口进入非定居地并在其逗留和移动所引起的经济活动的总和	本地人在本地的旅游活动排除在外
	奥格尔维	英国	离家外出不超过一年,在外逗留期间进行的消费,且所用的支出并非是从旅游地赚取的	环球旅游超出一年很正常

续表

	学者姓名或研究机构名称	国　别	内　容	不足之处
从出游的目的下定义	汉泽克尔，克拉普夫	瑞士	旅游是非定居的旅行和短暂停留而引起的一切现象和关系的总和。这种旅行和逗留不会导致长期居住或从事任何赚钱活动。20世纪70年代这一定义被旅游科学专家国际联合会采纳，故又称为"艾斯特"定义	商务旅游排除在外

注：本表转引自樊国敬主编的《会展旅游》。

以上学者给出了各自不同的定义，但归纳起来不外乎以下五类：第一，从出游的目的下定义；第二，从旅游距离下定义；第三，从逗留时间下定义；第四，从旅游的主体、客体、介体之间的作用下定义；第五，从经济角度下定义。他们的定义都不同程度地有失偏颇，国内外众多旅游学者之所以没能给旅游下一个令人信服的定义，主要还是因为他们在出游的目的、旅游距离、逗留时间、旅游的主体、客体、介体之间的作用四个圈子里打转，而没有抓住旅游的主体，仅是在细枝末节上做文章。谢彦君和曹诗图认为，旅游的本质应该是"游"，消遣与审美等愉悦体验。认清了旅游的本质，谢彦君明确将旅游的界定为旅游是个人利用自自由时间并以寻求愉悦体验为目的而在异地度获得的一种短暂休闲体验；曹诗图也有类似的定义：旅游是人们以消遣、审美、求知等为主要目的，利用余暇到日常生活与工作环境之外的地方的旅行、游览和逗留等各种身心自由的体验。曹诗图还认为旅游的目的主要有消遣、审美、求知，其中为愉悦体验是旅游的根本目的。

基于此，我们将会展旅游定义为以完善的城市设施、良好的内外交通条件和健全的旅游设施和服务体系为支撑，通过举办各种类型的会议、展览和节事活动等，吸引大量游客前来洽谈贸易、旅游观光，进行技术合作、信息沟通、人员互访和文化交流，以此带动交通、旅游、商业、餐饮等多项相关产业的发展，它是一种综合性的旅游服务形式。

二、会展旅游的发展史

在讲到近代旅游的产生时，所有的旅游教科书都无一例外地提到一件事情：1841年7月5日，英国人托马斯·库克利用包租火车的方式组织了一支570人的团队，从英国的莱斯特前往19千米以外洛赫伯勒参加禁酒大会。

托马斯·库克组织的这次活动被当时的人们称为"伟大的创举"，后人则把这次活动看作近代旅游的开端。其实，如果仔细分析一下就会发现这次活动更像是一次会展活动：这次活动的目的是参加在洛赫伯勒举行的禁酒大会，活动参加者达到570人之多，往返行程大约38千米。因此，这一活动不仅标志着世界近代旅游业的诞生，而且开创了国际会展旅游的先河——从专项旅游活动的角度，将其看作国际会展旅游的起源，也是完全成立的。这次活动作为一项旅游活动，无论是从主办方还是从需求方来看，禁酒大会都是其核心要素，主办方用以吸引旅游者等代表参会，而托马斯·库克一行也正是冲着禁酒大会这一主题鲜明的事件完成了这次旅游——会议旅游。

我们也可以说近代旅游是伴随着会展旅游而发展起来的。此后,托马斯·库克所组织的一系列活动更是和会展密不可分:1851年托马斯·库克组织了16.5万游客赴伦敦参观首届世博会;1855年巴黎世博会期间,托马斯·库克又先后组织了50余万游客前往观摩,在世界上首创出国包机旅游。短短十几年,无论是在规模的扩大上,还是在档次的提升上,托马斯·库克都把他首创的会展旅游大大向前推进了一步。

托马斯·库克首创国际会展旅游之后,又进一步积极参与最早两届世博会活动,也从另一侧面清晰地透露了一条重要信息:国际会展旅游从其产生之初就与世博会结下了不解之缘。自1851年英国伦敦举办第一届世博会以来,世博会经历了160多年的发展,先后举办了42届之多,如今已享有"经济、科技、文化领域内的奥林匹克盛会"的美誉。

综观世博会历史,从诞生至今,160多年来绵延不断地向前推进,据不完全数据统计:两届世博会之间时间间隔最长的也就11年,最短的一年之中举办了两届;参展国家少则16个,多则150多个;参观人数最少也有72.55万人次,最多达7308.44万人次(无论是参展方数量、参观人次还是单日入园人数,中国2010年上海世博会均刷新了历届世博会的历史纪录,上海世博会还安排了2万多场次的文化演艺活动,平均每天演出100场,这一数据也创下了历史之最)。这充分表明世博会具有强盛的生命力,同时也颇为典型地反映了国际会展旅游从160多年前以"托马斯·库克事件"为标志的萌芽状态,不断成长发展、逐步走向成熟的发展轨迹。

一个多世纪以来,国际会展组织特别是会议局协会的形成和壮大,对会展旅游发展的历史进程,也起到了举足轻重的推动作用。1896年2月,美国《底特律日报》记者米尔顿·卡克为了激活地方经济,创立了一个名为Convention Bureau(CB)的组织,即会议局协会,它成为带动各城市会议产业并整合相关产业的先驱者、协调者。底特律会议局协会的诞生,标志着会展旅游特别是会议旅游,作为一种专门的经济活动在国际上引起了人们的注意。从20世纪初开始,随着全球社会、经济的发展,会议等会展旅游作为一个产业越来越受到世界各国的高度重视,在实践中形成了一系列会展方面的国际组织。以会议旅游组织为例,1920年,美国成立了国际会议局协会。

国际会议局协会等组织为促进各国地方经济的发展做出了积极的贡献,特别是世界各国各都市会议局协会扮演了"城市营销"中的"营销经理"的重要角色。1963年国际大会和会议协会(ICCA)的成立,在国际会展旅游市场化进程中产生了较大影响,或者可以说标志着国际会展旅游发展历史中"拐点"的出现。会展旅游从20世纪六七十年代开始,会议旅游与展览旅游相互融合,在全球迅猛发展,进入商业化阶段,在近半个世纪的繁荣发展中逐步形成了一个新兴产业,至21世纪已经臻于成熟。

三、会展业与旅游业的区别与联系

1. 会展业与旅游业的联系

会展业与旅游业是性质不同的两个行业,但它们也存在着许多联系,主要表现在以下几个方面:

(1)产业性质都是以资源为依托、服务为媒介的"第三产业"。

(2)在综合性上,都是系统工程、综合经济,需要调动广泛的社会资源,特别是需要便捷的交通运输和快捷的信息传播服务。

（3）在产业关联上，对经济的拉动作用都很大。

（4）会展地也可以开发为旅游地，而旅游地经常被作为会议、园艺、旅游类展览的举办地，并且旅游行业的会展是会展产品系列之一。

（5）在工作性质上，都强调创造举办活动的环境氛围（如学术氛围、下榻环境和休闲环境等）。

（6）在社会分工上，二者都处于自身业务链的上游；旅游代理商、零售商和旅行社负责接待的业务很大部分是相关的；展馆与酒店投资建设、经营管理上有很多类似之处，特别是在物业管理方面都有保安、协调、租赁、商务、停车、电工、清洁、餐饮等服务。

（7）在业务上，旅游业和会展业也是相互关联的。以酒店业为例，承办会议是酒店业务的重要组成部分，酒店提供了会议举办的主要场所，为会议活动创造了良好的环境和氛围。酒店、度假村等早已介入到会议业务中，其中接待游客特征的行为属于旅游业，会议专业服务则是多元化经营行为。如果会议业务收入超过酒店其他业务收入，这个酒店就已经表现出会展业的属性。总体来看，在会展业中，酒店会议业务是旅游业和会展业结合的产物。

综上所述，会展业通常是旅游业实施多元化战略的路径选择，会展业与旅游业的融合是全球会展业发展的必然趋势。

2．会展业与旅游业的区别

会展业和旅游业的区别主要表现在服务的内容、对象、领域，经营产品，依托资源，活动目的和社会分工体系等多个方面，二者的区别如表2-2所示。

表2-2 会展业与旅游业的区别

项　目	会　展　业	旅　游　业
活动目的	促进贸易，促进特定资源和信息的交流	休闲娱乐、观光游览、调节身心
经济性质	前瞻性经济，更能反映经济未来的发展趋势	体验性经济，激活游客内在心理空间的消费主动性，拉动经济增长
产生背景	市场竞争的日趋激烈，迫使商品生产者必须加强营销手段，从而提高了对社会化市场运作的要求	工业化和城市化的条件下，人们为补偿工业化和城市化同时带来的束缚，需要追求不同于原生活环境的经历和体验
竞争焦点	争夺参展商资源和展出场所资源	争夺旅游客源
依托资源	消费市场和优势产业资源	休闲时间和旅游资源
经营产品	信息交流、展示产品和服务，销售会议和展览的参与权	销售旅游产品和相关服务，提供精神方面的体验
服务领域	对应流通领域和信息领域	对应消费和服务领域
主要服务对象	参展商、专业（目标）观众	游客
主要服务内容	提供展位、洽谈服务、信息交流等服务	提供订票、订房、订餐、订车、参观游览等服务

续表

项　　目	会　展　业	旅　游　业
硬件投资	展馆投资巨大，酒店投资相对略小，酒店一般是展馆建设的同期配套设施	景区、酒店、商业购物设施等
社会分工体系	专业会议公司、专业展览公司、目的地管理公司和旅游公司等	旅游批发商、旅游代理商和旅游零售商等
企业组织形态	以知识密集型为主（具有高级专业技能的员工，组织者的专业化的组织能力）	以劳动密集型为主
相关部门与产业链	货物运输、海关、边检、商检、税务、工商、消防、保险、酒店、城建、设计、装潢、礼仪、广告、展具制作、交通、休闲观光等	旅行社、饭店、景点、旅游网站、旅游商店、旅游交通等
工作流程	选择主题→市场调研→寻求支持单位（新闻媒体、行业协会、政府部门）→联系会展场地→向主管部门办理展会申请报批手续→展中的服务及危机管理→展后的后续工作	市场调研→旅游产品设计与宣传→提供食、住、行、游览等服务→旅游资源、旅游项目开发

3. 会展旅游与休闲旅游的区别

会展旅游作为一种旅游形式，既有休闲旅游的特征，又有自身的独特属性。一般而言，二者在出资者、目的地选择、出行时间安排、出行准备、出行人员、目的地等方面有所不同，如表 2-3 所示。

表 2-3　会展旅游与休闲旅游的区别

项　　目	会展旅游	休闲旅游	备　　注
出资者	雇主或机构	旅游者	个体会展旅游者由自己支付会展期间的旅游费用
目的地选择	会展旅游的组织者	旅游者	组织通常会考虑代表们的个人意愿
出行时间安排	全年的任何时间	通常是节假日或周末	一般应避免在休闲旅游旺季举办重大活动
出行准备	重大会展要提前几年安排，有些会议活动则提前几周安排	长假通常提前几个月预订，而短假则仅提前几天	
出行人员	因工作需要出行的人员以及各协会会员	任何有闲暇和经济能力的人	一些会展旅游者是由其配偶陪伴同行的

续表

项　目	会展旅游	休闲旅游	备　注
目的地	主要在经济较发达的大中型城市	任何地方	某些会议和培训也可能在乡村举行

4. 会展业与旅游业的联动

旅游业的主旨非常明确，就是招徕吸引外来游客，这也是旅游业屡屡"进军"其他产业的根本动因，而会展活动中形成游客的主体来源就是会展代表及因会展活动而流动的外围受众，前者是会展旅游的核心，后者则有可能转化为观光游客，成为会展旅游的副产品。会展旅游业的关键是促使会展活动参加者及受众延长停留时间、提高综合消费。因此，会展旅游关心的不是开什么会、展览什么东西，而是如何为与会展相关的人员提供服务，从会展活动本身拓展到住宿、餐饮、娱乐方面，继而争取在游览、购物、旅行等方面创造需求。

会展旅游活动的核心是主动创造旅游主体，从而改变了传统旅游主客体的关系，旅游业因为直接参与了主体的制造，所以作为"同一主体"的会展旅游者的形成是会展旅游发生、发展的关键（见图2-1）。

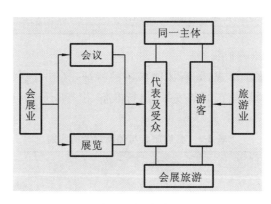

图 2-1　会展业与旅游业的关系

传统旅游企业从事会展旅游业务是其实施多元化经营的战略路径选择：首先，从旅游需求看，会展旅游是指特定群体到特定地方去参加各类会议、展览活动，并附带有相关的参观、游览及考察内容的一种旅游活动形式；其次，从旅游供给看，会展旅游是特定机构或企业以组织参与各类会议、展览等相关活动为目的而推出的一种专项旅游产品。实际上，负责联系会议的很多中介组织本身就是旅行社或者从事旅行社业务的商业服务公司，会展业与旅游业的融合是全球会展业发展的必然趋势。

5. 会展业与旅游业的互动关系模式

在会展业发达国家，各类会展活动都有专业机构来管理和指导，并且会议或展览公司往往与旅游部门联合开展一系列富有成效的促销活动，以提高展会的知名度和增强展会对一般公众的吸引力。例如，1992年的西班牙塞维利亚世博会，从一开始就注重旅游业的全过程参与，并把旅游宣传促销放在重要的位置，从申办到举办通过民意调查公司和世博会经营公司组织了多次市场调查，其中仅游客预测市场调查就做了8次。

另外,由于旅游部门的积极介入,参展商、与会者及观展人员除了能够享受优质的食、住等基本服务外,还有机会参加丰富多彩的文化娱乐活动,或者游览会展举办地及周边地区的旅游景点,这势必将带来旅游业等各个行业的繁荣,而不是仅有酒店业和餐饮业受益。总之,在会展活动中,因为旅游业的全程参与,会展与旅游的结合往往能产生更大的综合效益,并且更容易形成良性循环发展的产业格局。

在会展业发达的国家,会展活动与旅游部门往往是相互促进、密切合作的,会展业与旅游业基本实现有效对接。会展业与旅游业互动融合发展的好处在于:一方面,完善的旅游接待体系可以为参展商、与会者及观展人员提供高品质的配套服务,尤其是独具特色的旅游景点和文娱活动能丰富展会的活动内容,增强其吸引力;另一方面,大型会议或展览有利于会展举办地完善城市基础设施,提升会展举办城市的整体形象,提高市民综合素质,并能有效提升旅游接待服务设施和现有旅游资源的利用率,从而促进会展旅游业的全面、协调发展。如图2-2所示。

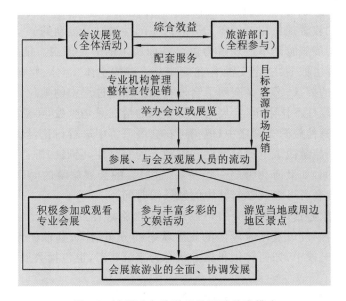

图2-2 会展业与旅游业的互动关系模式

第二节 会展旅游的基本内容

一、会展旅游指数

会展旅游者一定是参会者,而参会者不一定都是旅游者。会展旅游者是旅游者中的一部分。

旅游者寻求的是一种自由自在的旅游状态,从消费效用角度讲,旅游者追求的是旅游状态的极大化,所以,无论是经历何种体验的过程,旅游者始终是通过期望的旅游体验来达到旅游状态的最大化。在这个过程中,旅游体验是表象,旅游状态是本质,在千变万化的表象

背后是不变的旅游本质。从这个意义上讲,旅游基础理论研究的正是旅游者由非旅游状态到旅游状态、由一般旅游状态到最大旅游状态即理想旅游状态的变化过程及规律。旅游状态是确定旅游现象与非旅游现象的试金石。

一般情况下,参会者的旅游状态一定是非连续。旅游者主观期望是旅游全过程均处于旅游状态最大化,而提供促成旅游状态最大化的旅游资源的空间分布不均匀、参会者的差异化背景等的存在是造成旅游者在选择旅游消费对象时的差异化表现和差异化过程的要求。

如果我们称参会(展)者为会展旅游者,是一个总体称谓或全程性称谓,那么会展旅游者是否真正实现旅游的目的则完全取决于旅游状态的程度。一般而言,处于理想旅游状态时的会展旅游者对应于真实的旅游时段,处于非旅游状态的会展旅游者对应于会展旅游者的非旅游时段。换句话说,会展旅游者的旅游状态在会展期间是非连续性的。由此可以推断,会展旅游者的旅游状态是非连续的。

会展旅游的标识是会展,而旅游的对象不一定是会展,也就是说会展旅游者是因为参加会展而离开了常住地,旅游只是在参会的过程中伴生的现象,这种现象的发生不具有必然性。所以,会展中的旅游现象相对于参加会展的主动性来讲是被动的。

因此,可以将会展旅游简单地理解为由会展而产生的一类旅游。能够将这一表述作为会展旅游的定义,理由如下:①定义没有直接涉及旅游的主体、客体、媒体,符合旅游基础理论对会展旅游概念的要求;②定义阐明了会展在旅游发生过程中的地位;③关于会展自身是否具有旅游资源的属性不作限定,会展为旅游资源的情况只是少数,虽然从旅游归类的角度这样的会展应归于其他旅游类型之中,但仍可在会展旅游中进行讨论,区别只在解决问题的侧重面不同;④强调旅游微观上的分散性和宏观上的完整性,会展旅游持续的整个过程一定长于会展本身的时间,如世博会为期一年左右,世博会的会展旅游的时间远远长于一年,会展居于其中;每位参会者可能只参与其中的某一段时间。

会展不一定是旅游资源,但是会展可以造就一批旅游者,所以,会展旅游研究的基本任务之一,是确定旅游时段以及该时段内的旅游状态的分布情况;基本任务之二,是在会展旅游者的非旅游状态时段中,如何转化非旅游状态为旅游状态,也包括会展自身形式的旅游化或部分旅游化。

为此,我们提出一个能研究这种时间比例关系的公式,即

$$会展旅游指数 = \sum 旅游各时间段 \div 往返会展之间的总时间$$

可见,会展旅游指数介于 0~1 之间。当会展旅游指数等于零时,则表明在此次会展活动期间,参会者没有参与任何形式的旅游活动,是个纯粹的参会者。当会展旅游指数等于1时,则表明这次活动完全是一次旅游活动,和会展无关,这个人的身份只能是旅游者。只有当会展旅游指数介于 0~1 之间时,才能称其为会展旅游者。

二、四种基本类型的会展旅游

基于对会展的理解,目前人们一般认为有会议旅游、展览旅游、节事旅游和奖励旅游等四种基本的会展旅游类型。

(一)会议旅游

会议旅游一般是指由于会议的原因离开自己的常住地,前往会议举办地的旅行和短暂

逗留活动,以及由这活动所引起的现象和关系的总和。会议旅游具有以下三个特征:

第一,异地性和暂时性特征。这一特征是会议旅游的外部特征,也是所有旅游的基本特征。

第二,内涵的综合性。会议旅游不仅包括了会议和旅游活动(如在常住地与会议举办地之间的往返旅行、在会议举办地出席会议、参加文娱联谊活动、参观考察、游览观光、休闲购物、探亲访友等),而且包括了由于会议旅游者的活动所引起除会议和旅游之外的其他关系,其中最主要的是会议旅游者与当地会议旅游企业进行会议旅游产品交换这一经济现象和经济关系。

第三,目的的广泛性。会议旅游是由会议所引起的旅游活动,而非单纯的旅游活动,因此会议旅游的最主要目的是参加会议,但会议又绝非会议旅游的唯一目的。

(二)展览旅游

展览旅游是指为了参与产品展示、信息交流和经贸洽谈等商务活动的专业人士和参观者而进行的一项专门的旅行和游览活动。和会议不同,展览更注重聚人气、讲规模、重品牌,这就要求展览举办地经济实力强大、基础设施良好、商业环境优越、文化氛围浓郁、信息辐射迅速、交通便利。由于展览业除了展览本身外,还涉及人员接待、事务协调、活动安排、票务预订等方面的事务,而这些事务恰好是旅游业的传统业务,因此旅游业介入展览业,开发展览旅游产品,也就具有了内在的逻辑合理性。

旅游业在开发展览旅游这一细分市场产品时,还需要按照展览的分类和发展变化不断调整会展旅游服务内容。对于专业性展览,往往需要专业性的旅游企业——熟悉展览所在行业的发展情况和参展商展览之外的需求,以便能够安排与本地同行业的交流与参观访问活动。综合性展览,由于规模庞大、人数众多、持续时间长,单一的旅游企业往往无力提供其所需的所有服务,因此,需要战略合作伙伴或由大型的旅游集团来承揽。

(三)节事旅游

节事旅游是指人们出于参与节庆和特殊事件等为目的而引发的旅游活动。属于旅游业中的专项和特种旅游活动,涉及会展业中的大型活动。节事旅游具有如下特征:

(1)节事旅游者的身份具有双重性。

节事旅游者的角色首先是某个特定主题节事活动的参与者,其次才是在时间充裕的前提下做出旅游的选择,从而扮演了旅游者的角色。

(2)节事旅游产品必须充满个性、丰富多彩,具备强大的旅游吸引功能。

由于节事活动本身是节事旅游的吸引物,这就要求节事主题鲜明而独特,还要能通过丰富多彩的活动满足不同旅游者的需求。此外,节事旅游的宣传活动也非常重要,如果宣传不到位也难以将节事活动参加者转变为节事旅游者。

(3)节事活动的当地认可度高。

节事旅游要求节事活动本身的认可度高,其原因有二:第一,只有当地人非常认可节事活动,节事活动才能有良好的社会效应和群众基础,从而得以不断举办下去;第二,由于节事举办期间大量外来旅游者涌入节事举办地,会对当地居民的参加节事和日常生活造成一定的影响,如果当地居民对节事活动本身认可度低,不仅不会为旅游者的大量到来而对节事的

举办感到自豪,反而会产生抵触情绪和不友好的行为。

(四) 奖励旅游

奖励旅游是指为了对有优良工作业绩的员工进行奖励,增强员工的荣誉感,加强单位的团队建设,用公费组织员工进行的旅游。它一般包含会议、旅游、颁奖典礼、主题晚宴或晚会等部分。将奖励旅游作为企业的一种管理手段,具有不同于其他会展旅游的特征:

(1) 精神奖励。

在物质奖励边际效用递减的情况下,企业为了保持和提高员工的工作效率和积极性,会转而采用精神奖励手段来奖励员工。

(2) 绩效标准。

由于奖励旅游是基于工作目标的实现而对工作业绩突出员工进行物质和精神的双重奖励。这种标准来源于员工个人所承担的工作目标、部门目标和企业目标的完成情况,评估结果来源于人力资源部门的年度考核和业绩评价。

(3) 福利性质。

奖励旅游本质上是属于员工福利的一种——给予优秀者带薪、免费、休闲的奖励。依照员工的实际绩效与原定标准的比较来决定奖励旅游的花费额度,所花费用来自于企业的超额利润,由企业支付参加奖励旅游的员工的费用。

(4) 长效激励。

奖励旅游会使员工在参加不同形式奖励旅游的过程中,产生令人愉悦的精神享受和难以忘怀的经历。此外,由于受奖励者都是公司中佼佼者,且可以和企业高层领导对话,这会让受奖励者倍感荣耀,并希望下次还能参与。因此,即使奖励活动已经结束,依然会让受奖励者长期期待。同时,也会对那些尚未获得奖励的员工产生前进的动力——既然和自己在同一岗位的人通过自身的努力能够获得奖励旅游,那么通过自身努力也有可能争取到下次奖励旅游的机会。

(5) 管理手段。

奖励旅游作为企业管理的一种策略和方法,可通过组织外出旅游来加强企业的团队建设,潜移默化企业的经营理念,以此来增强企业的凝聚力、提高企业生产率、提升员工对企业的认同感,塑造强大的企业文化。

(6) 旅行游览。

奖励旅游是通过旅行游览的方式来激发员工的进取精神,因此在旅游目的地的选择、旅游线路的设计、活动内容的安排上,都需要经过精心安排和策划。

第三节 会展旅游的特征和市场主体

一、会展旅游的特征

会展旅游作为一种旅游类型,因其产业关联性、行业带动性、消费集中性、收益显著性等优势日益受到人们的关注和青睐。从旅游业的角度来看,会展旅游具有消费档次高、经济效益好、信息交流广、停留时间长、出游计划性强、产业带动大、内容主题明确、不受季节影响等八个特征：

(1) 消费档次高。

会展旅游者一般多为行业精英，消费以公费为主，其衣、食、住、行在一定程度上显示了单位的实力，与此同时，参会者的单位也希望借会展活动树立其在同行中的形象，因此，在消费上表现出消费能力大、档次高、规模大的特点。有统计数据显示，会展旅游的人均消费是一般旅游的3～5倍。

(2) 经济效益好。

鉴于会展旅游者的高人均消费，他们对会展目的地的经济影响显而易见，也正是会展旅游对举办地的重要经济贡献，世界各国都非常关注会展旅游的发展。一些大型的会展活动，通常是新闻媒体报道的焦点，会引起社会各方面的广泛关注，这会极大提高举办国家和城市的知名度，提升城市的整体形象。对会展举办地而言，除了显著的经济效益外，由于会展旅游者的到来，所带来的思想文化交流、商贸关系等都有利于当地经济的发展。

(3) 信息交流广。

会展活动本身就是人流、物流、信息流、资金流的汇集与展示，更是人际交往的绝佳平台。会展与旅游活动的结合，会使信息流通更容易、更全面，有利于来自各地的会展旅游者在旅游中获得更具价值的第一手材料，因此，许多国家将会展旅游称为"信息冲浪"。

(4) 停留时间长。

会展活动因其异地性和专业性的特征，使得会展旅游者在会展举办地停留时间较一般旅游活动要长。据国际协会联盟的调查显示，世界上会议的举办时间平均为4天。另据香港旅游协会的调查，参会人员在香港的逗留时间平均为7.5夜，比普通游客的逗留时间高出一倍。

(5) 出游计划性强。

由于会展活动本身的特殊性，参与会展活动的人员的住宿、餐饮、交通、游览、娱乐等需求都必须事先做出切实周密的安排，因而会展旅游的提前期较长，一般提前1～2年计划确定以后，大都能如期举行，很少有取消的情形。这对会展旅游目的地做好各项准备工作、保障服务质量十分有利。

(6) 产业带动大。

会展旅游是会展业和旅游业的结合，天然具备这两个行业的产业带动性强的特点，能够全面带动以旅游业为主的交通、住宿、餐饮、商业和文化艺术等第三产业的发展，成为会展举办地现代旅游业的增长点。

(7) 内容主题明确。

会展活动虽然涉及政治、经济、文化、科技、教育、卫生、军事等社会各个方面和领域，但总是要在一定的时间和空间范围内举办。会展活动为了能够吸引更多的观众前来，在内容和主题上也绝不是杂乱无章的，总要围绕一个主题进行精心策划，呈现出鲜明的专业性。

(8) 不受季节影响。

会展活动的举办时间虽然要考虑当地的气候、季节等因素，但相对观光度假活动而言，它对气候、旅游季节等因素的依赖性要小得多。参加会展活动对于参展者而言属于正常的

工作范围,不受节假日和季节的影响。出于价格、服务质量等因素的考虑,会展活动的组织者更倾向于选择在举办城市的旅游淡季或平季举行,起到逆季节性的作用,这有利于提高会展举办地酒店淡季时的客房出租率和景区的接待率。

二、会展旅游的市场主体

和其他市场一样,会展旅游市场一般由政府、会展策划者、专业会议策划者、目的地管理公司、参展商(或会议代表)以及其他中介组织等市场主体共同组成,这些市场主体又可细分为会展旅游的主体、客体和介体。

(一)会展旅游的主体

会展旅游的主体即会议和展览等活动的旅游者,在构成上主要包括三个部分:一是政府、企业、科研机构、民间团体等组织派遣的,且到一定目的地参加会议的人员;二是参与产品展示、经贸洽谈等商务活动的专业人员;三是因会议展览活动的进行而在特定时间来到活动地的参观者。其中,前两部分构成了会展旅游主体的核心部分。

需要指出的是,所构成的这三部分主体在实际的旅游活动中,在某些情况下是独立存在的,在另外一些情况下又是"三位一体"综合存在的,这主要是由于会展产业"会中有展、展中有会"的产业性质所决定的。例如,世博会是由一个国家的政府主办,多个国家或组织参加的,以展现人类社会、经济、文化和科技成就,展望人类社会的发展前景和寻求解决面临的重大问题等为主要内容的国际性大型展示会。在其长达6个月的会展期间,各国与会人员既要参与博览会的展览活动,展出自己的先进科技成果,又要参与会展期间召开的文化科技交流会议,同时又是各国展品的参观者。由此可见,参加世博会的人员充当了该次会展旅游过程中的三种角色,这主要是由世博会本身的性质及内容决定的。

(二)会展旅游的客体

会展旅游的客体即会议和展览等活动的旅游资源。从理论上讲,旅游资源必须是自然界和人类社会存在的、能刺激旅游者产生旅游动机的各种物的总称。对于会展旅游来说,其特定的旅游资源构成主要体现在以下两大部分:一是以产业基础建构起来的各种吸引物,包括会展场所及其相关设施、会展活动本身以及为会展活动所提供的各项服务;二是会展目的地提供的其他自然的和人文的旅游景观。

1. 场馆

规模较大、级别较高的场馆,以其优秀的设计,独特的风格能对旅游者产生巨大的吸引力,成为人们游览的目标之一。

场馆的设施、设备是会议展览消费的主要对象之一,也对会展地所举办的展会规模起着决定性作用。比如2001年10月,亚太经合组织(APEC)会议在上海新国际博览中心召开。这次具有国际竞争力的会议能够在上海成功举行,是与上海新国际博览中心所提供的完善优秀的服务设施设备分不开的。可见,随着社会科学技术的发展,国际大型会议展览活动对场馆的设施设备的要求将会越来越高,能否适应这一发展要求,逐步完善内部设施设备,关系到旅游会展目的地的整体竞争力。

2. 形式多样的会议和展览活动

赛事旅游的产品是"旅游赛事",节庆旅游的产品是"旅游节庆",有些人认为会展旅游的资源或者说产品的构成部分,只能是"与旅游相关的会展",但是在对会展旅游的概念的界定及结合会展活动实际的基础上,我们认为,能够构成会展旅游资源的会展活动不仅包括以宣传旅游资源、展示旅游产品等为主题的活动,也包括那些与旅游无关,但其主题能够对旅游者产生巨大吸引力、激发旅游者出游动机的各种会展活动。

最具有说服力的例子是"世界旅游之父"托马斯·库克在1841年7月组织的第一次旅游活动。当时,他组织旅游团队的目的并不是为了观光,也不是为了度假,而是为了参加禁酒大会。禁酒大会本身是与旅游毫不相干的,但是这次旅行活动却被学术界定位为旅游活动的标志性事件。

3. 旅游服务

会展旅游的服务内容包括两个部分,一是会展公司或场馆根据会展主题内容要求所提供的,为保障会展活动顺利进行所提供的各项服务,比如场馆的建设、展台的搭建、会场的安排布置、展会召开秩序、人员安全等方面;二是各会展旅游介体为旅游者在会展活动之前、之中、之后所提供的食、住、行、游、购、娱等服务。

4. 会展目的地其他自然和人文景观

会展目的地的其他自然和人文景观之所以成为会展旅游资源的构成部分,主要是由旅游者在会展目的地停留期间对会展活动以外的其他景点进行游览而决定的。会展活动尤其是大型的会展活动,常选择名胜较多、交通发达的城市和一些风景优美、环境舒适的湖滨、山地等地区作为目的地,因此该地原有的自然和人文资源,也成为会展旅游者的吸引物。

(三) 会展旅游的介体

会展旅游的介体主要是指为会议和展览等活动的旅游者在会展旅游活动过程中,提供各种服务的会展业相关产业和部门,以及旅行社、交通、饭店等旅游产业部门。其中,从事组织、宣传和招徕参展商、与会人员和参展观众的企业,即PCO(专业会议组织者)、DMC(目的地管理公司)、展览公司等成为会展旅游过程中的主要媒介,只有在这些企业的经营下,随着会展活动的成功举办,会展旅游才能得以启动和实现。

专业会议组织者是指为筹办会议、展览及有关活动提供专业服务的公司或从事相关工作的个人,主要办理行政工作及技术顾问相关事宜,依据合约提供专业的人力及技术、设备来协助处理从规划、筹备、注册、会展到结案的工作,具体工作内容包括会议或展览活动的策划、政府协调、客户招徕、财务管理和质量控制等,在组委会和服务供应商之间起到纽带的作用。

目的地管理公司是指负责会展活动在主办地的现场协调、会务和旅行安排等工作的公司,它不同于传统意义上的会议公司、旅行社,而是将会议展览所需的资源进行有机整合,提供更专业、更全面的目的地所需的一切服务,包括策划、组织、安排国内外会议、展览、奖励旅游等,以及其延伸的观光旅游,策划、组织、安排国内外专业学术讨论、高端年会、高级培训会等活动以及餐饮、宴会、娱乐、旅馆预订、交通、导游等其他相关服务。

第四节 会展旅游资源、产品和产业链

一、会展旅游资源

会展业的发展能够带动旅游业发展已经是一个不争的事实,然而并不是每个城市有了会展业,旅游产业就必然会因此而兴旺发达,仍然有很多所谓的会展城市的旅游业面对会展显得非常被动,并没有充分发挥会展所带来的资源和契机。

（一）会展旅游资源转化模型

一般而言,会展城市的基础设施和旅游服务配套设施比较完善,同时会展活动所带来人流、物流、信息流及大量的形象宣传和展示,使得会展城市相对于其他城市而言,具有资源上的比较优势。因举办会展而带来的资源在空间分布上呈现出不均衡性——会展举办城市和城市内的办展区域的资源空间密度大于周边未举办展会的城市和城市内其他区域。对于旅游业而言,会展活动所带来的资源上的比较优势并不等于旅游业发展的竞争优势——在竞争环境中,比较优势仅仅表明比较利益获得的一种潜在可能性,但是比较利益的获得是以产品价值的实现为前提的,而产品价值的实现又是以竞争优势为前提的,因此只有将会展活动所带来的资源上的比较优势转化为会展城市旅游发展的竞争优势,会展旅游才能真正获得比较利益。

会展旅游取得竞争优势的关键就是要实现会展资源向旅游资源的顺利转化。目前,大量的中小旅游城市也开始发展会展业,希望借助会展业来繁荣旅游业,而实现会展资源向旅游资源的转换就成为各城市竞争的焦点。为此,我们借用波特竞争理论和城市旅游发展动力机制原理,建立会展资源转化为旅游优势的结构模型图(见图2-3),该模型图从定期举办大型会展活动入手,分析举办会展活动所带来的潜在旅游效应,也就是会展业给旅游业带来的最直接两大类、五个方面的资源:一类是有形的资源(客源、旅游资源、相关行业支撑),另一类是无形的资源(注意力资源和不断提升的行业质量)。为了将这五个方面的资源转化为旅游优势,需要从构建包括开拓市场、整合资源与组合产品、树立会展品牌和树立城市旅游形象在内的四大转化途径,将会展业所带来的五大资源转化成包括市场需求、生产要素、企业竞争状况和相关产业发展在内的旅游产业竞争优势。

从客源情况来看,会展活动尤其是大型会展活动,如奥运会、世博会等能为举办地带来大量的客源。目前,关于会展活动对旅游者吸引力作用距离的测算还没有一个通用的方法,但是很明显,规模大的会展活动能够吸引大量的跨国或跨地区旅游者,如2010年上海世博会吸引了来自246个国家、国际组织的约7308万观众来世博会参观、参展;规模小的会展活动主要是吸引区域性市场的特殊兴趣群体。

从形象塑造与传播角度来看,会展活动的成功举办能够引发人们对会展主办地作为潜在旅游目的地的良好感知。超大型会展活动(如世博会、奥运会)能够吸引全世界媒体的注意力,但是大多数普通会展活动只能提高举办城市在国内或区域的知名度。由于会展旅游者消费水平高、停留时间较长,商业性会展活动对于主办地而言往往是高获利性的,再加上对城市形象的促进作用大,许多大城市纷纷建设专业性的会展中心。

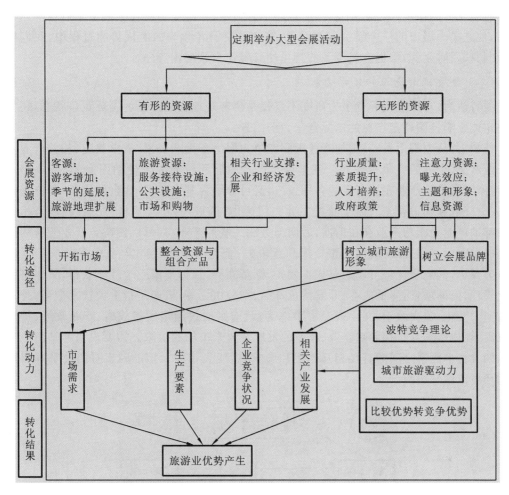

图 2-3　会展资源转化为旅游优势的结构模型图

从旅游吸引物的角度来看,会展项目及会展主办场地可以成为新的旅游景点。事实上世界各地的许多博物馆、美术馆、商业购物区、体育馆、会展中心,甚至主题公园都是为举办世博会而修建的,这些景点反过来也成为世博会期间、世博会后的旅游吸引物,如埃菲尔铁塔、水晶宫、原子模型塔等都是世博会这类的大型会展活动的"遗产",也是世博会留给旅游业的"传世之作"。

从旅游基础设施角度来看,会展业的发展需要完善的城市基础设施,这就要求会展举办地要提供较为全面的城市和旅游配套设施。举办会展的城市往往也借助举办大型会展活动的契机,加大对城市交通、通信、会展场馆、城市建设等软、硬件的投入,使得城市功能更加完备,投资和生活环境更加优化,综合竞争实力进一步提高。有外国专家认为1美元的场馆建设投资,将拉动5～10美元的城市基础设施建设。

从会展旅游的时间过程来看,在会展活动过程中,会展活动所带来的旅游各要素的丰裕程度是不同的,但是,一个共同的特征就是在会展活动举办的过程中,旅游要素的丰裕程度达到了顶端。会展活动前和会展活动后的旅游要素也不可忽视:在开拓客源上,在会展活动前就应有充分的招揽和市场开发计划,以增加客流量;旅游吸引物在会展结束后也应当充分利用,使之成为城市的一个吸引点。因此,在会展资源转化为旅游优势的过程中,我们应当因地制宜、因时制宜,根据会展资源的特点使其转化为旅游优势。

（二）会展旅游资源转化动力机制

波特认为,对产业国际竞争力研究不仅仅是要客观地描述产业的国际竞争状态,还要发现决定或影响各国特定产业的国际竞争力的因素。

他指出：从宏观上看,一国的产业国际竞争力取决于生产要素、需求状况、相关产业及辅助产业状况、企业的竞争条件四个基本因素以及政府和机遇两个辅助因素(见图2-4)。其中,生产要素是指产业发展所需的各种投入,又可分解为基本要素(如自然资源)和推进要素(如人力资源和知识要素);需求状况主要关注国内(区域内)市场规模、发展趋势等;相关产业及辅助产业是指与产业存在前向、后向与旁侧关联的产业,其可以使特定产业能够利用价值链的空间差,通过纵向或横向整合提高竞争力;企业的策略、结构与竞争条件决定了产业竞争力大小,其竞争优势可以通过成本领先、标新立异、目标集聚三个战略获得,具体讲就是强化管理、提高质量、降低成本、开发特色产品、细分市场等;机遇是指重大技术变革,外汇汇率的重大变化,重大政治、文化或经济事件等;政府则通过制定发展战略、产业政策、货币金融政策、规划市场等直接影响企业、产业的发展及要素市场的供求。需要说明的是图中实线表示四大基本因素之间的直接相互作用和影响,虚线表示两大辅助因素对四大基本因素的外部环境作用和影响。

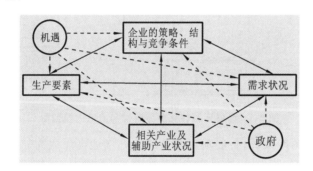

图 2-4　波特竞争理论钻石模型图

一般而言,旅游产业竞争同样取决于波特所说的生产要素、需求状况、相关产业及辅助产业状况、企业的竞争条件四个基本因素以及政府和机遇两个辅助因素(见表2-4),而且对产业竞争所处阶段的研究有利于根据产业的成长情况提出更具有针对性的对策。旅游业发展的竞争优势战略可简洁地表述为

旅游竞争优势战略＝旅游竞争力开发＋竞争导向营销

表 2-4　波特竞争理论在旅游发展中的应用

竞 争 要 素		旅游地竞争力影响因素	旅游开发重点	旅游市场营销重点
生产要素	基本要素	旅游资源、设施和服务	形成旅游地吸引力	塑造旅游地独特旅游形象
	推进要素	人力资源、资金和环境	提升旅游地吸引力	

续表

竞争要素		旅游地竞争力影响因素	旅游开发重点	旅游市场营销重点
需求状况		国际、国内和本地市场的需求状况,市场竞争形势与主要竞争对手状况	市场需求分析、旅游产品类型和旅游功能定位	目标市场定位、市场营销组合、旅游产品推介
相关产业与辅助产业状况	核心产业	旅行社、旅游酒店、旅游交通、旅游景区	优化产业结构、加强产业管理、增强企业经营能力	对内加强不同部门对旅游问题的协调,对外拓展旅游市场半径、做大旅游市场份额
	相关产业	零售业、交通运输业、休闲娱乐业、农业、工业、基础产业等	配套规划与建设、延伸旅游产业链、提高旅游综合收益	
企业的竞争条件		营销策划、产品创新、资源整合、服务质量	优化资源配置、扩大规模经营、人力资源开发、管理技术创新	营销计划和控制、形象传播
政府		政策法规、产业政策、市场机制、政治影响	基础设施建设、生态环境保护、鼓励社区参与	对外加强宣传、推动区域合作,对内优化产业发展环境、管理市场信息
机遇		需求变化、重大事件、汇率变化、技术变革	利用各种有利机遇,形成开发建设热潮	增强市场应变能力

(三) 会展旅游资源转化途径

1. 满足会展旅游的个性化需求

不同的消费者,有着不同的需求和偏好,满足市场的需求和偏好,已经成为市场竞争的首要任务,开拓市场则是市场竞争主体或者企业为了增强自身实力、扩大规模,在竞争中立足的基本手段。作为旅游企业,面对会展活动所带来的市场效应和资源要素,一方面要满足会展旅游者的需求,另一方面是要利用会展资源满足现阶段旅游市场大众的需求。市场可分为市场广度和市场深度两个方面,前者是指市场地域范围上的扩大及市场容量的增加,后者是指市场消费能力的提高及市场需求的增加。因此,旅游企业应从市场广度和深度两个方面来开拓会展所带来旅游市场:首先,利用会展活动过程的宣传效应,从区域上开拓市场的广度和深度;其次,在会展期间,挖掘会展旅游者的需求,引导他们消费,增加其停留的天数和消费的项目,使得这些游客的消费能力被充分挖掘。

面对会展业所带来的充足客源和会展旅游者的多样化需求,城市(旅游地)应当对旅游者的需求进行预测并加以引导:第一,应当在会展前对市场进行深度调查,明确会展旅游者的需求偏好,同时,针对目标市场,借会展筹备期间的推介会及相关宣传活动加强企业的宣传促销,扩展市场广度;第二,在会展举办期间,根据消费者的偏好有针对性地设计旅游产品

并提供相应的服务,不同的旅游企业可凭借自身优势和特色推出个性化服务,特别是针对会展游客的消费特点,提供相应的产品,深度挖掘其消费需求和能力,从市场深度上做文章;第三,会展结束后,旅游企业应当建立相应的顾客管理系统,保存和统计消费者的需求偏好并做好顾客反馈工作,以此巩固会展旅游市场。

随着我国旅游业的不断发展,现阶段旅游市场的需求也朝着多样化和个性化发展,会展商务旅游、生态旅游、休闲度假旅游已逐渐成为人们出游的主要目的,旅游企业同样也应利用会展所带来的一系列资源,满足大众旅游市场的需求,开拓新的旅游市场。

2. 整合资源打造多样化产品

企业利用其所有的资源进行经营,提供相应的产品和服务,而产品和服务的竞争成为企业竞争的主要内容,因此,企业控制和利用资源的能力成为现代企业的核心竞争力之一。旅游企业所提供的产品和服务,离不开城市所赋存的旅游资源的类型、数量和质量,这些都是旅游资源开发和旅游产品生产的条件,它反映了旅游产品的生产价值和生产成本,是形成旅游产品的基础。同样,会展活动的举办带来了大量的资源,包括无形的资源、有形的资源,一般的生产要素资源(如服务基础设施),还有高级要素资源(如信息、人才等),这些资源同样可以开发生成旅游产品。由于会展活动在时间顺序上有其自身的发展特点和过程,因此,旅游企业在展前、展中、展后,所要重点开发和利用的资源会有所不同。

展前和展后,旅游企业可以利用因会展业发展而日益完善的城市功能,开发城市观光旅游产品,即利用优美的城市环境和会展主办场地,组成城市旅游线路。如广州为第九届全运会所建的广东奥林匹克体育中心和广州新体育馆已成为广州新的城市标志,第九届全运会体育场馆也成为"广州一日游"的经典线路;又如昆明举办的世界园艺博览会,其会址及配套设施被整体保留下来并转为企业化经营,作为旅游景区被利用起来并使云南省很多"养在深山人未知"的旅游景点迅速驰名国内外,极大地促进了云南省旅游业的发展。另一方面,要开发会议旅游产品,利用酒店会议设施、设备及较高的服务质量和人才素质,大力开拓会议旅游市场,提供专业化的会议相关服务。

在会展活动的举办过程中,旅游企业从两个方面着手:一是针对会展参与者,为其参加展览过程中的食、住、行、游、展、购提供一站式服务,或是根据自身的实力和特色推出个性化和特色化旅游产品;二是针对非会展参加者,即一般的游客,可以把会展项目本身作为旅游吸引物,加以推介、组合成专项会展旅游产品,以吸引更多的游客,特别是在旅游淡季的时候,利用会展活动或者节庆活动,来增强旅游目的地的吸引力,也为企业自身带来更多的利益。性质不同的城市可以利用自身某些方面的优势发展适合自身特点的会展旅游产品。

3. 树立会展品牌

"以会展带动旅游,以旅游促进会展"是会展业与旅游业之间的良性互动发展的目标,会展旅游的发展在很大程度上依托会展业的发展。会展已经成为城市的一张"金名片",树立良好的会展品牌,是各个会展城市的首要任务。品牌化战略既有利于增强市场竞争力,又有利于避免资源浪费,把有限的资金集中到几个影响大、效益高的重点市场上。

对于会展业刚刚起步的城市,要根据自己的实际状况和特色来选择会展项目的类型和发展方向,树立会展品牌。展会的举办不仅需要会展公司的运营和企业的参与,而且需要一个权威的组织结构,即政府在展会的招展、宣传、审批、合作等方面应该发挥牵引作用。一方面,一个城市会展品牌离不开有实力的会展公司及与当地行业基础相配套的会展项目,另一方面,良好的展会服务质量可以为消费者创造价值,使会展公司获得社会公众的信任,进而形成稳定的顾客群,开拓广阔的市场,从而树立起良好的信誉,最终作用于会展品牌的塑造。而旅游企业则可以利用其接待及相关服务的专业化,为会展活动的参加者提供相应的服务。

在展前和展后,大型的旅游企业可以建立起会展旅游集团,集旅行社、酒店、会展公司等为一体的集团公司,可以为相应的会展活动提供食、住、行、游、展、购为一体的"一条龙"便捷服务;中小型旅游企业可以根据自身的特色提供专业化的服务,利用会议旅游市场,形成产业集群优势,为树立会展品牌奠定基础。

在会展活动期间,旅游企业应当与会展公司紧密合作,为会展旅游者提供细致、周到的服务,以此增强会展活动的吸引力,让会展活动的参加者满意而归。

4. 塑造会展城市旅游形象

伴随着形象的凸显与形象时代的来临,旅游形象问题越来越受到人们的关注和重视,旅游业营销也逐渐由硬性的有形竞争进入软性的形象化营销时代。城市如果缺乏鲜明、独特、整体性的旅游形象,是难以长久吸引旅游者的,旅游形象的建设势必成为城市旅游发展的战略武器和竞争工具。城市良好的旅游形象主要来自两个方面:一方面是城市形象的塑造者(主要包括城市的管理和城市居民)对旅游景观开发、旅游基础设施的完善配套和旅游管理以及旅游文化的建设;另一方面是旅游者作为旅游形象的评价主体对形象的感知。这种感知主要来自两种形式:一种是形象营销,即通过媒体的宣传推介,以图、文、声、像形式传播;另一种是旅游者亲身到旅游目的地的感受。

一个良好的城市旅游形象,应包括以下三个层次:一是城市旅游的整体形象。除旅游部门要搞好景区(点)、旅行社、星级酒店外,各级政府和有关部门要共同营造"旅游大环境"这个系统工程,创造优美、舒适、文明、方便、安全的城市旅游形象,这是最高层次的城市旅游形象。二是城市吸引物的特色形象。即最具有吸引力的旅游产品的定位和开发,它通常不是指个别景点,而是指某一类景观,这是中间层次的旅游形象。三是旅游企业形象。如一个旅游区、一家旅行社或星级酒店的形象,这是城市旅游形象的基本层次。

纵观城市旅游形象塑造的三个层次,会展活动的举办,特别是大型会展活动的定期举办,为一个城市打造从上至下的城市旅游形象提供了大量的资源和要素。城市整体旅游形象可以借助会展活动的媒体广告及影响力进行宣传和包装,会展活动所带来的城市基础设施为塑造城市整体形象提供了基础;通过打造会展品牌,发展会展休闲旅游可以从一定程度上树立城市特色吸引物形象;旅游企业作为城市旅游形象的基本层次应根据会展活动的特点,树立良好的企业形象,为城市旅游业的发展带来新的增长因子。

因此,树立城市旅游形象是利用城市会展资源的最重要的途径之一,它对会展资源的各个方面进行了充分的整合和利用。城市的旅游形象也越来越成为城市旅游业竞争力的重要因素,通过树立城市旅游形象这一途径提升城市旅游业的竞争力将成为未来城市发展旅游业的重要内容,而会展资源则为其提供了重要的条件。

二、会展旅游产品

(一)会展旅游产品的概念

如果简单地把会展旅游理解为由于会展的原因而引起的旅游活动的话,那么会展旅游产品就应该是依附各种类型的会展活动的举办而产生的一种旅游产品——是专为满足会展旅游需求而生产和加工出来的商品。因此,我们认为,会展旅游产品是为满足会展旅游需求而在一定地域上被生产或开发出来的以供销售的物象与劳务的总和。

会展旅游产品既有一般旅游产品共通的基本特征,又有其自身专项旅游产品的显著特征:成团方便且团队规模大、多用包价且消费档次高、操作简便且经济效益好、逗留时间长且旅游距离短、季节分布广且拉动效应强等。会展旅游作为一种新兴的旅游产品,以传统旅游产品无法比拟的优势,为许多国家和地区所青睐。

会展旅游产品是会展业与旅游业相互交集的结果,如图 2-5 所示。会展业与旅游业存在一种互动对接的关系:一方面,会展业能通过自身的凝聚效应和辐射效应拉动一条集食、住、行、游、购、娱为一体的消费链,为旅游业开拓新兴的高档旅游消费市场;另一方面,旅游业在长期的发展过程中所形成的服务优势,能为会展业提供高质量、专业化、快捷化的相关服务,协助树立展会的品牌形象。可见,会展旅游产品是会展与旅游两个产业优势互补、协作共赢的结果。

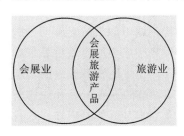

图 2-5 会展旅游产品生成示意图

(二)会展旅游产品 TPC 结构

TPC 即整体产品概念(total product concept)强调从整体和系统的角度来看待产品完整的产品由核心产品、形式产品和延伸产品三个层次构成。

第一,核心产品是指消费者购买某种产品时所追求的利益,是顾客真正要买的东西,因此在产品整体概念中也是最基本、最主要的部分。消费者购买某种产品,并不是为了占有或获得产品本身,而是为了获得能满足某种需要的效用或利益。

第二,形式产品是核心产品借以实现的形式,即向市场提供的实体和服务的形象,市场上通常表现为产品质量水平、外观特色、式样、品牌名称和包装等。产品的基本效用必须通过某些具体的形式才能够得以实现。

第三,延伸产品是顾客购买有形产品时所获得的全部延伸服务和利益,包括提供信贷、免费送货、质量保证、安装、售后服务等。

TPC 理论提出后在包括旅游在内的众多领域得到了广泛应用,一般认为,旅游产品的核心层次是旅游产品满足旅游者生理需要和精神需要的效用,主要表现为旅游吸引物的功能;形式层次是以旅游设施和旅游线路为综合形态的"实物";附加层次是为旅游者的旅游活动所提供的各种基础设施、社会化服务和旅行便利。

旅游产品是一个复合概念,一般是指旅游经营者针对客源市场的需求,为旅游者提供满足其食、住、行、游、购、娱等方面的实物产品和服务的组合。会展旅游产品就是为会展旅游者在食、住、行、游、购、娱等方面提供实物产品和服务的组合。借用 TPC 理论,会展旅游产品同样包括核心产品、形式产品以及延伸产品三个层次。会展旅游产品的核心层次是指会展期间为会展旅游者提供基本的接待服务(如食、住、行等),以保证会展旅游者能够顺利地参加会展活动;形式层次是指为会展旅游者提供服务所依赖的各种载体,如交通工具、住宿条件等;延伸产品则是会展期间或会展结束后为会展旅游者提供的延伸服务(如游、购、娱等),如图 2-6 所示。

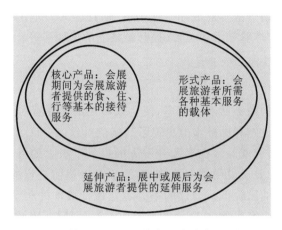

图 2-6　基于 TPC 理论的会展旅游产品结构图

（三）会展旅游产品的需求层次结构

从会展旅游者的需求视角来看,其需求可以大致归纳为会展公务、休闲娱乐和自我发展三个层面,基于人的需求层次变化可以将会展旅游者的需求构建成一个三级阶梯结构的会展旅游产品发展层次体系:基础性产品(满足会展公务的需求)——边缘性产品(满足休闲娱乐的需求)——发展性产品(满足自我发展的需求),三级阶梯的产品分别在质和量的两个维度上依次呈现出由低到高、由多到少的正三角模型分布状态,如图 2-7 所示。

第一阶梯——基础性产品:针对会展旅游者的公务需求而提供的相关服务。会展公务是会展客人的基本需求,会展公务需求具有高度的专业化、个性化特征,旅游企业应为会展客人完成其会展公务活动提供所需的专业化、个性化的支持性基础服务。其服务过程应贯穿并深入到整个会展活动的全过程,服务项目包括会展礼宾、秘书、解说、翻译、食、宿、用车、导购、票务、会展指南等方面的服务。

第二阶梯——边缘性产品:针对会展旅游者的休闲娱乐需求而提供的服务。会展客人在紧张的工作之余需要身体和精神的放松,于是便产生了休闲娱乐的需求。由于会展客人通常具有知识水平高、社会地位高、消费水平高的特征,会展旅游者的休闲娱乐需求也具有明显的文化性、交际性、高消费性的特点,旅游企业应设计一些较为高档的、适合

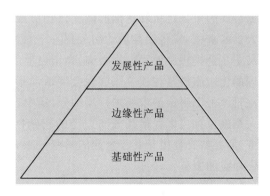

图 2-7　三层次会展旅游产品结构图

群体参与的娱乐活动,并努力提升休闲娱乐项目的文化内涵。

第三阶梯——发展性产品:针对会展旅游者的自我发展需求而提供的服务。自我发展需求是会展客人的高层次需求,会展旅游者的文化素养高、创新意识强,他们注重在休闲娱乐中促进自身知识、能力的发展与完善。旅游企业应努力创新服务项目,让客人在形式新颖的闲适娱乐中也能学习、探索新知识、新技能,发展自己的新能力。譬如:餐厅用餐时,可择机简要教授某些菜品的烹调技巧,让客人在品尝美食的同时,也能观摩或体验制作食物的喜悦;在球类等俱乐部,聘请一些专业或非专业的教练,让客人们不仅可以展示和享受自己熟练项目的活动技能,也能体验学习新项目、提升新技能的愉悦等等。

(四)会展旅游产品的三种开发模式

1. 旅游酒店开发模式

经济的全球化和跨国商务活动的增多,使会议市场的潜在客源急剧增加。三星级以上的酒店由于自身的硬件设施和服务水准决定了其接待对象以会议为主和为各类展览会提供住宿服务,这为星级酒店和度假区在客源开发方面提供了极大的潜在市场。由于会议的计划性比较强,并有具体的要求说明和书面协议,酒店可以提前进行准备和调整,而与散客相比,违约的几率小,承担的风险低。会议的举办者在压低成本的驱动下,要求在既定的会务预算下,酒店的会议设施、客房条件、配套服务等方面达到最好,因此,面对会议市场,酒店需要重新定位,依据目标市场而对饭店的设施设备进行重新改造和更新,因为酒店的星级、规模和配套设施将决定举办会议的层次、规格、大小,以及从中可获取利润的多少。在保有较高的会议设施、通信网络、商务中心和辅助性服务等项目的同时,饭店还要重视客史记录的保留和存档,并定期与各会议举办单位保持联系,了解市场的新动向和新需求,以便及时抓住时机为其提供服务。

2. 旅行社开发模式

旅行社业由于其招徕、接待的行业特点,很多比较大型的旅行社在长期的市场运作中积累了丰富的实践经验,具备很强的接待能力和协调能力。旅行社的介入,不仅可以为展会安排人员接送、代订客房、餐饮、票务,组织参观游览、娱乐消遣活动,提供导游讲解服务,还可以根据实际需要,适时提供一些建议以供选择。这样,不仅为会展旅游参加者省去了很多不必要的琐事和麻烦,还可以使其享受到最优惠的价格和满意的服务。因此,旅行社既可以根据会展的市场定位和目标群体提供相应服务,也可以针对某一知名的展会品牌而组织参展人员的来往,或将展会活动纳入到一个旅游线路中,并提供相应的旅游服务,或为参展商在展览之余提供旅游和购物咨询,介绍当地的风景名胜和民情风俗,并按参展商的要求设计合理的短线旅游路线或争取成为会展活动指定的接待方,具体负责整个活动外围事项。小型旅行社可以对旅游市场进一步细分,集中自己的优势力量来满足这一具有潜力的会展市场;大型旅行社可以凭借其分布广泛的营销网络和接待体系为参加会议和展览者提供全程服务;商务旅行社由于其与企业的紧密关系,在这方面更能依据企业的实际需要量身定做,提供相应的服务。

3. 旅游景区开发模式

会议的召开和展览的举办,选择的地点要么是风景优美的旅游区,要么是极具现代化气息的大都市。一般会议在日程安排上都考虑到了与会人员的旅游要求,已经提前安排好了游览线路。景区在市场促销方面,应该尽量让景区游览活动列入会展活动的活动计划表中,或是指派专人到展览场地进行现场咨询和宣传。会展的举办地一般除了与会展活动紧密联系的硬件设施以外,其整体形象和旅游资源,也是会展活动的举办者和参与者着重考虑的内容之一。会展活动为引人入胜的旅游资源、多姿多彩的民族风情和别具一格的参与性旅游休闲活动提供了一次展示的机会,也为忙碌的会展旅游参加者带来片刻的休息和放松。

三、会展旅游产业链

(一) 产业链的概念

1. 产业链的内涵

随着经济一体化速度的加快,产业的垂直一体化分解和不同企业社会分工日趋细化,企业比以往任何时候都更为加强了彼此之间的合作。为了更好地解释和说明企业间形成的生产、合作关系,国内研究文献中出现了的"产业链"的概念。通过对有关产业链研究文献的梳理,可得到以下一些具有代表性的观点。

(1) 观点一——产业链是以较强竞争力的企业为核心,相关企业结成的战略联盟。代表性定义有:

①蒋国俊、蒋明新(2004)从战略联盟的角度论证了产业链,提出产业链是指在一定的产业集聚区内,由在某个产业中具有较强国际竞争力(或国际竞争潜力)的企业,与其相关产业中的企业结成的一种战略联盟关系链。

②刘贵富、赵英才(2006)将产业链定义为在一定地域范围内,同一产业部门或不同产业部门某一行业中具有竞争力的企业及相关企业,以产品为纽带按照一定的逻辑关系和时空关系,连接成的具有价值增值功能的链网式企业战略联盟。

(2) 观点二——产业链的本质是企业间前后向产业关联。代表性定义有:

①龚勤林(2004)认为,产业链是各个产业部门之间基于一定的技术经济关联并依据特定的逻辑关系和时空布局关系客观形成的链条式关联形态。

②杨公朴、夏大慰(2002)认为,产业依据前、后向的关联关系组成的一种网络结构称为产业链。产业链的实质就是产业关联,而产业关联的实质就是各产业相互之间的供给与需求、投入与产出的关系。

③鲁开垠(2002)认为,在一个产业环境中,各种产业之间相互关联、相互区别、相互依赖,一种产业的存在成为另一种产业发展的前提或结果,每一种产业只是产业系统中的一个环节或一个片段,由各个环节或片段连成一体就变成产业链。

(3) 观点三——产业链是企业间价值增值活动的集合。代表性定义有:

①李万立(2005)认为,产业链也叫价值链,是指围绕一个关键的最终产品,从形成到最终消费所涉及的各个不同产业部门之间的动态关系。

②张铁男、罗晓梅(2005)认为,产业链是以生产相同或相近产品的企业集合所在产业为单位形成的价值链,是承担着不同的价值创造职能的相互联系的产业围绕核心产业,通过对信息流、物流、资金流的控制,在采购原材料、制成中间产品以及最终产品,通过销售网络把

产品送到消费者手中的过程中形成的由供应商、制造商、分销商、零售商、最终用户构成的一个功能链结构模式。

③李心芹、李仕明(2004)等人认为,产业链是在一定的地理区域内,以某一个产业中具有竞争力或竞争潜力的企业为链核,与相关产业的企业以产品、技术、资本等为纽带结成的一种具有价值增值功能的战略关系链。

④芮明杰、刘明宇(2006)认为,产业链表达的是厂商内部和厂商之间为生产最终交易的产品或服务所经历的增加价值的活动过程。

⑤周新生(2006)认为,产业链本质是以价值为纽带,将能够决定和影响节点产业产品主要价值部分连接所构成的链。

⑥汪先永(2006)等人认为,产业链是某种商品或服务的生产过程中,能增加价值的一系列相互作用、彼此联系的基本活动的集合,包括三个主要过程,即研究开发、生产加工与产品销售等。

(4) 观点四——完整的产业链是从自然资源到消费品的整个过程中涉及的所有产业的关系。代表性定义有:

①郁义鸿(2006)认为,产业链是指在一种最终产品的加工过程中从最初的矿产资源或原材料一直到最终产品到达消费者手中所包含的各个环节构成的整个的生产链条。

②张耀辉(2002)认为,产业链是指从自然资源到消费品之间的产业层次,即从一种或几种资源通过若干产业层次不断向下游产业转移直至到达消费者的路径。

③都晓岩、卢宁(2006)认为,产业链是指某一行业中从最初原材料生产到初步加工、精加工、最终产品生产直至最终产品到达消费者手中为止的整个过程。

④贺轩、员智凯(2006)认为,产业链是建立在产业内部分工和供需关系基础上从最初始的原材料生产和销售到中间产品生产和销售,再到最终产品生产和销售全过程中各个环节所形成的一种企业群体的关联图谱。

因此,从目前关于产业链的定义来看,形成产业链有如下核心要素:

(1) 产业链是由多个相互关联的产业部门,上下游关联构成的一个有机整体。

(2) 市场前景比较好、实力强、产品关联度高的优势产业往往是链核。

(3) 同一条产业链上产业部门有一定的技术经济关联。

(4) 产业部门通过产业链的合作具有价值增值的功能。

(5) 一个完整的产业链包括了从原材料的采集,到形成最终消费品的整个过程。

综合以上分析,产业链是在市场竞争中,围绕生产要素的流向,同一产业部门或不同产业部门以产品生产为纽带,按行业之间上、中、下游的供应关系,自发联结成的具有价值增值功能的链网式关系。

2. 产业链的节点

(1) 企业。

企业是产业链中的主要节点主体,包括供应商、成品商、经销商等。其中供应商(又称"中间企业")为成品商提供原料、半成品或服务,并不直接面对消费者;成品商(又称"终端企业")直接面对消费者提供最终产品。成品商不一定拥有生产过程的所有设备,但它拥有设计产品、制订生产计划、确定生产工艺、检验产品质量的能力,可通过产品加工工艺将众多中小企业组织起来,扮演生产组织者的角色。同一条产业链上的企业之间则存在原料与产品的供需关系、投入产出关系、互补关系、协作关系以及竞争关系等。

(2) 规制机构。

规制机构主要包括政府机构、检测和监督机构等,它们主要为产业链经营机构提供管理、监督服务。政府机构在产业链中的作用主要体现在政策引导、环境建设、服务组织与招商引资等方面,政府干预是修正"市场失灵"的必要手段。其核心是降低企业的经营成本,提高区域产业网络的集体效率。当不存在政府干预时,经济增长通常只是一种次优增长,只有通过政府调节并消除市场机制所造成的资源配置扭曲时,才能实现帕累托最优。

(3) 研发机构。

研发机构是指为产业链各生产环节提供技术智力支持的机构。研发机构包括大学、研究机构和工艺设计公司等,也叫知识生产机构。研发机构虽不直接参与企业生产,但其产出有助于提升产业竞争力,是产业链上的一个重要节点。

(4) 中介机构。

中介机构是产业链中为企业及个人提供各类协调、评价等服务的机构和组织。根据其性质,中介机构可分为官方机构(如工商联、生产力促进中心、公证和仲裁机构)、民间机构(如行会、商会)、经营性机构(如经纪人事务所、信托公司、咨询公司、劳务公司)、专业服务机构(如律师事务所、会计事务所)等类型。中介机构不从事物性生产经营活动,处于产业链的"侧链"的地位为企业发展提供外部支持系统,保证产业链正常运转。

(5) 消费者。

消费者处于产业链的最后一环,通过购买产品或服务拉动产业链的运行,并向上游环节反馈消费评价和需求信息,使上游环节及时制定、调整生产决策,是产业链价值实现的关键。

(二) 会展旅游产业链

1. 会展产业链

会展活动的进行是从会展主办单位确定会展活动的主题开始的。在实际运作中,会展活动的主办单位需要寻求专业会务组织者(Professional Conference Organizer,PCO)/专业展览组织者(Professional Exhibition Organizer,PEO)的合作。PCO/PEO 主要办理行政工作及技术顾问相关事宜,依据合约提供会议或展览活动的策划、政府协调、客户招徕、财务管理和质量控制等工作。完成工作的过程中 PCO/PEO 需要寻求咨询、财务等部门的合作;会展主题通过管理部门审批后,目的地管理公司(Destination Management Company,DMC)则借助会展场馆,按照主办单位的要求落实会展活动方案,具体负责会展项目的运作、组织和实施。在实施的过程中,DMC 也需要寻求有关部门提供技术、人才、资金和信息的支持,如展台搭建、展位设计、展品运输等服务。这样会展业的产品就初步形成了,即为参展商(参会者)提供的一套综合的会展服务。

在会展产品初步形成后,DMC 通过招展、招商使参展商、会议买家、观众认识了展会,决定参展(会),会展活动的供求双方都具备后,会展活动就得以开展。会展活动结束后需要对办会、办展过程进行认真分析,特别是进行事后的经验教训总结,对办会、办展的社会影响和经济效益进行跟踪、评估与反馈,使下次会展活动更加完善。

根据以上分析,可以将会展产业链分为以下几个环节:①主办者及专业会务组织者/专业展览组织者(PCO/PEO);②目的地管理公司(DMC)及会展场馆;③观众及参展商(参会者);④众多横向协作部门。围绕生产要素的流向,以会展产品的生产为纽带,形成了一个综合性产业,如图 2-8 所示。

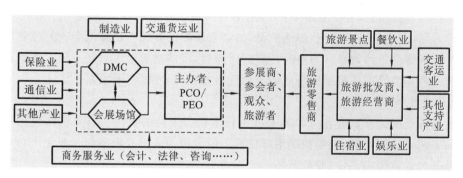

图 2-8 会展旅游产业链组成要素

注:"→"表示产品供给关系。

这四个环节在会展产业链的地位和作用主要体现在以下几个方面:

(1) 主办方拥有展会品牌,展会的巨大影响力是吸引人们参展、参会的主要原因。

由于会展活动的举办,会展产业链才得以形成,因此会展主办方应是会展产业链的重要节点,并且是整个产业链的核心环节。在实际操作中,主办方可以自己承担展会组织工作,扮演 PCO/PEO 的角色,也可以把展会项目交由 PCO/PEO 承办,因此 PCO/PEO 与主办方处于产业链的同等地位。

(2) 目的地管理公司(DMC)按照主办方的要求将会展项目落实。

会展场馆是展会活动开展的平台。DMC 将举办展会活动的目的地支持要素联系在一起,起到协调配置资源的作用,也应是会展产业链的核心企业。PCO/PEO 与 DMC 构成了会展产业链的主体。为了实现会展生产活动,会展产业链的主体需要购买其他产业的产品为原材料,如邮电、通信、法律、保险、印刷、交通等直接或间接为 PCO/PEO、DMC、参展商、参会者和观众提供的产品。

(3) 参展商、参会者和观众在产业链中处于最终消费者。

根据以上对展会活动基本过程的分析,将会展产业链定义为展会活动的主办方、目的地管理公司等,围绕某一主题,借助场馆等设施,依托横向关联部门的协作,联合起来为参展商提供会展综合服务的产业关系。

2. 旅游产业链

旅游活动首先是从游客具备旅游需求的前提下开始的。对旅游者而言,吸引其到异地去旅游的核心的动力是目的地拥有异于惯常居住地的吸引物。游客从客源地到达目的地的一次完整的旅游活动涉及食、住、行、游、购、娱等要素,因此,整个旅游过程需要酒店、交通运输、餐饮等行业的支持。但旅游者受认识、经验、技术条件等的限制,不具备购买异地出售的旅游产品的能力,因此,出现了专门从事旅游交易的中介,即旅游批发商和旅游零售商。旅游目的地和旅游客源地以及两者之间的联结体的企业、组织和个人在追求共同利益时相互联合,形成了以游客的地域移动为轴线的旅游产业链。

根据以上分析,我们将旅游产业链分为以下几个环节:①需求方,主要是旅游者;②旅游中介,包括旅游批发商、旅游经营商、旅游零售商;③供给方,包括所有为旅游者提供最终商品和服务的产业部门,如住宿、交通、吸引物、餐馆、纪念品和手工艺品、食品生产、垃圾处理系统,以及其他对旅游业的发展起支持作用的目的地基础设施等。按照旅游活动的进行过程,可将旅游产业链的组成要素及关系进行简化,如图 2-8 所示。

旅游产品直接供应商将产品出售给旅游批发商和旅游经营商,旅游批发商和旅游经营商作为旅游产品的集成者,通过旅游零售商将产品打包卖给旅游者。旅游者作为最终消费者,真正实现产业的价值。在旅游产业链中,旅游批发商、旅游销售商以及旅游零售商作为销售的中介在发挥作用。旅游产品供应商之间几乎没有直接供给关系,各个企业由于共同的消费者而联系在一起,并且同时面对消费者,不同类型企业在旅游产业中起着不同的作用。由此旅游产业链中的企业关系是不同于传统制造业的产品上下游的投入产出关系的,旅游产业链上各个企业之间主要是横向联系,这样其中任何一个环节出现问题,都会影响旅游产品的生产过程,使得旅游产业链的建设和维护更加困难,因此,旅游中介作为旅游六要素的协调者,能最大限度地调动产业内的资源,从而实现资源的最优配置,一般实力雄厚的旅行社能成为旅游产业链的核心企业。同时,旅游景区提供的产品具有一定程度的垄断性,旅游产业链中能形成核心的要素是吸引旅游者到达目的地的吸引物,因此,旅游景区也是旅游产业链的核心企业。

通过以上对旅游活动基本过程的分析,旅游产业链可以说是为满足旅游者的旅行与游览需求,以旅游经营商、旅游批发商为中介,将餐饮、旅游景区、旅游交通等旅游企业组合起来,共同形成的各种产业供需关系。

3. 会展旅游产业链

(1) 会展旅游产业链的构成要素。

图 2-8 的左半部分反映的是会展产业链,生产要素围绕会展产品的生产,主要为参展商、参会者和观众提供展会场馆、展会组织和现场服务等产品。会展活动中的大量人流为旅游业开发出一个极大的市场。会展业和旅游业结合后,会展活动代替了原旅游产业链上的旅游景区作为吸引物招徕游客。图 2-8 的右半部分反映的是旅游产业链,其主要为会展活动参与者提供参会期间的食、住、行、游、购、娱等服务。旅游业的介入使参展商、观众等除能够享受优质的食、住、行等基本服务外,还有机会参加丰富多彩的文化娱乐活动和旅游服务。旅游业的专业化操作提高了会展活动的举办效率和举办质量。

会展业和旅游业面对共同的服务对象(参展商、参会者、观众)取长补短,逐渐结合形成了既服务于旅游者又服务于会展参与者和观众的会展旅游。因此,研究会展旅游应建立在会展产业链和旅游产业链两个系统架构上。围绕会展活动参与者,会展产业链和旅游产业链单向相互延伸,以服务会展旅游者为核心,形成了会展旅游产业链的主链,如图 2-9 所示。

由此,会展旅游产业链属于产业链类型中的核心型产业链,是以会展业和旅游业为主的行业,围绕共同的终端——会展旅游者形成的。核心型产业链的产业链条一般发散于产业链起始环节,或汇集于终端环节(如某种组装产品或特定消费群体),这种类型的产业链链条较长,结构较复杂。

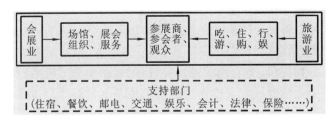

图 2-9　会展旅游产业链

(2) 会展旅游产业链的构成环节。

根据会展旅游的活动过程,会展旅游产业链可以分为以下几个环节。

① 会展活动的策划与申办是会展旅游产业链的核心环节。该环节主要掌握在主办方,或者受主办方委托的 PCO/PEO 手中。从会展旅游产业链的结构来看,会展旅游的形成依赖于展会活动带来的大量人流、物流和资金流,有吸引力的展会是会展旅游形成的核心要素。因此,会展旅游产业链的建设要从培育会展品牌入手。

② 会展活动的组织是会展旅游产业链的关键环节。作为会展产品主要生产环节,会展活动的组织在整个产业链中扮演着"枢纽"的角色,是牵一发而动全身并沟通产业链各环节关键部分的。目的地管理公司负责该环节的生产,它将各种支持产业,以场馆为中心结合起来,为参展商(参会者)提供一套综合的会展服务。

③ 会展活动的招展、招商是会展产品的销售环节。该环节决定了策划、组织等环节成本的回收和盈利状况。招展是指将展位及展会现场的服务出售给参展商。招商则是通过广告宣传吸引会展观众,展会成功与否的关键某种程度上取决于观众的质量。

④ 会展活动的实施是会展旅游产业链实现价值的最终环节。会展参与者到达会展现场后,一次完整的会展活动才算实现。实施环节是会展产品与受众见面的关键环节,会展参与者对展会活动满意才能使展会活动持续举办。旅游业在这一环节中面对会展旅游者提供服务,开始发挥作用。

⑤ 展会结束后观光旅游是会展旅游产业链的衍生环节。展会结束后,一部分会展参与者还可能转变角色,游览会展举办地及周边地区的旅游景点,成为观光旅游者。该环节能进一步挖掘和创造价值,对会展旅游产业链的发展起着非常重要的作用。但长期以来,开展有针对性的展后观光旅游项目的开发并没有引起足够的重视。

(3) 会展旅游产业链与制造业产业链的异同。

目前我国对产业链的研究主要是从制造业开始的。作为服务业的会展业和旅游业在产业延伸后形成的会展旅游产品,在产品特征和生产方式等方面与制造业存在较大差异,因此产业链结构也必然存在差异。会展旅游的产业链与制造业的产业链有诸多不同,表现出如下几个特点:

① 会展旅游产业链由互补的子产业由分到总地发展起来。制造业产业链首先要有一个主产业,然后逐步形成上下游的配套体系,最终形成明显的链条形式。会展旅游围绕消费者需求,会展业和旅游业等子产业分别发展,经历一定的发展阶段后,子产业之间的关联越来越紧密,越来越复杂,逐渐形成一个多边关联、相互配合的产业群落。

② 产业链上企业以横向关联为主。制造业产业链的形成是由于上游环节的产品是下游

环节生产的原材料,生产要素在产业间流动,这些企业由于生产的需要联系在一起形成纵向产业链。纵向产业链只有下游终端企业所生产的产品直接面对消费者。会展旅游产品具有非实物性,提供给消费者的是借助于一定媒介生产出的展会、旅游等综合服务产品。一次会展活动的顺利完成往往需要几个产业部门共同配合,形成横向产业链。在横向产业链里每个产业部门都可以跟消费者接触。

③消费者是产业链中心。在制造业中,生产要素沿产业链单向流动,消费者处于产业链最末端,被动接收相对固化的产品,消费者的感受不是服务商最为关注的问题。而会展旅游产品主要是提供服务,具有无形性,不能独立存在,也不能储藏,只有当消费者在场时生产才能进行。在会展旅游产业链上,所有企业的生产活动都是围绕满足会展旅游者的不同需要。因此,消费者成为会展旅游产业链的核心。

第五节 会展旅游发展的条件

会展旅游的形成和发展离不开自然、历史、政治、文化等因素的影响。无论是单个企业的成功还是产业集群的发展,都可以追溯到企业或产业所根植的本地化因素。脱离区域社会、文化和制度背景的经济行为是不存在的。会展业关键的发展环境包括区位条件优越、产业基础雄厚、办展经验丰富、政策制度支持、场馆设施完善、城市经济发达。旅游业发展环境包括区位交通网络便捷、旅游资源丰富、配套服务设施齐全、基础设施完善。根据会展业和旅游业的发展条件,总结出影响会展旅游产业链的发展条件可概括为区位条件、产业基础、旅游资源、基础设施、政策与制度等因素。由于现实条件的区域差异性,这些因素在各地会展旅游产业链的形成过程中所起的作用不尽相同。

一、会展旅游发展的宏观条件

1. 地理区位条件

从空间形态上看,无论是会展业,还是旅游业都直接表现为人的移动与停留,因此,优越的地理位置和便利的交通条件是发展会展旅游的必要条件。从国际角度看,欧洲的德国、意大利、法国、英国都是世界级的会展业大国和会展旅游大国。世界上最重要的150个专业展览会中有近120个都在德国举行,这与其地处欧洲中心、交通便捷密切相关。英国承办国际会议次数长期位居世界第三,西班牙、荷兰、比利时、意大利等国也由于独特的区位条件而长期位居前十名。和欧洲的会展强国一样,新加坡和我国香港地区虽然地域狭小,但因其具有发达的交通、通信等基础设施,其会展旅游业位居亚洲前列。再从城市角度看,举办各种国际会议较多的城市,如巴黎、伦敦、日内瓦、布鲁塞尔、柏林等,几乎都在地理位置上得天独厚。我国的香港、上海、北京等城市会展旅游发达的一个重要条件是地理位置优越。

2. 区域经济发展水平

会展旅游是市场经济充分发展的产物,没有发达的经济水平、完善的基础设施、便利的交通、完备的社会分工体系和相关产业的配套,会展旅游就难以发展起来。从经济体制上讲没有市场经济体制的建立和完善,就没有会展产业的形成和发展,也就更不会有会展旅游的兴起。从经济发展水平上讲，只有当社会经济体系的综合实力达到一定的高度，市场竞争达到一定的激烈程度，社会和企业才有可能形成对会展和会展旅游的有效需求。再从城市基础设施条件方面来看，如果没有较为便利的交通和通信条件、较强的旅游接待能力，则难以想象如何成功举办大型国际会展活动。此外，会展举办地经济体系的对外开放性，也会影响会展旅游的发展——会展是商业活动高度发达、对外开放达到一定水平后的产物，任何一个封闭的经济体系，都会影响会展旅游的发展。

3. 制度环境

作为群体性公众活动的会展旅游，需要有一定的政治制度环境。政治制度是随着人类社会政治现象的出现而产生的，是指社会政治领域中要求政治实体遵循的各类准则或规范，是人类出于维护共同体的安全和利益，维持一定的公共秩序和分配方式的目的而对各种政治关系所做的一系列规定。会展旅游能够顺利形成和发展必须具备的制度条件包括如下几个方面：①制度环境必须许可各种会展活动的存在，为能发挥本国、本地区优势和区位条件的会展活动提供必要的帮助和鼓励。②一个效率高、鼓励竞争的制度环境有利于会展资源跨区域、跨国家流动，实现优化配置。③一个不断优化自身内部机构、不断开放的经济制度有利于会展产业的形成和发展。④经济制度必须与生产力发展的历史阶段相适应并适时调整自身，才能满足会展发展的需要。

4. 社会文化条件

一般而言，社会文化的创造者是以基层群众为代表的社会大众，它与基层广大群众生产和生活实际紧密相连，具有地域、民族或群体特征。社会文化一经形成，会反过来对社会群体产生广泛影响。社会文化对社会大众的影响主要表现在：保障基层群众的基本权益，提高人民群众的生活质量，满足广大人民群众的文化需求，促进政治、经济和文化的协调发展以及人的全面发展。会展旅游的发展需要一个社会开放和文化包容的环境，一个开放包容的社会容易吸收外部世界的优秀文化，一个包容的文化体系才能允许不同的文化交流。此外，社会有序和稳定以及社会的进步与文化创新都对会展旅游的发展至关重要，一个有序的社会能够提供较为稳定的法律、法规和制度组织，使会展旅游活动有序地进行；社会的文明进步和文化的不断创新，使会展旅游得到了蓬勃发展。

二、会展旅游发展的微观条件

1. 相关产业基础条件

经济学研究表明，任何产业的生成和发展都具有很强的"路径依赖"特征。会展旅游的出现，往往依托当地雄厚的产业基础，产业基础是会展旅游产业链形成的关键性开端，产业基础好的地区经济较发达。纵观世界会展旅游发达的国家，如德国、法国、美国等都是经济实力雄厚的国家，我国的北京、上海、广州、深圳等地也是经济较发达的城市。经济的快速增长、经济总量的扩大必然会对会展活动产生强大的需求，从而促进会展旅游的快速发展。

2. 旅游资源条件

会展活动的举办，尤其是会议的举办往往选择在旅游资源丰富的地区，并且旅游资源的丰富有助于会展旅游产业链衍生环节的发展。旅游资源的稀缺性使旅游资源富足的区域在会展旅游发展上具有先天性的比较优势。

3. 城市功能条件

会展旅游对城市功能有极大的依赖性,如果没有完整的城市功能,那么一些大型会展活动是不能举办的。城市发展会展旅游要不断提升公众休闲、城市娱乐、餐饮、文化、购物、交通、通信等功能,才能吸引会展旅游者和旅游投资者。新加坡市会展旅游的成功经验中有一条就是致力于城市基础设施建设、发展城市交通、净化城市环境等,以此吸引了投资者和会展旅游者前来投资和旅游。

4. 会展设施条件

会展设施是会展旅游发展的核心要素,是开展会展旅游的物质基础和先决条件。与会者或参观者的社会地位、职业和自身素质往往使他们对会展的设施等级有较高的要求。现代化的大型会展设施才能招徕规模大、级别高的会议及展览。一般而言,会展设施包括酒店、会议室、展览场馆等。

5. 产业政策条件

产业政策通过引起产业链空间格局演变,进而调节供给总量与结构,影响产业的发展和经济运行。国家与地方的产业政策是影响中微观层次市场运行和企业经营的宏观变量,而专门化的制度结构如商会、研究机构、培训机构等则是产业链发育的基础保证。在法制不完善的地区,供应商、客户之间不能建立起稳定的交易关系,企业与劳动力市场没有建立起常规的联系,研发与生产之间相互脱节,这样就会导致交易费用增加和创新受阻。

6. 会展人才条件

会展业是一项操作性极强的系统工程,从筹办会展到招展、展出,涉及的部门众多。在时间、人员、空间、物流等方方面面都需要全盘运筹帷幄;会展业是一项专业性很高的产业,从设计、布展、服务到打造会展品牌,绝非"摆摊"人员所能胜任;会展业还是一项政策性很强的工作,需要熟知经济政策、法律常识、善于运用"游戏规则"等,因此,会展业看起来简单,而实际操作起来却很有学问,需要一大批高素质专业的会展人才来完成会展工作。

7. 政府部门要从战略规划以及经费上做出有利的安排

会展旅游是一个涉及多行业、多部门的产业。它通过对相关产业的拉动作用,与其他经济部门相辅相成、互相促进,在互动中实现良性循环,共同为整个国民经济的快速发展发挥积极的作用。正因为如此,各国政府都十分重视会展旅游业的发展,在制定经济发展战略和城市发展规划时,积极考虑本国会展业发展的需要,进行有利的安排,如德国的汉诺威、法兰克福、慕尼黑、杜塞尔多夫等都是国际著名的会展城市,它们都把会展业作为支柱产业加以扶持,出台一系列鼓励措施和优惠政策,吸引参展商和观众。

本章小结

(1)会展旅游是因会展活动而发展起来的一种旅游形式。一般而言,会展旅游是指以完善的城市设施、良好的交通条件、健全的旅游设施和服务体系为支撑,通过举办各种类型的会议、展览和节事活动等,吸引大量游客前来洽谈贸易,旅游观光，进行技术合作、信息沟通、人员互访和文化交流，以此带动交通、旅游、商业、餐饮等多项相关产业的发展，它是一种综合性的旅游服务形式。

（2）会展旅游者一定是参会者，而参会者不一定都是旅游者。为了更好地理解会展旅游，我们从时间分配的角度引入会展旅游指数概念。

$$会展旅游指数 = \sum 旅游各时间段 \div 往返会展之间的总时间$$

（3）一般而言，会展旅游有 4 种类型：会议旅游、展览旅游、节事旅游和奖励旅游。

（4）会展活动是会展旅游的旅游吸引物，依托会展旅游资源可以开发相应的旅游产品，从而产生横跨会展业和旅游业的会展旅游产业链。

思考与练习

1. 会展旅游的内涵和内容是什么？
2. 会展旅游指数的内容和意义是什么？
3. 什么是会展旅游资源、会展旅游产品和会展旅游产业链？
4. 会展旅游的发展需要什么条件？

案例分析

小渔村办大会议
——一个成功的会议旅游目的地：海南博鳌

说到中国的会议旅游目的地，不能不提到海南省琼海市的一个小渔村——博鳌。自从 1998 年菲律宾前总统拉莫斯、澳大利亚前总理霍克和日本前首相细川护熙提出建立"亚洲论坛"的构想以来，博鳌的会议发展慢慢启程了。

2001 年 2 月，26 个发起国的代表聚会中国海南博鳌，宣告成立博鳌亚洲论坛并通过《博鳌亚洲论坛宣言》；2002 年 2 月，博鳌亚洲论坛在博鳌举行首届年会，主题是"新世纪、新挑战、新亚洲——亚洲经济合作与发展"，48 个国家和地区的 1900 多名代表参加会议；2002 年 4 月，博鳌亚洲论坛理事会经选举产生；2003 年 9 月，博鳌亚洲论坛国际会议中心正式启用；2003 年 11 月，博鳌亚洲论坛在博鳌举行会员大会，会议通过了博鳌亚洲论坛成立以来的第一个正式章程和有关文件；博鳌亚洲论坛 2003 年年会在博鳌举行，主题是"亚洲寻求共赢：合作促进发展"，来自 30 多个国家和地区的 1200 多名代表参加了会议；2004 年 4 月，博鳌亚洲论坛 2004 年年会在博鳌举行，主题是"亚洲寻求共赢：一个向世界开放的亚洲"，来自 35 个国家和地区的 1000 多名政界、工商界人士和专家学者参加了会议,胡锦涛出席并发表了题为《中国的发展 亚洲的机遇》的演讲;2005年4月,亚洲论坛第四届年会举行,全体大会包括四大主题:亚洲的新角色、欧亚合作的未来、中国企业的国际化征程、企业治理和企业竞争力……

仿佛一夜之间,原本只有一条街道、一万多人口的偏僻小镇一跃成为国际对话的平台。博鳌,就这样因为一个论坛而蜚声海内外了,"博鳌效应"可以说是"中国会展业的一个神话"。

博鳌地区在博鳌亚洲论坛的辐射效应下,房地产、建筑、旅游、餐饮等产业发展迅猛。漂亮的五星级酒店、白色膜顶的亚洲论坛会场、一眼望不到边际的高尔夫球场,与大海、椰林、沙滩、古朴的民居相映成趣。有资料显示,由于博鳌亚洲论坛效应和博鳌水城旅游度假新亮点,海南省旅游的国际知名度得到大幅度提升。2000年以来共有331个国内、国际会议在博鳌召开,会议期间及国庆黄金周期间,博鳌接待游客和与会人员约520万人次,年均约170万人次,宾馆、酒店住房率达90%以上,比平时提高30%,年均创税88多万元。据博鳌镇政府提供的数据显示,2004年全镇工农业总产值3.38亿元,约是2000年的4倍;财政收入452.5万元,是2000年的3倍多;农民人均纯收入3365元,比2000年增加了926元多。目前,博鳌水城每年接待旅游度假客人达100多万人次,日均3000多人次,占海南省旅游总人数的8%。4家游艇公司185艘游艇,年接待国内外游客近百万人次,收入1000多万元,创税90多万元;家庭旅店异军突起,全镇发展到32家,床位380个,年均住房率60%以上。

旅游业的发展带动了服务业、会展业等第三产业的快速发展。据统计,2004年,全镇从事第三产业的人数达3720人,占全镇总劳动力的40%。第三产业生产总值达9500万元,比2000年增长150%,占全镇工农业总产值的21.75%,创税110万元,占地方财政收入的21.8%,比2000年增长138%。第三产业已经成为博鳌发展农村经济和增加农民收入的支柱性产业。与此同时,围绕着生态主题旅游与农业招商引资的发展,2001年后的三年时间,共有17个项目落户博鳌,资金总额达2.6亿元;仅2004年,就落实了5个项目,总资金达4705万元。

博鳌会展业发展为何如此顺利?它又留给我们哪些启示呢?

之所以把博鳌亚洲论坛归属于成功的会展品牌,主要是指其在全球宏观经济、政治环境、社会效应等方面所取得的成果。博鳌亚洲论坛属于一种非官方、非营利、跨国家、区域性的非政府组织,但中国官方及经济界人士对其投入了大量的精力及资本,并使其凝聚成一块令世界各国财团、政要羡慕的"奶酪"。

借鉴他山之玉,是博鳌亚洲论坛能够快速崛起的关键。博鳌亚洲论坛同瑞士达沃斯世界经济论坛一样,都是由民间人士创办的。达沃斯世界经济论坛创办人施瓦布教授着眼长远,30年锲而不舍,终于成今天之规模。而在博鳌亚洲论坛组织者身上,我们同样可以看到远大的目标、富有创意的策划和丰富的社会活动经验。

达沃斯每年的会议旅游占其全年旅游总收入的8%~10%。每年在这里召开的国际会议大约有35个,地区性会议大约有170个。为什么这个拥有1万多人的小城

镇能成功举办世界经济论坛呢?

首先,达沃斯环境幽美、民风淳朴,与繁杂喧闹的大城市反差鲜明,符合当今回归自然的时尚,在业内具有独特的竞争优势;其次,设施完备、服务到位,达沃斯会议中心建于1969年,后经几次扩建,分成A、B、C区,拥有整套最先进的会议接待设施;最后,达沃斯的市民都有十分强烈的自豪感和"世界经济论坛情结",在达沃斯,会议被比喻成"面包",人们开发会议旅游的意识非常强。

注重品牌延伸是博鳌亚洲论坛发展的又一个重要方面。2002年11月18日至20日,由中国国家旅游局、博鳌亚洲论坛和亚洲合作对话组织共同主办,桂林市政府承办的博鳌亚洲旅游论坛成功举办,论坛通过了《博鳌亚洲旅游论坛(中国桂林)宣言》,宣言从亚洲地区的旅游合作与发展、旅游产品开发与创新、旅游业的可持续发展和旅游业的经济社会贡献4个部分,对旅游业的作用和影响进行了论述。2005年11月19日至21日,以"全球视野与国际化挑战"为主题的博鳌亚洲论坛首届企业家峰会在深圳召开,700多名中外CEO(首席执行官)围绕中国经济两个热点——品牌和创新,展开了一场思维的盛宴和一次智慧的碰撞,峰会还专题研讨了"2006年世界经济发展前景预测",邀请世界权威机构的著名经济学家就世界经济错综复杂因素影响下的全球经济走势进行讨论。

博鳌的目标是成为像达沃斯一样的会议旅游胜地。但达沃斯不仅凭借一个经济论坛闻名于世界,它还让当地居民分享到实实在在盛名所带来的利益,资料显示,当地居民一个冬季的旅游收入就大大高于城市居民的年收入。达沃斯的这种"全民办会"、"全民参与"模式是值得博鳌和其他会议旅游目的地好好学习的。

位居万泉、九曲、龙滚三条河流汇合之处的博鳌,按照传统的风水之说,乃为"聚财旺地"。在中国政府以及其他亚洲国家政府和民间人士的鼎力支持下,相信她必以"博览天下,独占鳌头"之气象,逐步成为国际化的巅峰论坛及世界著名会议旅游目的地。

问题:

1. 博鳌会议旅游的成功经验有哪些?
2. 结合上述案例分析品牌效应对会展旅游发展的影响。

第三章

会议旅游

学习引导

"博鳌亚洲论坛"对海南会议旅游的意义

博鳌亚洲论坛,由25个亚洲国家和澳大利亚发起,于2001年2月27日在海南省琼海市万泉河入海口的博鳌镇召开大会,正式宣布成立。论坛为非官方、非营利性的国际组织,为政府、企业及专家学者等提供一个共商经济、社会、环境及其他相关问题的高层对话平台。博鳌亚洲论坛致力于通过区域经济的进一步整合,推进亚洲国家实现发展目标。海南博鳌为论坛总部的永久所在地,这给海南的会议旅游带来了什么呢?

(1) 会议旅游发展的良好契机。

博鳌亚洲论坛国际会议的定址和召开,为海南发展会议旅游奠定了一个坚实的基础平台,会议旅游将成为今后海南富有吸引力和竞争力的旅游精品。换言之,博鳌亚洲论坛打破了海南以单一观光旅游为主的传统格局,有利于促进海南旅游产品的全面升级。博鳌亚洲论坛是一个很好的发展契机,如果能够长期发展成为一个知名品牌,以品牌带动国际会议产业发展,将使海南成为中国乃至亚洲的会议中心。

(2) 亚洲高层对话场所。

博鳌亚洲论坛打造了亚洲多边外交和文化交流。博鳌亚洲论坛年会,已成为国际高端人士就亚洲事务及世界热点问题平等对话的重要平台。博鳌亚洲论坛涉及多个专业领域,在这些专业领域都有领军的国际组织、企业和人物参与。通过论坛,征集专家意见,借助国内外智力,把海南建设好。同时,博鳌亚洲论坛的举办对于我国旅游业界及新兴经济体在全球化格局下争取话语权,具有特别重要的意义。

(3) 旅游目的地整体形象促销。

博鳌亚洲论坛是海南最具特色的旅游广告,它向世界各地的游客宣传海南的形象,展示海南的风采,提高海南在国际上的知名度和美誉度。

同时,国际会议在这里举行,表明海南的旅游安全度高。在安全因素成为旅游者出行最重要参考的环境下,海南必然对海外游客产生更大的吸引力。随着博鳌亚洲论坛的影响逐步扩大,来海南的境外游客必将大幅度提高。从这种意义上讲,博鳌亚洲论坛为优化来海南旅游客源结构、大幅度增加境外来海南旅游人数提供了一个有效的载体。博鳌亚洲论坛已经成为海南一个对外开放的重要窗口,成为海南的一张名片。

(4) 思想碰撞的平台。

博鳌亚洲论坛作为一个思想碰撞、学术交流的场所,有助于亚洲各国、各地区、各企业在脑力激荡、思想火花中形成自己的发展思维。由于博鳌亚洲论坛具有国际性和民间性的特点,如果外交上有需求的话,自然会在博鳌亚洲论坛形成一个亚洲的思想碰撞基地,而海南则成为亚洲思想的发源地。

学习目标

通过本章学习,重点掌握以下知识要点:

1. 会议旅游的内涵;
2. 会议旅游的类型和特点;
3. 会议旅游的构成要素;
4. 会议旅游的过程管理。

第一节 会议旅游的概念和特点

一、会议与会议旅游的概念

(一) 会议

会议的英文名称有很多种：meeting、conference、congress、convention、summit、assembly 等，它们在定义上有些细微的差别，但都是指人们聚集在一起，面对面地交流思想和信息，讨论或者谈判，目的是为了建立更加紧密的合作或商业伙伴关系，以提高个人或组织绩效。

按照会议的性质和内容划分，会议的类型一般包含年会、专业会议、代表会议、论坛、座谈会、讲座、研讨会、讨论会、专题讨论会、培训性会议、奖励会议等。

按会议组织者和会议目的划分，可分为协会会议（如年会、研讨会、培训会等）、公司会议（如董事会、销售会、人员培训会、股东大会等）、政府会议，此外还有展览会、博览会和其他会议（如宗教会议）等，其中协会会议和公司会议是商务会议的主流。

(二) 会议旅游

会议旅游最早开始于欧美地区等经济发达的国家。直至 20 世纪 70 年代中期，欧美地区经济发达国家举办的各种国际会议一直占据着全世界国际会议总数的 85% 以上。现在，一个国家或者城市所承办的国际会议的数量已经成为该国或者城市发展水平的标志之一。

世界上国际会议旅游产业发达的国家多位于欧美等地。按照大洲排名，欧洲排名第一，占 60%，其次是亚洲占 10%~20%，接下来是北美洲、澳洲，最少的是非洲；按照国别分，美国排名第一，占 8% 以上，其次是英国、德国、澳大利亚、西班牙、法国、新西兰、意大利、日本和加拿大，中国排名第 26 位。

世界旅游组织于 1994 年将旅游界定为"人们为了休闲、商务及其他目的到一个他们日常生活环境之外的地方旅行和逗留的各种活动，通常不连续居住一年以上"。在这个旅游的定义中，我们注意到两点：第一点，商务活动被当作是发生旅游的诱因之一，因此，作为商务的一个表现形式、一个细分市场，会议活动在一定条件下也可以诱发旅游活动产生；第二点，只有在一个人们"日常生活环境之外的地方"发生的商务才可以真正称之为旅游活动，或者说是商务旅游，这就是为什么在第一点中说明，会议活动必须在一定条件下才可以诱发旅游活动，而不是说它一定能诱发旅游活动。

一般来说，小型会议为速战速决、节省成本、提高效率，一般直接在政企内部的会议室进行；大型的会议如公司的年会，往往租用所在城市的影院和会场，这类会议并未引起"常住地的转移"，也就是会议此时并不能诱发旅游活动。但随着经济的发展、人类生产力的进步和消费水平的提高，人们对会议的需求越来越旺盛，而且对会议的各种软、硬件条件的要求也越来越高，会议规模化、专业化和休闲化的趋势日益显著。特别是航空等交通事业的高速发展，为实现会议"异地化"提供了便利条件，最终才使得会议与旅游结合在一起。这种会议与旅游结合的最终产物即"会议旅游"。

目前,学者们对于会议旅游的概念也是众说纷纭,归纳起来主要有以下几类代表性观点:

第一类观点认为,会议旅游主要是指人们因"各类会议"而离开常住地、前往会议举办地进行的一系列活动,与旅游与否无直接关系。如高俊虎认为,凡是离开与会者所在地的会议均可称为会议旅游。这类观点指出了会议旅游产生的直接原因是"会议",而不是探亲访友、观光度假甚至于宗教崇拜。但同时忽视了会议旅游的中旅游的衍生作用,会议旅游应该同时发挥完成会议和享受旅游的双重作用。

第二类观点认为,会议旅游是依托会议、展览、节事等各项活动兴起的一类旅游活动,比如李树梅认为,会议旅游是依托研讨会、节庆活动、体育赛事等各类活动而兴起的一项旅游活动。尽管这类观点将会议和旅游都纳入到考虑的范围,但是这类观点将会议旅游概念过于泛化了,脱离了会议旅游的根本出发点——以会议为目的。

第三类观点认为,会议旅游是以组织、参加会议为主要目的,并提供参观游览服务的一种旅游活动。比如国内学者王保伦等人认为,会议旅游是人们由于会议的原因离开自己的常住地前往会议举办地的旅行和短暂逗留活动,以及由这一活动引起的各种现象和关系的总和。吴忠军也认为,会议旅游是指利用政府和民间团体组织所进行的各种会议而开展的一项特殊旅游活动,它主要是以提供完备的会议设施和优质的服务,凭借所在地风景名胜和知名度,召开各种会议,吸引各地的会议旅游者,让他们在舒适的环境中完成会议活动,游览旅游景点,同时以此招徕其他游客。它往往集商务旅游、观光旅游、科学旅游等旅游形式为一体。应该说本文比较倾向于这个观点。

综合分析以上观点,会议旅游是指人们为了参加或者更好地开展会议而离开常住地发生的一系列活动,该活动既包括与会议本身直接相关的会议体验(如食、宿、交通等),又包括由参加会议活动而延伸的其他旅游体验(如观光、娱乐、购物等)。

二、会议旅游的类型和特点

(一)会议旅游的类型

(1)按会议规模、形式分类。

①大会会议旅游。这些会议可以是政治的、贸易的或科学技术的,通常需要一个可供全体成员出席的大礼堂或多功能厅。

②会议、讨论会、协商会会议旅游。这些会议近似于大会,通常处理特殊性的问题或者一些发展方面的问题,涉及较多讨论和参与性活动。

③论坛会议旅游。这些会议一般是由专题演讲或者专门小组成员主持,并以有许多深入的讨论为特征的会议,被称为"论坛"。

④讲座会议旅游。讲座一般比较正式,比较有组织,经常由一名专家进行个别讲解。

⑤研讨会会议旅游。研讨会通常有许多活动,出席者有许多平等进行交换意见的机会。

⑥实习班、实验班会议旅游。实习班、实验班是指处理专门问题或特殊分配任务的一般性小组会议。

(2)按会议举办机构分类。

①协会会议旅游。协会是由具有共同兴趣和利益的专业人员或机构组成,通过它来交流、协商、研讨或解决本行业的最新发展、市场策略以及存在问题。

②公司会议旅游。一般包括国际、全国和地区性的销售会议;新产品介绍会和零售会议;管理会议;培训会议;股东会议;奖励会议。

③国际组织和政府会议旅游。

其中,协会会议旅游和公司会议旅游是市场的主力军,也是各会议旅游目的地重点吸引和争夺的目标,该市场最有利可图,还会继续扩大。

(3)按照会议的性质划分,可以分为代表大会、学术会议、研讨会议、股东大会、培训会议、销售会议、管理会议、年度会议等。

(4)按照会议的主办者划分,可以分为社团组织会议、企业会议、政府会议、工会会议、教育会议等。

(5)按照会议参加者的国别划分,可以分为国际会议、国内会议。

(6)按照会议规模划分,可以分为大型会议(多于或者等于300人);中型会议(少于300人,多于或者等于100人);小型会议(少于100人)。

(二)会议旅游的特点

会议旅游一般来讲有以下几个基本特点:首先,参加会议的人员相较于一般旅游者具有更高的消费水平和更强的购物能力,从而会给会议旅游经营者和举办地带来可观的经济收入。其次,参加会议的人员在参加会议之余,还会在会议举办地或周边地区进行参观旅游活动,因此,他们逗留的时间比一般的旅游者要长。再次,会议旅游的计划性强,而且多在旅游淡季举行,可以有效地调节旺季和淡季客源的不平衡,提高各类旅馆的全年利用率。最后,会议旅游受气候和旅游季节的影响较小。

1. 公司类会议旅游的特点

(1)数量庞大,范围广泛。

公司类会议旅游是会议旅游市场的主要组成部分,并且发展非常迅速。公司类会议旅游涉及范围也很广,具体可分为国际、全国和地区性销售会议、新产品介绍和零售会议、专业/技术会议、管理会议、股东会议、培训会议、奖励会议等形式。

(2)旅游时间选择呈现出周期性与灵活性相结合的特点。

公司类会议旅游以会议类型不同而呈现出不同地点时间选择。大部分的公司类会议旅游是根据需要而定,而非按固定的时间周期来举行。当然也有一小部分的会议旅游呈周期性,如国际、全国和地区性销售会议、股东大会通常是每年举办一次,奖励会议也有一定周期。

(3)旅游地点选择通常具有重复性。

公司类会议旅游对旅游地点(会址)的选择主要从公司的实际需要出发,考虑设施条件、服务质量、交通费用及便利程度等,对会议旅游地点一般遵循的是就近选择原则,不需要考虑变更地理位置的问题,因此,公司类会议旅游大都具有在固定地点重复举行的特点。不过,会议旅游会影响旅游地点的选择,如当举行股东年会这样隆重的会议时,主办者也可能会每次选择不同的举办地。

(4) 逗留时间较短。

绝大多数的公司会议旅游控制在1~2天,培训或奖励会议旅游的时间可长达3~5天。会期直接决定了会议旅游者在旅游目的地的逗留时间。短暂的异地逗留时间为旅游接待企业提出了较高的挑战,调查证实,无论是旅游从业者如导游人员或者是会议旅游者与其他类型的旅游从业者和旅游者相比,在会议旅游中的时间紧迫感要强烈很多,个人精力也相对损耗较大。

(5) 会议主办者决策集中,多数会议旅游者缺乏自主性。

公司类会议旅游的主办单位往往由公司的高层管理人员或部门主管对会议的各项安排做出决定,因而会议决策权掌握在少数几个人的手中。而大多数公司类会议旅游者是会议主办者的雇员,因此无论他们在主观上情愿与否,都必须参加会议旅游活动,缺乏自主性。

2. 协会类会议旅游的特点

(1) 旅游时间选择周期性明显。

与公司类会议旅游不同的是,协会类会议大多是例行会议,因此其旅游时间有固定的周期。常见的情况是每年一次的协会年会,也有一年召开两次大会或两年召开一次大会的情况,一些国际性或全国性协会除了举行以一年为周期的年度大会外,还附带补充规模小一些的地区性大会以完善年度大会。另外,比如欧洲会议主办者考虑到让会议代表在会后进行一些观光游览和休闲娱乐活动,经常将会议安排在8月份前后,这样的安排正好避开了欧洲8月份的假期冲突,从而既方便会议代表自由活动,又有利于协会组织活动。

(2) 旅游地点选择变换性强。

与公司类会议旅游不同,协会类会议旅游需要经常变换会议举办地以保持会议吸引力。实践证明,会议地点也是一个关键性因素。如果会议举办地有吸引力,不仅会有更多的与会者,还会带来与会者的配偶等其他会议旅游者。

(3) 逗留时间相对较长。

由于协会类会议与公司类会议的主办者不同,出发点不同,从而使得协会类会议的会期80%在3天以上,一般为3~5天,从而延长了会议旅游者在旅游目的地的逗留时间。

(4) 会议主办者决策分散,会议旅游者自主性强。

协会类会议主办者不是由少数个别人直接对会议事项做出最终决定,而是由来自各个地方的多数人分步骤地进行,其会议决策权掌握在多数人的手中。此外,由于协会类主办单位与其会员之间不存在公司主办单位与其公司员工之间的上下属或者行政隶属关系,因此其不能对会员使用命令或强制的方法让会员参加会议旅游活动,因而协会类会议旅游者对于是否出游具有一定的自主选择权,具有较强的自主性。

3. 其他组织会议旅游

其他组织会议旅游是指不属于公司类或协会类的会议主办者开展的会议旅游活动。这类旅游主要包括政府会议旅游、工会和政治团体会议旅游、宗教团体会议旅游、慈善机构会议旅游等,在会议旅游市场中也占有相当重要的地位。这类会议有以下几个共同特征:

(1) 旅游费用具有公共性。

旅游费用主要来自行政拨款、成员缴纳的会费以及公众的资助、捐助或者募捐。

(2) 对旅游目的地的选择具有一定的规律性。

其他组织会议旅游对旅游目的地的选择一般都有一定的规律性,比如政府会议一般与该会议的等级有关,如省级会议一般选择在省会城市召开,地级市的会议会选择在地级市召开;宗教团体的会议旅游会选择在具有一定宗教氛围的城市召开,或者说对宗教来说具有特殊意义的目的地召开,等等。

第二节 会议旅游的过程管理

一、会议旅游的构成要素

(一)活动主体——会议旅游者

会议旅游者是指以参加会议和参与旅游为活动内容的旅游者。由于会议旅游活动把会议与旅游交织在一起,举办大型国际会议,不仅能扩大主办国家或地区在世界上的知名度和影响力,而且能促进主办城市的市政建设、交通建设、环境卫生、精神面貌的改善,还能为主办者带来可观的经济效益。因此,会议旅游者日益得到越来越多的国家和地区的欢迎和重视。

会议旅游者的特点:会议旅游者的特点是消费水平高,购买能力强,会议参加者的住宿、饮食、交通及购物的消费相当高;停留时间长,包括开会、旅游,所以比一般旅游者逗留的时间要长;计划性强,需要多少床位、多少餐位、多少交通工具等,都可事先做出切实的计划和安排;多在淡季举行,可弥补收入,显著提高经济效益。

会议旅游者的需求主要有:①希望会议地点选择在风景旅游胜地或历史文化名城,以便在开完会议后进行游览观光;②要求有充分的会议设施和设备,还要有足够的宴会厅和娱乐、健身设施,以调节会议期间的单调的生活;③要求有较高服务质量,有完善的会议服务和宴会服务,从接站到会议结束的订票、送票、送站,甚至用餐时间、菜单设计等,对旅游企业提出了较高的要求,这除了需要员工的高素质之外,还需要管理者在接待安排上的周密、细致。

(二)活动客体——会议旅游资源

会议旅游资源是会议旅游产品的基础,会议旅游资源可以认为是所有足以将旅游者从其惯常居住地吸引到会议主办地的会议相关要素,这些吸引要素包括会议创意、会议附带的文化活动、相关商务活动或展览、会议相关设施以及主办地其他与会议相关的有吸引力的事物等。会议旅游资源主要包括会议因素和举办地旅游资源因素。

1. 会议因素

会议因素包括会议和会议的附属活动。其中,会议是会议因素的主体,也是会议旅游资源的核心部分。会议是引发会议旅游活动的最根本的吸引力因素,是所有会议旅游者产生的根本原因,所以,会议旅游产生的前提是会议的存在。一个地方要发展会议旅游,首先就要争取成为会议的举办地,即获得会议的举办权。会议并非旅游地固有的旅游资源,在大多数情况下也非旅游地自身创造的,而是要通过系统的努力和激烈的竞争从会议主办者(如国际组织、跨国公司等)那里争取到,这是会议作为旅游资源与其他旅游资源的重要区别。

会议吸引力的大小取决于会议的价值,决定会议价值的因素包括:①会议的性质、规模、等级和知名度;②会议的创意或特色;③会议内容对旅游者的效用;④会议主办者和组织者的权威性;⑤与会的知名人物等。

值得注意的是,会议价值对于会议旅游者而言实际上是一种主观判断,旅游者的兴趣爱好、价值观念等主观意识很大程度上决定着会议在其心目中的价值大小。另外,尽管会议是一种客观存在的吸引力因素,但在会议真正开始举行以前,作为吸引力因素的会议实际上只是人们"拟议中"的会议,而非现实的会议,或者说这个会议还仅仅存在于人们的脑海里或观念中。同样,在会议旅游者到来以前,会议的价值也不可能真正体现出来。所以,会议举办地应该利用会议因素的"主观性"特点,着重研究会议旅游者的心理特征,加大会前的宣传促销力度,通过各种信息媒介来宣传会议的价值。

2. 举办地旅游资源因素

举办地旅游资源因素是指除会议因素以外的会议举办地的其他旅游资源。这些旅游资源是引发会议旅游活动的重要因素,对会议旅游者的数量、构成和会议旅游效益有着重大影响。不过它们在会议旅游资源中处于从属地位,必须依附于会议因素才能发挥作用。举办地旅游资源因素主要包括自然景观、历史文物古迹、当地特色的民族文化活动、都市风貌、人文景观和游乐场所、旅游购物条件和风味美食等。这些因素尽管不是会议旅游者产生的根本原因,但是会议举办地如果具有这些因素,将会大大增强潜在会议旅游者的旅游动机,促使其做出旅游的决定,并有利于会议旅游者范围的扩大,从而能够有效地增加会议旅游者的数量。同时,受这些因素吸引的会议旅游者必然会进行会议活动之外的以消遣为目的的旅游活动,使当地的旅游经济效益得以全面提高。

会议旅游资源可以分为两种类型:资源依托型和资源脱离型。这里的资源是指会议主办地的旅游资源(如自然、文化、历史、城市环境等)。

(1) 资源依托型会议旅游资源。

旅游资源是吸引会议旅游的前往的主要因素,会议是这类会议旅游者前往的直接目的。大多数会议旅游目的地都具有良好的旅游资源禀赋,会议只是增加了其利用率,这类目的地因其独特的旅游资源也增加了会议自身的吸引力,同时这也是会议旅游资源的特性所在,因为每个主办地均可以基于自身旅游资源创造出独特性的会议旅游吸引物。例如,自然景观、历史文物古迹、民族文化活动、都市风貌、人文景观、游乐场所、购物条件和风味美食等,这是因地而异的会议旅游资源。

(2) 资源脱离型会议旅游资源。

会议是会议本身特有的基本内容和活动,即根据会议相关规定必须具备的内容和举行的活动,它不以主办地的具体情况为转移,所以,会议旅游产生的前提条件是会议的存在。会议并非是旅游地固有的旅游资源,在大多数情况下,也并非是旅游地自身创造的,而是要从会议主办者那里争取到。

(三) 活动中介体——会议旅游业

会议旅游业是指为会议旅游者提供其旅游活动所需商品和服务的部门和行业的总称。会议旅游业属于第三产业,是会议行业和旅游产业的结合体。会议旅游业主要由以下3大部分组成。

1. 会议旅游特征企业

会议旅游特征企业是指专门为会议旅游者提供服务,市场对象主要是会议旅游者的企业。会议旅游特征企业主要有会议公司、会议中心、目的地管理公司等。其中会议公司是从事会议的策划、组织、协调、安排和接待会议旅游者的专业公司,也称专业会议组织者。在国际上,会议公司是最重要的会议旅游市场运作主体,一般由其直接从会议主办者手中承接会议旅游业务,并将部分接待业务分配给其他会议旅游企业。可见,会议公司实际上对整个会议旅游活动起到组织、协调作用。

2. 会议旅游相关企业

会议旅游相关企业是指为会议旅游者提供服务,但会议旅游者不是其主要市场对象的企业。会议旅游相关企业主要有旅行社、旅游酒店、旅游交通部门、旅游景点、娱乐业、餐饮业、旅游购物业等。它们在会议旅游接待中发挥着重要作用。例如,旅游酒店不仅向会议旅游者提供必需的住宿服务,而且一直以来都是主要的会议场所,会议服务也是饭店的主要业务之一。会议旅游相关企业的服务质量直接影响会议旅游者对会议旅游产品的整体评价。例如,旅行社如果不能按要求预订回程机票将使旅游者面临极大的麻烦,从而使此次旅游经历给其留下不好的印象。而且会议旅游相关企业可以提供丰富的服务项目,大大扩展了会议举办地的旅游创收渠道。会议公司等特征企业要向会议旅游者提供真正完善的服务并保证自身工作的顺利完成,就必须与以上相关企业紧密协作配合。同时,各相关企业应该积极参与会议旅游业务,主动寻求与特征企业的合作,把会议旅游者的需求引导至自己的服务领域,最大限度地利用会议旅游开拓市场、增加效益。值得指出的是,主要由各会议旅游相关企业组成的大型旅游集团具备操作大型团队旅游活动的丰富经验,同时兼有完善的内部服务链和外部合作网络,完全可以承担从策划、组织到各项具体接待服务的全部会议旅游业务。另外,存在着专门经营会议旅游业务的旅行社和以会议旅游者为主要客源的会议酒店,它们属于会议旅游特征企业。

3. 会议旅游管理机构和行业组织

会议旅游管理机构是指专门负责会议旅游行政事务的政府职能部门。各国情况不同,有的分别单独设立会议局和旅游局,有的设立综合的会议与旅游局,有的则在旅游局下设立会议旅游二级部门。

会议旅游管理机构的主要职能:开展会议旅游促销;提供会议旅游信息,发挥市场引导作用;制定会议旅游总体规划;制定规范会议旅游业的法规和政策;促进会议旅游业内各类企业以及会议旅游业与其他相关行业的协作和协调发展等。

会议旅游行业组织是由与会议旅游有关的企事业单位和社团组织组成的非营利性的行业协会,其作用主要是作为中介组织,向政府反映行业情况,同时向会员宣传政府的政策、法规;加强会员间的联络,向会员提供行业信息;制定行业规范;开展业务培训;进行调查研究,为行业发展和政府决策提供建议等。会议旅游管理机构和行业组织虽然不是经济性的企业,但它们对各类会议旅游企业的经营活动起着重要的支持作用。

二、会议旅游的过程管理

(一)会议旅游的各个阶段

1. 会前准备工作

(1) 与会议主办者洽谈。

(2) 向会议主办者提供会议接待策划方案和报价。

(3) 邀请会议主办者实地考察会议举办场所。

(4) 与会议主办者确认会议接待方案。

(5) 与会议主办者签订会议接待标准合同。

(6) 预订酒店、交通票,并做好相关旅游安排。

(7) 在会议举办前制定会议工作人员服务标准条例及会议接待手册。

(8) 准备会议资料(如代邀请相关领导、新闻媒体、新闻通稿、接待资料、会议配套的商务服务及公关礼仪、翻译、通信及文秘服务)。

2. 会中接待工作

(1) 机场、码头、车站:专人、专车分批分时段按要求接站。

(2) 会议酒店现场:会议秘书分发会议资料,来客接待。

(3) 会议秘书协助会场布置及会场的会务服务。

(4) 会议秘书在会议接待(报到)处协助会务组确认和分发房卡,确认 VIP(重要人物)用房及整理记录有关信息,协助分发会议礼品及房间派送水果等会务工作。

(5) 确认用餐时间、菜单、标准、形式、酒水和其他相关安排等工作。

(6) 确认旅游公司为该会议提供的旅游考察的食、住、行、游、购、娱安排事宜。

(7) 确认特殊客人(如领导、少数民族代表、VIP、残障人士代表等)的安排及接待工作。

(8) 协调会议期间的交通工具的安排。

(9) 代办参会人员返程的交通票务及其他委托代办服务。

3. 会后总结工作

(1) 会务服务的总结、评估、参会人员的意见反馈及处理工作。

(2) 会议资料、领导讲话稿、代表发言稿、新闻报道资料等的汇总工作以及编制会议名录。

(3) 与会议主办者的费用结算工作。

(4) 欢送参会人员的工作。

(二)会议旅游的主要实施过程

1. 推荐会议旅游目的地

我国的会议策划者一般会较多地选择风景区作为会议举办地,如海南的三亚、云南的昆明、山东的青岛、四川的九寨沟、安徽的黄山等,也有很大一部分会议被安排在大都市。国内的会议策划者选择会议举办地的主要考虑以下几个因素:

(1) 考虑会议类型。

一般来说,大型会议会选择在大都市举办,主要是便于安排食宿;举办培训活动的最佳环境是专业培训中心或旅游胜地的培训点,在这里通常能提供专门服务人员和设施;研究和开发会议需要有利于沉思默想、灵感涌现的环境,因此需要比较安静的场所,一般选择郊区酒店为多;企业经销商年会或其他性质的年会,其会议地点一般将根据会员的品位选择一些风景名胜区;一些重大的奖励、表彰会议则会选择有较高知名度的会场举行(如人民大会堂),以显示其非凡的意义。

(2)考虑举办地的知名度。

如果仔细观察,我们可以发现,国内选择频率高的会议举办地往往是知名度高的旅游地或都市,这与国内参会者的个体行为有关。国内的参会者费用一般由所在单位支付,他们可以通过参会获得免费旅游的机会,因此会趋向于选择知名度较高的旅游地或都市,很多年会之所以每年在不同的地方举办,就是为了满足会员们的旅游需要。

(3)考虑预算。

会议通常可以分为营利性和非营利性两类,营利性会议是指通过会议的举办,主办方直接从会议中获取一定的利润;非营利性会议则不以会议营利作为直接目的,如政府会议、专业学术会议、经销商会议等。对于非营利性会议,会议策划者将在会议主办方的总体预算的基础上进行项目预算分解,确定会议项目的内容,然后选择与会议预算相当的举办地。营利性会议的策划者则要充分考虑潜在参会人员的可接受费用预算,并据此选择合适的会议举办地。

同样,在考虑会议举办地时,会议策划者也会将交通、安全、会议设施、服务质量等因素考虑在内,但对食品、酒店及结账程序的效率等考虑得较少。

2. 选择酒店

(1)按酒店类型来划分。

① 商务型酒店。这类酒店专为商务活动而设,一般来说商务型酒店的各项配套设施都比较全面。如酒店的设计装修、通信设备的配套、会议活动场地的设计和布置都充分地体现现代商务高效、快捷的内涵。此外,还有多个中、西式餐厅,健身房,游泳池等设施,这类酒店的服务能力较强,一般多用于商务考察活动。

② 度假型会议酒店。这类的酒店选址多见于环境优美且靠近景点的地方,设计特色更加倾向于休闲风格,带有强大的休闲风格以及娱乐性质,是景点观光以及训练拓展的最佳选择。

(2)按地理位置选择。

② 位于市中心。便利的交通线是商贸繁荣的一个侧面反映,如果与会者来自国内或本地区,那么选择这样的酒店是明智的。会议筹划者一般喜欢选择设施和功能齐全的市中心酒店,这样与会者的随行家属便有很多活动可做。有些被公认为服务一流、口碑良好的酒店常常成为会议筹划者的首选会议场所。

② 位于郊区。将会议地点选择在郊区度假酒店的话,可能会面临出行方面的问题,但却能满足以度假休闲为主的会议旅游活动,度假酒店内配套的各项娱乐设施让它虽然位于郊区,却依然广受欢迎。

3. 餐饮安排

(1)主要准备工作。

① 统计参加会议旅游的人数;了解参加会议旅游人员的基本情况;研究旅游目的地及

当地餐饮情况。

② 制定饮食工作方案。饮食工作方案的内容主要包括就餐标准、时间、地点、形式,以及就餐人员组合方式、就餐凭证等。

③ 预订餐厅(也可在非住宿的酒店预订)。

④ 商定菜谱。要考虑的因素有经费预算、营养科学、宗教信仰、饮食习惯、地方特色风味。

⑤ 餐前检查。围绕食材质量、卫生状况等进行。

(2)餐饮主题设计。

在安排餐饮服务时,要精心策划餐饮的主题。主题节目可以只有一支乐队表演,也可以安排特别的节目。如果预算允许,可以进行特别设计,有时也以当地特色作主题。

知识活页 主题餐饮的选择

一、民俗地域型主题

所谓"一方水土养一方文化",酒店可根据不同地域的文化资源开发设计不同的餐饮主题。

1. 国内主题餐饮

酒店可以中国各地文化为契机,推出各种主题餐饮,如咸鲜醇厚的鲁豫风味,清鲜平和的淮扬风味,鲜辣浓淳的川湘风味,清淡鲜爽的粤闽风味,香辣酸鲜的陕甘风味等,并在促销活动安排、内部环境布置、外部装饰等方面,体现原汁原味的地域特色和文化。

2. 国外主题餐饮

以世界餐饮文化作为主题卖点,如清淡精致的日本料理、浓烈酸辣的韩国餐饮、高贵奢侈的法国餐饮、包容万象的澳洲餐饮、粗犷随意的美式西部餐饮、原始古老的非洲部落餐饮等。

二、怀旧复古型主题

1. 以历史上的某一时期作为主题吸引

根据不同的历史时期,又可细分清朝主题、明朝主题、唐朝主题、民国主题等,这些主题餐饮包括西安的"仿唐宴"、开封的"仿宋宴"、湖北的"仿楚宴"、北京的"仿膳宴"、南京的"随园宴"、济南的"孔府宴"等。

2. 以历史上某一事件作为主题吸引

借助历史上某些有特殊意义的事件来创设主题,如"老三届乐园"回忆的就是知青下乡的岁月。墙上挂着的干红辣椒、老玉米棒子、煤油灯、旧挎包,每一件物品都能把知青朋友们带回往日的岁月。

3. 以文学作品中的历史事件作为主题吸引

我国留下了许多精彩的文学作品,这些文学作品也因其巨大的影响而成为人们的兴趣焦点。因此,创设主题可从这些文学作品中寻求切入点。如湖南常德的

"梁山寨酒家"和扬州宾馆的"红楼厅"就属此例。

三、娱乐休闲型主题

餐厅可借助慵懒的音乐、闲适的环境、休闲的餐具、淡雅的色彩营造一种无所不在的休闲气息。休闲餐饮的出现,赋予了餐厅新的功能,使其日益成为社会交际、休闲娱乐的舞台,这种全新的经营理念为餐厅带来新的发展契机。

4. 设计旅游产品

与会者作为会议旅游当中的旅游者,具有不同于一般旅游者的特点,他们的商业意识强、文化素质高、消费力度大且时间观念强。他们参加旅游活动,通常有很强的独立性,不愿受人支配,旅游也只是发生在会议之后,只是就近或顺道旅行,追求的是放松、自由自在。因此,可以设计与会议主题相关的产品,也可选择综合性的具有地区特色的产品。

首先,会议旅游产品要符合客户的需求。由于这类旅游者受教育程度比较高,相对于传统的观光旅游,生态旅游、高科技旅游以及一些参与性极强的旅游项目对他们的吸引力更大些。鉴于会议一般在经济比较发达的大城市举行,可以根据他们商业性极强的特点,推出投资考察游等专项旅游产品。在旅游过程中,旅行社可以安排专业性咨询,提供当地的市场行情、法律法规及经济政策等方面的信息。还可根据这些旅游者独立性极强的特点,旅游产品采取半包价、小包价等多种形式,使会议旅游者能够根据自身需要,机动灵活地选择相应的旅游产品,此外在日程安排上,也要以半日游、一日游、二日游这种短、中线游为主,以配合他们的会议行程。

其次,会议旅游产品要结合当地的文化特色。区域文化都具有自身区别于其他文化的特征,因而形成了"一方风物一方人"的鲜明个性。一般说来,会议旅游者文化品位比较高,到异地旅游是想领略异地风情,因此,旅行社在开发旅游产品时应把具有地域特点的文化资源、文化特色利用起来。例如在陕西西安召开的"东西部经贸洽谈会"期间,主办者隆重推出"发现法门寺之旅",法门寺因供奉有世界上唯一的佛骨真身舍利而名扬海内外,其出土文物均为稀世瑰宝。

再次,旅游接待计划要周密,车辆和食宿要落实,参观游览和购物环节要安排稳妥,游览活动要安排专业导游,如果是外事活动,应事先提醒,避开政治、宗教等敏感话题,尊重当地习俗等。

知识活页   张家界会议合同范文

甲方:
乙方:
经友好协商,甲乙双方就乙方承办/代理甲方之_____会议事宜达成如下协议,双方共同遵守执行。

一、甲方主办的_____会议全部交由乙方承办。

会议地点是_____,会议时间_____年_____月_____日至_____年_____月_____日,会议场所是_____。

二、乙方提供如下会议服务:

1. 礼仪及接待
2. 会议交通
3. 会场布置
4. 餐饮安排
5. 会议秩序维护
6. 会议秘书服务
7. 住宿安排
8. 会务考察安排及夜间娱乐安排
9. 返程票务服务及站场接送
10. 财务协助

各项服务分述如下:

三、礼仪及接待

1. 礼仪及接待协议:

乙方提供_____名礼仪小姐,汽车站、火车站、机场分别安排_____名礼仪,设立标识(甲方提供企业或行业标识,乙方制作),引导甲方人员报到及安排商务车辆前往下榻酒店。在下榻酒店大堂设立专用接待台(乙方负责设立),乙方提供_____名工作人员协助甲方会务组人员进行代表签到、房间安排、发放会议指南(甲乙双方共同拟定)、告知代表会议注意事项,编制会议名录。礼仪工作时间为_____月_____日_____时至_____月_____日_____时,下榻酒店接待人员工作时间为_____月_____日_____时至_____月_____日_____时,乙方提供一条接待热线电话,热线电话开通□国内长途□国际长途,费用按酒店商务电话收费,记入甲方会议支出(除非甲方工作人员许可,乙方人员不得使用热线电话)。

2. 会议名录制作要求:

开本_____,_____色印刷,内文纸张为_____纸,封面为_____,制作_____份,单价为_____,交货时间为_____月_____日前。会议名录资料要求在_____月_____日前以_____格式上传给_____网站。

3. 会议发言材料制作:

开本_____,_____色印刷,内文纸张为_____纸,封面为_____,制作_____份,单价为_____,交货时间为_____月_____日前。

四、会议交通

1. 站场接送

根据实际需要,乙方必须于_____月_____日_____时至_____月_____日_____时安排_____辆_____座空调巴士,7座面包车_____辆,5座轿车_____辆至_____机场(汽车站、火车站)。按照先到集合,统一运输的方式,安排与会代表前往下榻酒店。双方同意所有费用按运输趟次结算,其结算标准见附件。如果由于甲方原因使得预订的车辆空驶,甲方按照大巴_____元、面包车_____元、轿车_____元结算。所有交通工具的运行命令由甲方发出,并在行驶单上签字。

送站场费用同上述约定。双方应在_____月_____日前,确认需要送站场的名单。甲方应该本协议签署前告知乙方此部分费用的分摊方法(会务组支付或者个人支付),甲方确认:

下列人员由会务组承担送站场费用,除此之外,均由个人承担。

或者甲方确认,所有与会人员的送站场费用由会务组承担;或者全部与会人员的送站场费用均由个人承担。

甲方确认,需要会议期间提前送离的人员有一人,具体时间是_____月_____日_____时,乘用车标准为_____座_____车。

2. 会务交通

乙方必须于_____月_____日_____时至_____月_____日_____时安排_____辆_____座空调巴士,7座面包车_____辆,5座轿车_____辆至_____酒店,用于接送会务人员至会场。甲方(或者乙方)负责通知并集合需要乘坐商务用车之人员。用车行程为(往返/单程)。于_____月_____日_____时至_____月_____日_____时安排_____辆_____座空调巴士,7座面包车_____辆,5座轿车_____辆至_____酒店,用于接送会务人员至 晚会/宴会现场(地点:_____)。

乙方于_____月_____日_____时至_____月_____日_____时提供_____吨货车_____辆,负责运输会议材料,行程为_____至_____。包括装卸,费用合计为_____元。

五、会场布置

乙方应在_____月_____日前预订_____会场,并于_____月_____日_____点前按甲方要求完成布置:

1. 主席台

要求鲜花_____盆,_____色地毯,绒布主持台,主席台设_____席位,背景为_____材料,投影帘要求(_____×_____),投影仪要求_____流明,配备激光指示笔(或者伸缩式教鞭)、有线/无线麦克风_____个。主席台配置茶水杯(或者瓶装矿泉水),一侧放置饮水机(配瓶装矿泉水时可不用饮水机),主席台配备电工一名,会务服务小姐一名。

双方确认,投影仪为(甲方自带/乙方提供甲方租赁/第三方提供),当甲方自带时,乙方仅有义务提供技术支持,不负责保证仪器正常工作。双方确认,投影仪租赁价格为_____元/天,茶水提供及服务人员支持包含在会场租赁成本中。

2. 会场布置

乙方必须于_____月_____日_____点前完成会场布置(U型、课堂

式、围桌型、剧院式等供选择),安排席位不少于_____个,其中前排布置需要_____,各排间距不得小于_____厘米;在会场安排固定摄影点_____个,需要提供饮水机_____台,提供小型会议室_____个,会议室摆设桌椅不得少于_____套。会场悬挂横幅_____条,内容为_____。会场内/外提供资料/样品展示台_____个。

　　双方确认,展示台为全新制作/租赁,规格_____×_____×_____,单价为_____元/个。饮水机由乙方免费提供,饮用水由甲方提供(乙方可代办)。

　　3. 氛围支持

　　乙方应在_____月_____日_____点前完成_____个气球条幅悬挂,条幅内容为_____规格是_____×_____,拱形气模_____个,规格是_____×_____,会场内/外摆放花篮_____个。同时在_____月_____日_____报纸预订_____版面发布相关信息(内容甲方提供)。

　　会场布置与氛围支持费用总计为_____元。

　　4. 同声翻译系统

　　乙方必须于_____月_____日_____前调试好同声翻译系统,提供_____声道翻译(语种为_____),_____月_____日_____前甲方应将发言大致领域及特点告诉口译员,并告诉口译员发言者国别与大致语言习惯。乙方提供的口译人员必须在_____月_____日_____前熟悉所需翻译的专业领域,作同声翻译时,错误率不得超过2%。甲方发言者语速不得超过_____节字/分钟。

　　同声翻译支持费用总计为_____元。

　　六、餐饮安排

　　双方确认,会议期间与会人员就餐地点为_____酒店_____餐厅及_____餐厅。其中中餐就餐人数不少于_____人次,西餐就餐人数不少于_____人次,穆斯林餐不少于_____人次。早餐餐标为_____元/人,正餐(中餐及晚餐)餐标为_____元/人,宴会餐餐标为_____元/人,早餐、正餐及宴会餐(包括西餐及穆斯林餐)食物见附件(菜谱)。会议提供的餐饮不含酒水(或者含酒水),时间是_____月_____日_____餐至_____月_____日_____餐止,其中_____月_____日_____餐为宴会餐。会议人员凭_____证件(或者餐卡)就餐。早餐形式为自助餐(或者团餐),正餐为围桌式(或者自助餐)团餐,具体就餐时间由乙方制作水牌告知甲方与会人员。

　　商务考察旅程用餐另计。

　　七、会议秩序维护

　　为便于保密及会议正常举行,双方确认_____月_____日至_____月_____日_____会议室设立_____位工作人员,工作人员由甲方/乙方负责指定/委派,主要职责是核查进入会场人员身份。进入会场人员一律凭_____证件进入。此项服务费用_____元/免费。

　　八、会议秘书服务

　　双方确认,会议期间乙方为甲方提供如下秘书服务:

（1）速记员＿＿＿＿名，工作时间为＿＿＿＿。
（2）翻译员＿＿＿＿名，工作时间为＿＿＿＿。其中英文＿＿＿＿名，日文＿＿＿＿名，德文＿＿＿＿名。
（3）会务勤杂人员＿＿＿＿名，工作时间为＿＿＿＿。
（4）保健医生＿＿＿＿名，工作时间为＿＿＿＿。
（5）摄影师＿＿＿＿名，工作时间为＿＿＿＿。录制媒介为＿＿＿＿，规格为＿＿＿＿，后期编辑由乙方/甲方完成。
（6）旅行顾问＿＿＿＿名，工作时间为＿＿＿＿。
（7）签约司仪(礼仪)＿＿＿＿名，工作时间为＿＿＿＿。
（8）其他：指示牌制作＿＿＿＿块，内容＿＿＿＿，放置地点为＿＿＿＿。
以上会议秘书服务费用共计＿＿＿＿元。

九、住宿安排

双方确认，甲方预订客房数共计＿＿＿＿间，其中＿＿＿＿饭店＿＿＿＿级标准间＿＿＿＿间（＿＿＿＿元/间），商务套间＿＿＿＿间（＿＿＿＿元/间），行政套间＿＿＿＿间（＿＿＿＿元/间）；＿＿＿＿饭店＿＿＿＿级标准间＿＿＿＿间（＿＿＿＿元/间），商务套间＿＿＿＿间（＿＿＿＿元/间），行政套间＿＿＿＿间（＿＿＿＿元/间）。

基于与会人数有一定的机动性，双方约定乙方预留＿＿＿＿间客房至＿＿＿＿月＿＿＿＿日＿＿＿＿时，其中标间＿＿＿＿间，套房＿＿＿＿间。截至＿＿＿＿月＿＿＿＿日＿＿＿＿时甲方实际用房如果低于预订，则按预订客房数量结算，超过的按实际结算（在预订总量的10％范围内），乙方承诺超过部分按预订价格计算。＿＿＿＿月＿＿＿＿日＿＿＿＿时以后按实际用房计算。

所有用房时间为＿＿＿＿月＿＿＿＿日至＿＿＿＿月＿＿＿＿日＿＿＿＿时。超过＿＿＿＿月＿＿＿＿日＿＿＿＿时，如果甲方人员需要继续使用客房，可提前通知乙方，乙方可以与酒店交涉，尽量（但不保证）按协议价格结算。

双方确认，乙方必须在＿＿＿＿月＿＿＿＿日＿＿＿＿时前获得酒店预订房间钥匙牌，按甲方指定名录登记分派房间，同时完成入住登记。

十、会务考察安排及夜间娱乐安排

1. 甲乙双方确认，会议期间甲方与会人员进行商务考察，线路及行程如下：

线路1

  D1：

  D2：

  人数：＿＿＿＿人。

线路2

  D1：

  D2：

  人数：＿＿＿＿人。

总人数为＿＿＿＿人。

车辆要求：_____。
乙方提供旅行责任保险、专业导游、陪同。
费用共计_____元。

2. 夜间娱乐安排

双方确认，会议期间甲方人员举办酒会或者联谊会的话，乙方将负责代理安排。此部分费用由甲方统一支付/由参加人员直接支付。

具体方案见附件。

十一、返程票务服务及站场接送

双方确认，甲方人员返程事宜由会务组织统一安排/与会人员自行支付。乙方提供返程票务代理服务（在签到会场酒店大堂提供咨询及预订处，时间为_____月_____日_____时至_____月_____日时）：

1. 机票　明折明扣，不收取服务费，免费送票至下榻酒店；
2. 火车票　票面价格，每位收取40元服务费，免费送票至下榻酒店；
3. 高速巴士　票面价格，免服务费，免费送票至下榻酒店；
4. 船票　票面价格，免服务费，免费送票至下榻酒店。

乙方提供站场欢送服务，时间_____月_____日_____时至_____月_____日_____时。

十二、财务咨询

1. 财务协助（此条款为非一次性收取会务费用组织机构适用）

双方确认，甲方与会人员签到时，乙方提供_____名财务人员协助甲方收取会务费用，提供验钞设备，并协助甲方人员统计核实相关应收费用。

2. 其他协助

乙方在自有网络上发布会议预告信息，制作回执表单，供甲方相关人员下载填制，同时指派固定人员统计回执信息，定期向甲方报告。此项服务免费提供。

双方确认，以上服务属于不可撤销约定。自双方签字、盖章且甲方按本条款支付预付金之日起协议立即生效。甲方于协议生效后_____个工作日内支付人民币_____元作为预付金。

十三、变更及核算原则

1. 甲方确认除非发生以下几种情况，否则甲方不存在撤销或变更本协议理由，如果撤销或变更，乙方将有权要求甲方支付撤销或变更给乙方造成的预期损失：

① 战争或政治事件；
② 甲方进入破产程序；
③ 甲方实体进入重组变更程序；
④ 由于政策或法律变化导致会议不可能举行。

2. 甲方可以在预定的期间内变更会议时间，但变更通知必须于预定期限前_____天抵达乙方，乙方接到甲方通知后应在_____个工作日内以（□传真 □电邮 □公函）方式回执确认，甲方在接到乙方确认文件后即表示甲乙双方就会议时间的变更达成一致,双方间的协议除会议日期外,其余不作变更。

3. 乙方服务的变更　除非发生如下情形,否则乙方无权变更服务:

① 乙方签约的下游服务商出现法律规定的破产、停业或者其他人力不可抗拒的服务中止事件,同时乙方更换的下游服务商不能满足甲方要求;

② 会议地点出现重大自然灾害(包括急性传染病);

③ 会议地点出现重大政治事件(包括政府征用会议场所)。

如果不是由于上述原因,乙方要求变更服务,将赔偿甲方由于服务变更而导致的预期损失。出现本条款所列事项时,乙方应该在第一时间内以书面形式通报甲方,并在甲方收到通知后作出变更预案供甲方选择——乙方保证变更的服务应当不低于原来协议水准。基于友好合作的精神,所有变更事宜双方同意协商解决。同时双方约定:

① 甲方变更或取消会议应当在协议生效后会议正式举办前_____个工作日前通知乙方,除乙方已经支付的成本外(在甲方的预付款项中抵扣,不足部分乙方有权要求甲方补足,多余部分乙方同意返还甲方),乙方放弃预定收益的索赔;

② 甲方变更或取消会议的决定如果在会议前_____日通知乙方,甲方应赔付乙方预期利益的_____%,并不退回预付金;

③ 甲方变更或取消会议的决定如果在会议前_____日通知乙方,甲方应赔付乙方预期利益的100%,并不退回预付金;

④ 乙方由于非本条款原因要求改变服务或者取消的,于会议举办前_____日通知甲方的,必须全额退还甲方预付金;

⑤ 乙方由于非本条款原因要求改变服务或者取消的,于会议举办前_____日通知甲方的,除退还甲方预付金外,还必须赔付甲方本协议总金额的_____%;如在_____日前通知甲方,乙方必须全额赔付。

4. 双方约定,本协议规定的服务及费用核算原则如下:

① 住宿、餐饮及车辆。按协议标准结算,基于可以理解的原因,允许实际费用总量下浮5%,即如果甲方需要的服务低于预定的95%,按95%结算;高于95%的,按实际服务费用结算。

② 除协议规定的服务总量以外,乙方同意按协议标准提供服务预留空间,但不超过总量的5%(指各单项服务)。甲方如果需要超过预定的服务,在5%范围内可享受协议标准,超过部分乙方尽量但不保证提供协议标准服务。

③ 双方确认,所有服务费用在_____月_____日前由甲乙双方核算认可,甲方保证一次性将款项支付给乙方,如果超过约定期限,乙方有权要求甲方支付滞纳金,标准为总量的0.5%,按日计算。

5. 仲裁。双方约定,如果对本协议执行出现争议,将首先协商解决;如果协商不能解决,双方将申请仲裁解决,仲裁地点为_____。

6. 生效。本协议自双方共同签章且甲方提供规定的预付金后生效。

第三节 会议旅游产品设计与开发

一、会议旅游产品开发主体

1. 旅游酒店

经济的全球化和跨国商务活动的增多,将使会议市场的潜在客源急剧增加。三星级以上的酒店由于自身的硬件设施和服务水平决定了其接待对象以会议为主和为各类会议提供住宿服务,这为星级酒店和度假区在客源开发方面提供了极大的潜在市场。由于会议的计划性比较强,并有具体的要求说明,签有书面性的协议,使酒店可以提前进行准备和调整,而与散客相比,违约的概率小,承担的风险低。会议的举办者在压低成本的驱动下,要求在既定的会务预算下,酒店的会议设施、客房条件、配套服务等方面达到最好。因此,面对会议市场,酒店需要重新定位,依据目标市场而对酒店的设施设备进行重新改造和更新,因为酒店的星级、规模和配套设施将决定举办会议的层次、规格和大小,以及从中可获取利润的大小。在保证现有较高的会议设施、通信网络、商务中心和辅助性服务等项目的同时,酒店还要重视顾客档案的保留和存档,并定期与各会议举办单位保持联系,了解市场的新动向和新需求,以便抓住时机为其提供服务。

2. 旅行社

会议旅游已成为当今中国旅游业发展的热点之一,具有高经济效益、季节性弱、旅游产品类型丰富等特点,使其成为旅行社拓展业务的又一理想选择。积极向会议旅游领域渗透,既可以促进旅游结构的调整,又能够有效地提高旅行社的品质,增强旅游产品的吸引力,从而提高旅行社的整体竞争力。

从20世纪20年代我国成立第一家旅行社以来,80多年发展历程使我国的旅行社积累了丰富的工作经验,多年的行业发展也培养了大批的专业人才。很多旅行社的工作人员在会议及大型的户外活动组织和接待服务方面都有丰富的经验,对国际事务有深入的理解,对科技和文化有敏锐的洞察力,因而完全有能力为会议客户提供和安排专业化、人性化的服务。同时,对会议旅游市场的挖掘与开拓,旅行社不仅可以获得丰厚利润,而且可以避免旅游市场恶性的价格竞争。

3. 旅游景区

会议的召开,选择的地点要么是极具现代化气息的大都市,要么是风景优美的旅游区,环境优美的旅游资源、多姿多彩的民风民俗,以及一系列参与性旅游休闲活动可为忙碌的参会人员带来片刻的休息和放松。会议一般在日程安排上都考虑了与会人员的旅游要求,会提前安排好游览线路,任何一地成为会议的举办地,除了与会议召开必备的硬件设施以外,该地的整体形象和旅游资源,也是会议的举办者和参与者着重考虑的内容之一。

二、会议旅游产品的定位

市场分析与定位是进行产品开发的重要前提,会议旅游产品也不例外。产品定位的正确与否,将直接关系到会议旅游产品开发的成败,因此,在设计会议旅游产品之前,进行产品定位是非常有必要的。产品定位需要解决两个重要问题:满足谁的需要?满足什么需要?

第一步:找位,即满足谁的需要(who),也就是选择目标顾客的过程。根据举办机构划分,可分为协会会议、公司会议、国际组织和政府会议。因此,会议旅游的目标客户可以在协会、公司、国际组织和政府中寻找。

第二步:定位,即满足什么需要(what),也就是定位的过程。会议旅游市场与普通的观光、度假等消闲旅游市场相比较,有不同的需求特征,为了给产品找到准确的定位,旅游企业需要进行深入的市场调查和研究,以便掌握会议旅游者的需求特征,有针对性地设计会议旅游产品。

三、会议旅游产品开发原则

1. 会议旅游产品要符合会议旅游者的需求

产品的设计是以需求为前提的,围绕需求展开的。会议旅游者的需求决定着旅行社产品的开发方向。从会议旅游者的分类中可以发现,不同的会议旅游者,他们的行业背景不同、会议的主题不同,所以需求也不同,因此应根据他们不同的需求推出新产品,使旅游产品符合会议旅游者的需求。

2. 会议旅游产品要具有多样性

需求的多样性决定了产品的多样性,旅游产品要符合会议旅游者的需求的特点决定了会议旅游产品具有多样性的特点。会议旅游者的受教育程度高、独立性极强,所以提供的产品应该选择性多一些,给旅游者自由选择的余地,以适应旅游者独立性较强的特点,也可以让他们根据自身需要,机动灵活地选取相应的旅游产品。

3. 会议旅游产品要考虑到时间性

会议旅游者出行的主要目的是参加会议,而参加旅游活动多是附带的,一般时间观念较强,所以旅游产品在时间安排上不宜太长,应以半日游、一日游、二日游的短线游为主,使会议旅游者根据自身需要选择合适的旅游产品。

4. 会议旅游产品要注意结构优化

会议旅游产品结构优化原则就是以会议目的地旅游资源为依托,以市场需求为导向,实现会议旅游产品多样化、系列化和品牌化。这主要体现在两个方面:一是食、住、行、游、购、娱等各类旅游产品开发统筹兼顾,使其协调发展;二是多档次会议旅游产品兼顾,使豪华型、标准型、经济型多档次的会议旅游产品比例适当,满足各类旅游者的需求。

5. 会议旅游产品要结合当地的文化特色

特色是旅游的灵魂,文化是特色的基础。只有融入了文化的旅游产品价值才更高,一般来说,会议旅游者的文化品位比较高,因此,旅行社开发会议旅游产品时要充分重视具有地域特点的文化资源和产品的文化结构。

四、旅行社会议旅游市场开发

长期以来,旅行社作为信息沟通的桥梁,同交通、饭店、餐饮、景区等相关部门保持着密

切的合作关系。如果将旅行社的这些优势引入到会议旅游当中,那么将会减少许多不必要的中间环节,从而使会议与旅游达到互动和双赢。况且,伴随着旅游业的发展,我国旅行社已经涌现出大量服务质量一流、具备一定规模且实力雄厚的旅游集团。这些旅游集团拥有操作大型团队旅游活动的丰富经验,完全有能力承担起各种国际或国内会议的招徕、接待业务。

（一）明确市场定位

通常情况下,根据会议的举办机构划分,各行业协会、公司、国际组织和政府单位是产生会议旅游者的主要目标市场,旅行社应该根据自己所掌控的食、住、行、游、购、娱等资源要素和自身的经济、人力等实力条件,明确自己的市场定位,选择相应的会展旅游产品细分市场,明确自己的旅游会展业务的拓展方向和范围,有针对性地开发会议旅游产品,打造自己的产品特色。

（二）提高竞争力

1. 通过内部结构调整,实现专业分工

会议旅游业务的拓展是旅行社开辟新市场的有效举措,也是避免恶性竞争的有效途径。但是旅行社应积极进行内部结构的调整,实现企业之间的良好分工,才能更好地拓展这一业务。具体来讲,旅行社应凭借自身的优势力量,根据对会议旅游市场的细分,明确市场定位。如大型旅行社可凭借其广泛的营销网络和接待体系为参会人员提供全程服务;商务旅行社凭借其与企业的紧密关系,为企业提供"量身定做"的专业服务。

2. 加大培养和引进专业人才的力度

旅行社是一个专业性较强的行业,并不是简单地对现有的旅游产品进行销售,需要专业化的人员对产品进行整合、销售。旅行社在会议旅游业务方面的拓展,也同样需要高素质的会展专业人才,因此,旅行社应该在现有人才的基础之上,一要加强在职人员培训,通过定期的培训,提高旅行社对会议旅游策划、服务、管理和现场操作水平;二要与高等院校合作,引进大量专业人才,提高内部效益;三要加快人才引进,可直接从国外引进专业精英,吸取先进的会展管理经验,推动旅行社内会议旅游业务的开展,为会议旅游业务的拓展提供智力保障。

（三）开阔会议旅游产品开发的思路

旅行社在开发会议旅游产品时,应以市场需求为出发点,通过对产品系统内各种结构的最优调控与创新,使产品保持最佳水平,引领和创造会议旅游消费,从而提高旅行社的整体运行效率和经济效益。

旅行社会议旅游业务的拓展思路包括以下三个方面:一是开发全新的产品,增加并丰富产品种类。二是对现有产品进行更新改造,改善已有产品功能,扩大服务范围,包括对现有会议旅游产品结构的调整完善、协调改善等。三是提高服务质量,提升产品品牌价值,打造产品特色,塑造良好的企业形象。总之,旅行社会议旅游产品的开发不能拘泥于一种或某几种形式,应以市场需求为出发点,开阔产品开发的思路,尽量做到产品的多样化,增加产品的吸引力。

(四)注重公共关系的开拓与维护

首先,旅行社在进行会议旅游业务拓展时,既要协调好与饭店、餐饮、交通、娱乐等部门的关系,为旅行社基本的业务服务提供保障,又要加强与政府的联系,积极争取大型会议的接待工作,尤其是国际性大型会议的举办权和政府的支持。同时,旅行社可通过利用自身在食、住、行、游、娱、购等方面强大的供应和促销网络,为国际会议提供翻译、导游、组织和接待等服务的方式,加强与会议公司合作,有效扩大知名度并提高企业竞争力。此外,还要注重与参会者的沟通联系,建立客户档案,加大对客源预测、市场促销的引导和支持力度,做好客户的维系工作。

其次,旅行社可积极申请加入国际专业组织,并利用其在国内外长期的合作伙伴,多渠道搜集会议的相关信息,招徕客户。加入会议业有关的国际协会,成为他们的成员,充分地利用各种机会,了解世界会议旅游市场新趋势和新发展,对融入国际市场,参与竞争并在竞争中与国际接轨具有重要意义。全球最主要的会议协会有国际会议协会、国际专业会议组织者协会、会议策划者国际联盟、国际协会联盟、亚洲太平洋地区会议联合会等。

本章小结

(1)了解会议旅游的定义,结合节事旅游的类型和特点。
(2)会议旅游的构成要素主要有会议旅游者、会议旅游资源、会议旅游产业。
(3)会议旅游的各个阶段:会前准备阶段、会中接待、会后总结。
(4)会议旅游的主要实施过程有推荐会议目的地、选择酒店、餐饮安排、旅游产品设计。

思考与练习

1. 试述会议旅游的构成要素。
2. 试述会议旅游的类型和特点。
3. 会议旅游的主要实施过程有哪些?
4. 查阅资料,试为武汉IT行业策划一次交流研讨会。

骊特(中国)2012三地精英交流研讨会策划案

骊特(中国)房产集团于1997年12月26日在福州市创立,企业采取"骊特式"经营模式拓展市场,目前已在澳门地区建立"骊特(国际)房产集团"并在国内的福州、泉

州、南昌开展房地产交易代理业务。经过12年的成长,骊特已在上述地方前向整合150多家连锁门店为客户提供房地产居间服务,且已进入房地产金融担保行业,提供房地产商业按揭、公积金按揭、房地产抵押贷款等业务。现有员工1500多人,是福建省最大的房地产综合服务提供商。为夯实业务基础,激励员工动力,骊特集团每年都会组织大量的会议旅游活动,以鼓励员工,并达到三地业务经验交流、碰撞的目的。因此,骊特集团将于2012年6月份组织公司部分业务精英赴海南参会,此次会议主要集会议与旅游为一体,开展长达两天三夜的会议旅游行程。

一、活动目的

(一)通过市场分析,总结上半年公司运营成果,明确下半年工作重心。

(二)分享成功经验,复制成功技巧,共同探讨业绩拓展方向。

(三)与同行业比较,进行头脑风暴,指出不足,提出改进方案。

(四)通过表彰及旅游行程,鼓舞员工士气,续写骊特辉煌篇章。

二、会议主题

"亮剑精神,谁与争锋"
——骊特(中国)2012三地精英交流研讨会

三、会议时间

2012年6月16日—6月19日

四、会议地点

海南三亚 大东海榆海海景酒店

五、参加人员

三地高层领导:15人

三地各区域精英经理:20人

三地各区域精英店长:10人

三地各区域精英业务员:35人

工作人员:8人

共计:88人

六、会议内容

(一)骊特(中国)2012三地精英交流研讨会议正式启动

(二)2012,房产经纪的危机OR转机?

(三)骊特(中国)2012上半年度工作开展总览

(四)成功分享:区域的规范化管理

七、旅游内容

(一)三亚—琼海—兴隆

(二)兴隆—陵水—三亚

八、日程及议程

日　期	时　间	内　容	流　程	地　点
6月16日	16:30—17:00	集合	所有人准时于总部集合,搭乘大巴至长乐机场	公司总部
	17:30—18:00	准备出发	清点人数,做好出发前准备	长乐机场
	18:00—20:45	出发	全体人员准备登机并前往海口美兰机场(包晚餐)	美兰机场
	20:45—23:50	转车	乘坐旅行社安排的专车前往三亚大东海榆海海景酒店	大东海榆海海景酒店
6月17日	7:30—8:30	集合就餐	于酒店自助餐厅就餐并于大堂集合,驱车前往旅游目的地	大东海榆海海景酒店
	8:30—18:30	导游带团	随导游一起进行"三亚—琼海—兴隆"一日游,主要项目包括博鳌临时会址景区、博鳌玉带滩、万泉河竹筏漂流、兴隆热带植物园,包午餐、晚餐	三亚—琼海—兴隆
	18:30—19:00	返回	驱车返回酒店	大东海榆海海景酒店
	19:00—19:30	会议签到	全体人员集中于酒店会议厅签到	大东海榆海海景酒店
6月17日	19:30—20:00	开幕启动	骊特(中国)2012三地精英交流研讨会议正式启动——骊特(中国)集团董事长李特	大东海榆海海景酒店
	20:00—20:40	重要讲话	《2012,房产经纪的危机OR转机?》——骊特(中国)集团总经理郭华	大东海榆海海景酒店
	20:40—21:00	茶歇	与会人员可至会议厅走廊进行茶歇,品尝茶点	大东海榆海海景酒店
	21:00—21:30	重要讲话	《骊特(中国)2012上半年度工作开展总览》——骊特(中国)集团业务运营部总监江玉香	大东海榆海海景酒店
	21:30—22:00	成功分享	《区域的规范化管理》——骊特(福州)东江滨区域经理肖国兴	大东海榆海海景酒店
	22:00—22:30	次日计划	主持人对次日集合时间的提醒及重要事项的提醒	大东海榆海海景酒店

续表

日　期	时间	内容	流　程	地　点
6月18日	7:30—8:30	集合就餐	于酒店自助餐厅就餐并于大堂集合,驱车前往旅游目的地	
	8:30—21:30	导游带团	随导游一起进行"兴隆—陵水—三亚"一日游,主要项目包括分界洲岛、亚龙湾中心广场、蝴蝶谷、贝壳馆、大东海,包午餐、晚餐	兴隆—陵水—三亚
6月19日	7:00—8:00	集合就餐	于酒店自助餐厅就餐并于大堂集合	大东海榆海海景酒店
	8:00—10:45	转车	乘坐旅行社专车前往海口美兰机场	海口美兰机场
	11:00—13:30	返回	全体人员准备登机并前往福州长乐机场(包午餐)	福州长乐机场

九、会场布置

（一）签到台1个:布置在会议厅门口

（二）指示牌3个:酒店提供,分别摆放在酒店门口、会议厅门口及餐厅门口

（三）会议厅桌椅摆放:课桌式摆放,演讲台1个、座式麦克风2个、投影仪及屏幕各1个

（四）会议厅背景喷绘:

"亮剑精神,谁与争锋"

——骊特(中国)2012三地精英交流研讨会

十、组织及分工

（一）领导小组

组长:林＊负责本次会议的全面领导及指挥,协调和监督各工作组的工作

副组长:李＊＊负责活动策划,会场布置及会务工作

成员:林＊,李＊＊,邓＊＊,郑＊,王＊＊,谢＊＊,严＊＊,陈＊

（二）分组及工作职责

1. 会务组

组长:李＊＊

成员:严＊＊,陈＊

工作任务:

(1) 负责广告公司的联系,包括背景板喷绘、名片卡设计。

(2) 负责会场的布置、桌椅、背景板、名片卡、演讲台、设备调试。

(3) 策划案的编辑及定稿。

(4) 会议流程的监督,主持人、演讲嘉宾对稿。

2. 旅游组

组长:林＊

成员:谢＊＊,王＊＊

工作任务:

(1) 旅行社的联系,包括交通工具、旅行路线、费用明细。

(2) 酒店的联系,包括用餐标准、住房标准、会场租赁。

(3) 航空公司的接洽,预订往返机票。

3. 后勤组

组长:邓＊＊

成员:郑＊

工作任务:

(1) 统计物料并采买装袋。

(2) 财务出纳,负责各项目的监督及开支。

(3) 活动全程的人员清点。

十一、筹备工作计划

序号	工作内容	完成时间	负责部门	负责人
1	与会者数量及名单确定并打印	6月14日前	后勤组	郑＊
2	会议主持人确定并对稿	6月15日前	会务组	严＊＊
3	会议流程编辑与确定,并送由广告公司打印	6月15日前	会务组	严＊＊
4	酒店指示牌的确定	6月16日前	会务组	陈＊
5	演讲嘉宾名片卡编辑并打印	6月16日前	会务组	陈＊
6	会议厅背景板喷绘确定	6月17日前	会务组	严＊＊
7	会议流程发放至与会者手里	6月16日前	会务组	严＊＊
8	会议厅桌椅摆放	6月17日晚	会务组	陈＊
9	名片卡及指示牌摆放	6月17日晚	会务组	陈＊
10	会议现场各设备试行	6月17日晚	会务组	李＊＊
11	往返机票提前预订,往返时间确定	6月14日前	旅游组	林＊
12	酒店选定	6月15日前	旅游组	谢＊＊
13	酒店用餐人数及用餐标准确定	6月14日前	旅游组	林＊
14	酒店房间数及客房标准确定	6月14日前	旅游组	谢＊＊
15	出行用车数量确定	6月15日前	旅游组	林＊
16	同旅行社确定旅游路线	6月16日前	旅游组	王＊＊
17	出发前物料清点	6月16日前	后勤组	邓＊＊

十二、费用预算

(1) 旅行社费用:70400元(包食、宿、交通)。

(2) 会场布置费用:5000元。

(3) 会场租赁费用:5000元(小型会议厅)。

(4) 往返机票费用:151360元。

(5) 不可预计费用:7736元。

(6) 共计:239496元。

十三、注意事项

(1) 各组工作人员必须严格按筹备工作计划的进度要求推进工作。

(2) 组长负责监督各工作组工作按时完成。

(3) 会议期间公司人员必须统一着装,佩戴齐全。

(4) 会议期间工作人员需提前到场,不得迟到、早退和无故缺席。

问题:

1. 策划案中主要包含了哪些要素?

2. 会议与旅游的行程安排是否合理?如果是你,你将如何安排此次会议与旅游的行程?

第四章

展览旅游

学习引导

世博会起源于中世纪欧洲商人定期举办的市集，这种类型的市集起初只涉及经济贸易。到了19世纪，商界在欧洲的地位得到了极大的提升，市集的规模也渐渐扩大，商品交易的种类和参与的人员越来越多，影响范围越来越大。到19世纪20年代，这种大型市集便成为博览会。

在古代农耕社会，人们往往只在庆贺丰收、宗教仪式、欢度喜庆的节日里展开交易活动，后来逐渐发展成为定期的、有固定场所的、以物品交换为目的的大型贸易及展示的集会，这就是世博会的最早形式。公元5世纪，波斯举办了第一个超越了集市功能的展览会。

18世纪，随着新技术和新产品的不断出现，人们逐渐开始尝试举办与集市相似，但是只展不卖，并以宣传、展出新产品和成果为目的的展览会。1791年捷克在首都布拉格首次举办了这样的展览会。随着科学技术的进步，社会生产力的发展，展览会的规模也逐步扩大，参展的地域范围从一地扩大到全国，由国内延伸到国外，直至发展成为由许多国家参与的世界性博览会。

最早的现代博览会是在英国举办的，1851年万国工业博览会成为第一届世界博览会。博览会在英国首都伦敦的海德公园举行，主要内容是世界文化与工业科技，其定名中的"Great"在英文有"伟大的、很棒的、壮观的"意思。二战后，世界人民在满目疮痍的废墟上重建家园，并在恢复生产、复苏经济的基础上，于1958年在比利时首都布鲁塞尔举行了战后第一届世界博览会，主题为"科学、文明和人性"。为了体现科学的这个主题思想，布鲁塞尔世博会建造了一座原子能结构的球型展馆，代表着人类进入了科技进步的新世纪的象征，虽然时隔半个多世纪之久，但它独特新颖的造型，仍然屹立至今，成为1958年布鲁塞尔世博会的见证。

学习目标

通过本章学习,重点掌握以下知识要点:

1. 展览和展览旅游的概念;
2. 展览旅游的类型、特点和构成要素;
3. 了解国内外展览旅游的现状、运作模式和发展趋势。

第一节 展览旅游概述

一、展览与展览旅游

展览是最为有效的营销中介之一。展览举办方会利用各种手段在展览前进行大肆宣传,增加展览活动的社会知晓度,这就从一定程度上为参展商做了良好的宣传。另外,展会期间,面对面地展示新产品、新技术、新理念,促成大范围、高效率的沟通与合作,能实现供需双方市场选择的低成本和高效率。

展览与旅游的契合是源于展览期间,接踵而至的人群为展览举办地的旅游接着带来了巨大的商机。一般而言,季节性问题是旅游目的地国家和地区的旅游经营和管理者们一直非常头疼的问题。既然展览所带来的人群能为旅游业所用,何不在旅游淡季的时候通过举办展览活动提高旅游资源和接待设施的利用率呢?从展览旅游发展的实践来看,在旅游淡季举办展览项目和大型活动能较好地解决这一问题,甚至还能延长旅游旺季或者形成一个新的"旅游季"。展览旅游能集中和直观地体现出人们的创造性劳动成果,这些创造性的劳动成果一经现代通信手段与媒介的传播和宣传,便在社会上形成浩大的声势和广泛的影响,使新知识、新观念传播开来,进而开拓人们的视野、促进思想观念的转变、促进各国人民间的经济文化交流,使举办地的文明程度得以提高。

(一)展览的概念

1. 展览的由来

展览,著作权术语,指公开陈列美术作品、摄影作品的原件或者复制件。展览会既是信息、通信和娱乐的综合,也是唯一在面对面沟通中充分挖掘五官感觉的营销媒介。20世纪尽管出现高速的电子通信方式,展览会作为临时的市场,仍然是最专业、最有效的销售工具。一般而言,展览是随着社会的经济、政治、文化的进步而产生发展的,是围绕着人们物质和精神两个方面的需要而存在和发展完善的。展览是一种既有市场性又有展示性的经济交换形式。

关于展览的起源尚在探讨和研究,尚无统一、肯定的看法。大致有"市集演变"说、"巫术礼仪与祭祀"说、"物物交换"说等。

(1)"市集演变"说认为,贸易性的展览无论在中国还是外国,都由市集演变而来。欧洲是由城邦的传统市集发展演变而成,这一演变发生在15世纪,莱比锡市集演变为莱比锡样品市集(莱比锡博览会)是贸易性展览起源的代表。

(2)"巫术礼仪与祭祀"说认为,展览作为一种艺术形式,来源于原始人的万物有灵观念,原始人对自然神和祖宗神的崇拜祭祀活动,是展览艺术的雏形和起源。

(3)"物物交换"说认为,展览的起源可以追溯到原始社会产生物物交换的初期,在物与物进行相互交换的初级方式中开始存在"摆"和"看"形式,并逐步从物物交换扩大到精神和文化的领域。

展览的出现和发展主要是随着社会生产力的发展而发展的。例如,原始社会,生产力极其落后,展览只能是原始形态的展示,表现在宣传性展览上,只是些很粗糙的岩画、文身、图腾崇拜等,是展览的萌芽时期。

在封建社会,随着生产力的发展,由于展示手段开始丰富,展示规模不断扩大(如庙会、祭祀展览等),表现在贸易性展览上主要是"地摊式"的物物交换和简单的叫卖;在宣传性展览上,有大型洞窟绘画、华丽的壁画、武器陈列、绣像陈列(如麒麟阁功臣像、凌烟阁功臣图等),宗庙和祭祀展览也更为丰富和隆重,次数也更为频繁。到了贸易展览阶段,就出现了"列肆十里"的街市和庆会,尤其是庙会和集市,不仅定期举行,还伴有文艺表演(如歌舞、杂耍、戏剧等)。随着货币的发展和流通,这种贸易展览也由物物交换上升到货币结算,使展览起了质的变化,因此出现了"敬天神、颂祖宗"的祭祀展览,展览便走向壮大时期,展品较为丰富,有牲畜、酒食等;展具较为考究,有陶器、铁器,甚至还有铭文;展出时还有钟鼓音乐、歌舞等渲染,成为综合性的展示艺术活动。

到了资本主义社会,由于生产力发展的需要出现了大型甚至是世界性的博览会。其规模和形式空前壮大,还出现各种不同类型的博物馆、陈列馆。随着科技的发展,展览在形式上、内容上都有了重大的突破,例如融声、光、电于一体的综合表现手法,甚至出现列车展览、汽车展览、轮船展览、飞机展览(把展品装在某一大型运输工具上,到处流动,供人参观),还有仅仅是放映录像或张贴图表,甚至采用电传交流的贸易展览等。

在现代,它仍在很多方面发挥作用,包括宏观方面的经济、社会作用和微观方面的企业市场营销作用。展览是经济交换(流通)的一种形式,展览曾是人类经济交换的主渠道,现在仍是重要渠道之一,展览会介入中国经济活动,在流通和信息领域充当重要角色,现已成为重要的商品市场、技术市场、信息市场和资金引进市场。

2. 展览的内涵

在中文里,展览的名称有博览会、展览会、展览、展销会、博览展销会、看样订货会、展览交流会、交易会、贸易洽谈会、展示会、展评会、样品陈列、庙会、集市、墟、场等等。另外,还有一些展览使用非专业名词。

展览的名称虽然繁多,但其基本词是有限的,比如英文里的 fair、exhibition、exposition、show,中文里的集市、庙会、展览会、博览会。其他名称都是这些基本词派生出来。下面说明一下展览基本词的含义。

(1) 展览会。

展览会是指由单位和组织指导、主办,另一些单位和组织承担整个展览期间的运行,通过宣传或广告的形式邀请或提供给特定人群和广大市民来参观欣赏交流的一次聚会,比较常见的有画展、车展、房展等。

展览会,从字面上理解,展览会也就是陈列、观看的聚会。展览会是在集市、庙会形式上发展起来的层次更高的展览形式。在内容上,展览会不再局限于集市的贸易或庙会的贸易和娱乐,而扩大到科学技术、文化艺术等人类活动的各个领域。在形式上,展览会具有正规的展览场地、现代的管理组织等特点。在现代展览业中,展览会是使用最多、含义最广的展览名称,从广义上讲,它可以包括所有形式的展览会;从狭义上讲,展览会特指贸易和宣传性质的展览,包括交易会、贸易洽谈会、展销会、看样订货会、成就展览等。展览会的内容一般限一个或几个相邻的行业,主要目的是宣传、进出口、批发等。

(2) 集市。

在固定的地点,定期或临时集中做买卖的市场。集市是由农民(包括渔民、牧民等)以及其他小生产者为交换产品而自然形成的市场。集市有多种称法,比如集、墟、场等。在中国北方,一般称作"集";在两广、福建等地称作"墟";在川、黔等地称作"场";在云南称作"街子"。还有其他一些地方性的称谓,一般统称作"集市"。集市可以认为是展览的传统形式,在中国,集市在周朝就有记载,目前在中国农村集市仍然普遍存在。集市是农村商品交换的主要方式之一,在农村经济生活中起着重要的作用。在集市上买卖的主要商品是农副产品、土特产、日用品等。

(3) 庙会。

在寺庙或祭祀场所内或附近做买卖的场所,所以称作庙会,常常在祭祀日或规定的时间举办。庙会也是传统的展览形式,因为村落不大可能有较大规模的寺庙,所以庙会主要出现在城镇。在中国,庙会在唐代已经很流行。

庙会的内容比集市更丰富,除商品交流外,还有宗教、文化、娱乐活动。庙会也称作庙市、香会,广义的庙会还包括灯会、灯市、花会等。目前,庙会在中国仍然普遍存在,是城镇物资交流、文化娱乐的场所,也是促进地方旅游及经济发展的一种方式。

(4) 博览会。

中文的博览会是指规模庞大、内容广泛、展出者和参观者众多的展览会。一般认为博览会是高档次的,对社会、文化以及经济的发展能产生积极影响的展览会。

(二) 展览的功能

展览具有强大的经济功能,包括联系和交易功能、整合营销功能、调节供需功能、技术扩散功能、产业联动功能、促进经济一体化功能等。

1. 联系和交易功能

展览孕育巨大商机,具有联系和交易功能。展览的联系沟通作用非常明显:联系量大、联系面广、联系效果好,因此展览可以向展览组织者、参展商、观众提供彼此联系和交流的机会。通常在短短几天有限的展会期间,参展商往往可以接触整个行业或市场的大部分客户,可能比登门拜访等其他常规方式一年甚至几年所接触的客户还多。展会参加者在专业展会上可以接触到行业主管部门领导、本领域专家、现有客户、潜在客户、供应者、代理商、用户等与己相关的各种角色的人,其中不乏决策人物、关键人物,形成的人际联系质量高。展览的环境氛围典雅,有利于进行高质量的交流。

贸易成交一般有若干环节:生产厂家向客户宣传产品,客户产生兴趣并进行询问了解,客户产生购买意向,厂家与客户洽谈,讨价还价成交。通常这个过程可能比较长,但在展览会上,这一过程可以比较迅速地完成。在展览会中,丰富的信息、知识交流传播使得生产、贸易、生活趋于更轻松、直接、快捷、准确,消除了供求中的许多不确定因素,产生高效低耗的经济功能,创造了经济均衡的巨大可能性。在展览会上,参展商为卖而参展,参观者为买而参观,均有备而来。参展商可以在有限的时间内最广泛地接触买主,观众购买商可以在有限的空间里最广泛地了解产品,参展商可以于潜在客户表示出兴趣时就抓住机会开展推销、洽谈工作,直至成交甚至当场回款,买卖双方可以完成介绍产品、了解产品、交流信息、建立联系、签约成交等买卖流通的过程,展会起到沟通和交易的作用。

国际展览会与博览会是经济全球化的产物,大大促进国际交流与交易。在中世纪时代,作为展览会前身的贸易集市就定期或不定期地在人口集中、商业较为发达的欧洲城市举行。到15世纪末16世纪初,世界各大洲的经济文化交流密切起来,形成连接大西洋、太平洋、印度洋的国际市场,国际展览业形成萌芽。

17世纪英国工业革命和后来的比利时、德国、法国、美国的产业革命,推动世界科技迅猛发展,特别是通信和运输工具的使用,在伦敦、法兰克福、巴黎等城市,贸易集市发展成为较大规模的国际展览会或博览会。1851年,在伦敦首次举行了世界博览会,标志着旧贸易集市向标准的国际展览会与博览会过渡。1895年,莱比锡第一届国际样品博览会,满足了当时资本主义生产方式和市场交易的需要。

国际展览业的形成对经济全球化产生了强大的推动力。19世纪末至第一次世界大战前,展览会与博览会成为发达国家争夺世界市场的场所,为世界经济复苏注入勃勃生机。第二次世界大战结束不久,一批因战争停办的展览会和博览会重焕生机,例如,世界著名的米兰博览会、莱比锡博览会、巴黎博览会,后被誉为连接各国贸易的"三大桥梁"。值得一提的是,莱比锡博览会在"冷战"时期为沟通东西方贸易起到了重要作用:"冷战"时期民主德国每年与西方国家达成的贸易额中,有三分之一是在莱比锡博览会上达成的。此外,东欧一些国家特邀西方国家商人到莱比锡博览会洽谈业务,签订合同,因此,莱比锡博览会被誉为"通往东欧国际贸易市场的门槛"。

通过商品或科技成果的展览会,供需双方可以充分了解对方的需求和信息,再加上可以通过实物观看,能够迅速促成供需双方达成商务合同,因此展览市场孕育了无限的商机。在新加坡举行的"2004年亚洲航空展",仅是公布的部分交易额就达到了35.2亿美元。

2. 整合营销功能

展览作为企业之间的一个有效的营销平台,为企业展示产品、搜集信息、洽谈贸易、交流技术、拓展市场起到了桥梁和纽带作用,展览在企业市场营销战略中的地位日显重要。在发达国家,会展营销已经成为很多企业的重要营销手段。

同时,会展经济也是一种竞争的经济,众多的供给者和需求者聚集在一起,供给信息和需求信息直接交流,信息被充分披露,是一个近似于完全竞争的市场,市场价值规律可以发挥最大的作用,产品的销售价格趋近生产成本,消费者可以购买到物美价廉的产品。

整合营销理论认为,在营销可控因素中,价格、渠道等营销变数可以被竞争者仿效或超越,而产品和品牌的价值难以替代,因它们与消费者的认可程度有关。整合营销的关键在于进行双向沟通,建立一对一的、长久的关系营销,提高顾客对品牌的忠诚度。展览具有整合营销功能,可以利用多维营销的组合手段,如展览会的报刊、电视、广播、网络、户外广告、实地展示、洽谈沟通等各种营销方式,这种整合营销功能有利于企业与顾客的交流,增强消费者对企业产品与品牌的认同度,促进企业销售工作。

在展览会上,生产商、批发商和分销商汇聚一堂,进行交流、贸易,某种程度上甚至就是一个信息市场。企业可以利用各种信息渠道宣传自己的产品,推介自己的品牌、形象。企业与顾客可以直接沟通,得到及时反馈。企业可以搜集有关竞争者、新老顾客的信息,企业能了解本行业最新产品动态和行业发展趋势,构成决策依据。

展览具备了其他营销工具的相关属性:作为广告工具,会展媒介将信息针对性地传送给特定用户观众;作为促销工具,展览会刺激公众的消费和购买欲望;作为直销的一种形式,可以直接将展品销给观众;作为公共关系,展览具有提升形象的功能。

展览营销成本低。据英联邦展览业联合会调查,通过推销员推销、广告、公关等手段的一般营销渠道找到一个客户,平均成本219英镑;通过展览会寻找一个客户,平均成本35英镑,仅为前者的1/6。

3. 调节供需功能

展览会可以视为信息市场,信息得以交换,企业参展产品的信息实为市场信息,是市场经济的重要资源。

信息市场是经济运行循环过程的轴心,展览会信息市场反映信息交换中供求之间的各种经济关系,它连接市场信息供应方、市场信息用户、市场信息资源应用等重要生产力要素,促进各类市场资源得以优化配置,有效地刺激需求,调节供给。展览会提供新产品示范的平台,通过参展的产品或科技成果的展示,广大消费者可以发现以前未曾有过的消费品和相关信息,可以促进消费结构的优化和重组,提高自己的消费水平。因此,展览可以培养新的消费需求,更好地满足消费者的需要。展览活动能为产品供给者提供展示产品性能的机会,比较不同产品的性能、价格等方面的差异,测算市场供给方面的竞争态势,为企业的市场供给决策提供依据,从而促进有效供给增长。

展览活动能增加不同地域、不同文化背景、不同传统习俗的人们之间的互相交流与了解,消除沟通障碍,扩大共识,为产品的跨区域、跨文化、跨民族、跨环节的流通创造条件,有利于供给实现和供给创造。

(三)中国展览会的发展历程

中国作为四大文明古国之一,展览会也有较长的发展历史。中国展览会的历史可以追溯到两千多年前的古代集市。

中国古代集市起源于宗教性的集会。早在西周(公元前1046—公元前771)即有陕西岐山凤雏村的宗庙会,一年一次,会期3天。

元代(1206—1368)时,元大都(今北京)的集市多达30多个,今北京钟鼓楼一带是元大都繁荣的集市所在地。

明代(1368—1644)时,北京集市依然繁荣。城隍庙、隆福寺、护国寺、白云观等地是定时庙会场所。明代还有与北方游牧民族进行交易的由国家控制的马市,即茶马市。

清代(1616—1911)时,北京的白塔寺、隆福寺和护国寺是著名的三大庙会所在地。清代在传统集市的基础上,又逐步发展了具有全国规模的一些专业集市,如无锡、芜湖的米市,最典型的是河北安国的药市,春季、秋季两次。作为专业的药材集市,安国药会已初步具备近代专业博览会的形式和内容。

清代后期,随着资本主义商品经济的发展,中国早期的博览会出现了。

1905年,清工商部在北京前门设"京师劝工陈列所",展示各地工业品,同时附设劝业商场销售商品,这是中国博览会的雏形。

1909年,江苏教育总会在沪召开全省学堂成绩展览会,这是我国首次以展览会命名的展览。

1910年,清政府在南京举办南洋劝业会,掀开了中国近代展览史的第一页。南洋劝业会是中国历史上具现代展览概念的第一个商业博览会。大会分设各省、纺织、茶叶、工艺、武备等展馆,会期3个月,观众达20多万人。

1912年,北京政府改清政府在前门设的"京师劝工陈列所"为商品陈列所,以后又改为劝业场,使得这一中国最早的展馆逐步变成商场。

1921年,上海总商会商品陈列馆建立,每年6、7月征集展品,每年秋季举办一次展览会。

1922年,上海总商会在上海首次举办了中国蚕茧丝绸博览会。

1925年,举办了武汉展览会。

1928年,举办了四川国货展览会。

1929年,举办了西湖博览会。西湖博览会是我国历史上规模空前的展览盛会(2000年起,西湖博览会继续在杭州举办,每年一届)。

1935年,举办了西南各省物品展览会。

1936年,举办了浙赣特产联合展览会。

1944年,东北伪满洲政府举办了哈尔滨博览会。

新中国成立至20世纪80年代初期,中国的展览会主要是由政府承办。80年代后期,中国的展览业逐步发展,特别是经过近20年的迅猛发展,展览已成为国民经济中重要的新兴产业。

随着现代科技尤其是信息技术的发展,展览会的组织手段和表现形式都在不断地发生变化。例如,近几年网上展览会取得了长足的发展,并已经成为实物展览会的有效补充,在2003年"非典"期间更是受到了众多参展商和贸易人士的青睐。

二、展览旅游的概念、特点与类型

(一)展览旅游的概念与特点

展览旅游是借助举办各种展览活动吸引人们前往举办地参展和旅游的一种商务旅游形式,有广义和狭义之分。从广义来说,展览旅游是以展览为目的的旅游,包括会议旅游和展览旅游等各种出于工作需要的旅游。从狭义来说,展览旅游是指为展览活动的举办提供展会场馆之外的、而且与旅游业相关的服务,并从中获取一定收益的经济活动。

国内外许多学者对展览旅游也做出了各种界定,但仍未有统一的内涵。如以研究事件旅游而闻名的学者盖茨认为,展览会、博览会、会议等商贸及会展事件是会展业的最主要的组成部分,即展览为主的旅游形式。展览旅游是指借助举办的各种类型展览会活动,吸引游客前来洽谈贸易、观光旅游,进行技术合作、信息沟通和文化交流,并带动交通、旅游、商贸等多项相关产业发展的一种旅游活动。

尽管会展业和旅游业是两个独立的产业部门,但是会展与旅游的相互介入是经济活动发展普遍联系的外在表征。会展业和旅游业同属于第三产业,具有较强的产业关联性,举办会展不仅使当地的展览馆、酒店、餐饮服务业受益,而且对与此相关的电信、交通、购物、旅游服务以及城市建设,都有积极的促进作用。会展业是旅游业的多元化战略之一,而会展业则可以利用旅游业提供的各种服务和资源发展壮大,二者紧密相连、相辅相成、互为补充。

从调查数据看,中国展览旅游业现状具有以下几个特点:展览旅游项目持续增长,数量扩张明显;展馆建设方兴未艾,成为城市必要设施;展览主办方多元发展,政府主导色彩浓烈;展览旅游地区集中程度高,经济发达地区领先;展览旅游直接收入增长缓慢,社会经济效益驱动。

1. 展览旅游项目持续增长,数量扩张明显

中国展览旅游业可谓"起步晚,发展快",这可以从近五年来展览旅游项目数增长情况得到验证。我国1997年的展览旅游项目数首次突破1000个,到2001年突破2000个,2002年就超过3000个,2014年约为7600个。就展览旅游项目的国际比较而言,我国已居亚洲第一,世界第二,项目数仅比美国少一些,成为"展览旅游大国"。但是,我国的展览旅游项目绝大多数是中小项目,规模大的项目和品牌项目屈指可数,尽管这些展览旅游的总展出面积也是一个巨大的数字。就展览旅游收入而言,我国是一个展览旅游大国,但还不是一个展览旅游强国。

2. 展馆建设方兴未艾,成为城市必要设施

近年来在发展城市会展经济热潮带动下,各地大建展览场馆的势头一浪高过一浪。前几年建设展馆多从发展会展经济着眼,现在许多城市已不完全为了发展会展经济,而是从城市举办各种会展活动的公益角度考虑,把展览场馆作为城市的必要基础设施,纷纷规划建设展览场馆,例如包括西藏拉萨也在积极争取建设一个会展中心。目前,我国的展览场馆数量在全世界可排在第三位,仅比美国和英国少一些。展览场馆的总面积也在全世界中居前列,但出租率比展览旅游发达国家却要低得多。

3. 展览旅游主办方多元发展,政府主导色彩浓烈

在我国,展览旅游活动多年来一直是政府促进贸易、投资、技术、文化交流等事业发展的重要促进手段与载体。加上我国经济体制带有很强的政府主导性特征,因此,我国的展览旅游活动大量由政府或半官方机构主导,这也是有别于全世界其他展览大国的一个显著特色。就展览旅游主办机构而言,尽管目前参与者众多,多元化特征明显,但大体上有五大办展主体,即政府(包括政府及部门、政府临时机构、贸促会等半官方贸易促进机构)、商协会、国有企事业单位、民营企业、外资企业。从法律意义上来看,在我国,主办机构是办展的主体和主要民事责任单位,但我国的展览旅游活动大部分另有承办单位。从承办单位来看,企业承办的比重正呈越来越大的趋势。我国的政府主导型展会项目数世界第一。许多大型活动特别是中央和省级以上政府机构或全国性商协会主办的展览,其主办方往往由数个不同机构共同组成,承办者往往是主办单位的下级政府机构。

目前,我国对展览旅游主办企业并没有特别规定任何进入"门槛",近年来各地新注册的与组织展览旅游相关的企业数以万计,尽管其中大部分都有主办展览的资格,但是,目前真正能独立主办或与其他机构联名主办的民营企业还是凤毛麟角。

4. 展览旅游地区集中程度高,经济发达地区领先

目前全国除西藏外,各省市都有了自己的展馆,或多或少都有在本地举办的展览活动,并且,越来越多的省份提出要大力发展展览旅游业。但是,中国的展览旅游业实际上主要集

中在少数几个省市,而且集中程度相当高。就城市而言,公认的三大展览旅游城市是北京、上海、广州,三者可进入世界展览中心城市百强;从地域情况来看,广东、北京、上海、浙江、江苏位居前五位。这也反映了我国展览旅游业主要集中在制造业和经济发达省份和地区的现状特点。

5. 展览旅游直接收入增长缓慢,社会经济效益驱动

相对于展览旅游项目数而言,我国的展览旅游直接收入比很多国家都少得多,展览旅游经济总量比不上美国、德国、日本、英国、法国、澳大利亚等国家。展览旅游收入占GDP比重在发达国家一般在0.1%～0.2%之间,而我国目前这一比重还不足0.08%。这说明我国展览旅游的产业化和市场化程度还很低,就展览旅游收入而言,我国还算不上是一个展览旅游大国。

从展览旅游业的社会经济效益来看,比之美国、德国等展览旅游大国,我国展览旅游业所发挥的作用尤为显著。我国展会对观众的组织水平较高,观众观展的积极性也很高。尽管专业观众所占比重仍然偏低,展览旅游的直接效果比展览旅游发达国家要差一些,但展览旅游已是我国企业推介产品、结识客户、达成交易的一个非常重要的载体。此外参展企业数、观众总数居世界第二,展览会参加者范围广泛,加之中国政府主导型展会往往伴以主流媒体的强势宣传,展会具有明显的启迪大众、增长知识的宣传教育作用,从而展会能产生很好的社会效益。

(二) 展览旅游的分类

1. 按展览旅游项目的性质分类

按展览旅游项目的性质可以分为贸易类展览旅游项目和消费类展览旅游项目。

贸易类展览旅游项目是指为产业及制造业、商业等行业举办的展览旅游活动,参展商和参观者主体都是商人,参展商可以是行业内的制造商、贸易商、批发商、经销商、代理商等相关单位,参观者主要是经过筛选邀请来的采购商,一般观众被排除在外,展览旅游的最终目的是达成交易。

消费类展览旅游项目是指为社会大众举办的展览旅游活动,这类会展项目多具有地方性质,展出内容以消费品为主,通过大众媒介如电视、电台、报刊、网络等吸引观众。观众主要是消费者,消费者需要购买门票入场,这类项目非常重视观众的数量。

区分展览旅游项目是贸易性质还是消费性质,主要区分标准是观众的组成,即观众是贸易商还是一般消费者,而不是以展品是工业品还是消费品来区分。

2. 按会展项目内容分类

按会展项目内容可以分为综合类展览旅游项目和专业类展览旅游项目。

综合展览旅游是指参加包括全行业或数个行业的展览会,也被称作横向性展览会的旅游项目,如重工业展、轻工业展。

专业展览旅游是指以参加展示某一行业甚至某一项产品的展览会组织的旅游活动,如钟表展。

三、我国著名展览馆一览

1. 北京展览馆

北京展览馆建立于1954年,是毛泽东主席亲笔题字、周恩来总理主持剪彩的北京第一座大型、综合展览馆。该展馆位于北京西直门繁华的商业区,西邻动物园交通枢纽,东侧为西直门地铁站、城铁总站和北京火车站北站,北靠中关村科技园区,南临金融街与各大部委,地理位置十分优越。全馆占地约20万平方米,内设展览大厅、剧场、莫斯科餐厅、首都广告艺术公司和莫斯科餐厅食品厂等。北京展览馆致力于展览业务的专业化发展,建馆以来,接待了国内外大型展览千余个,来馆参观人数上亿人次,展览内容涉及国际经济、贸易、科技、文化及政治、军事各个领域。北京展览馆具备"举办境内对外经济技术展览会主办单位资格",2000年,北京展览馆完成了场馆改造与设备升级,达到了接待国际性、现代化专业展览的硬件标准;2002年,通过ISO9000国际质量标准体系认证;2003年与德国美沙展览集团合资成立美沙北展展览公司,专业从事国际性展览的组织与实施。目前,北京展览馆已发展成为以展览、会议业务为核心,餐饮、娱乐、旅游、酒店多元化发展的综合性、现代化会展中心。

2. 上海展览中心

上海展览中心(集团)有限公司主建筑建成于1955年3月,是新中国成立后上海建成最早的会展设施。40多年来,在这里举行过许多重大政治、外事活动,接待过数十位外国国家元首、政府首脑,组织和举办了数百个国内外展览会。现已成为全市主要的会议中心和著名的展览场馆,是对外交流的窗口之一。

上海展览中心坐落在繁华的静安区中心地段,北倚南京西路,南临延安中路和延安路高架,鸟瞰上海展览中心犹如一架展翅翱翔的飞机。上海展览中心占地9.3万平方米,建筑面积8万平方米,有42个多功能展厅,100多间会议用房,总面积达1万平方米。院内有一条环形道路将6片总面积达15000平方米的广场、15000平方米的花园绿地、1000多平方米的大型灯光音乐喷泉和7幢建筑串联在一起,浑然一体。大院南北有9扇大门分别通向延安中路和南京西路,四通八达,十分便捷。为各方宾客营造了一个舒适、优美的活动环境。

2001年,上海展览中心主建筑进行了全面的改建,如图4-1所示。改建之后,建筑风貌更迷人、环境更优美、展厅面积更大、功能更完善、设备设施更安全可靠。上海展览中心南部以序馆、中央大厅、东一馆、西一馆和西二馆组成展览区,北部以友谊会堂和改建后的东二馆组成会议区,两个区域相互独立又相互联系,形成南展北会、能分能合的功能格局。

3. 墨干山美术馆

墨干山美术馆(见图4-2)位于上海市文化产业积聚中心的莫干山路97号,著名的M50文化园就在其旁边50米左右,周边共有各类艺术画廊300余家,地处上海市中心的苏州河畔,步行到上海火车站仅需15分钟。墨干山美术馆是一家综合性美术馆,不仅从事包括艺术品销售和展览,艺术品、艺术家的甄选、定位、包装,推广及风格树立、强化、组合、营销,甚至学术研究、学术水平提高、艺术品精髓提炼、艺术家精神境界深化等,扮演着通过艺术品表达艺术家思想和社会大众沟通交流的角色,致力于提高普通大众的文化艺术欣赏水平。

该馆面积为450平方米,可展览画作110幅。本馆一楼层高4.8米,展览轨道离地2.8米。全部采用自动画轨无限定点专业画展轨道,并拥有100盏360度旋转、180度水平调节

图 4-1 上海展览中心

图 4-2 墨干山美术馆

的专业冷光 LED 射灯。馆内有高 90 厘米、长宽各 35 厘米的展台 40 个,可展览各类高档收藏品。该馆外正立面有长 3.07 米,高 1.7 米,5 平方米的彩色 LED 高清显示屏,可播放各类电视、电影版本的艺术家宣传短片。

4. 全国农业展览馆

全国农业展览馆(见图 4-3)作为首都十大建筑之一,其地理位置、规模、布局和风格均由周恩来总理亲自审定,1959 年正式落成后,举办了新中国成立后第一个全国性的大型展览——建国十周年全国农业成就展览,开创了北京近 60 年的展览历史。从此,全国农业展览馆名震全国,令世人瞩目。

图 4-3 全国农业展览馆

全国农业展览馆位于北京市东三环北路农展桥东侧,地理位置优越,有京都"龙眼"宝地之说,可谓"风水好、有灵气";交通十分便利,四通八达,没有其他展览场馆普遍存在的"交通管制"问题。从馆区开车到北京国际机场,只需 20 分钟。展览馆地处首都繁华的国际商贸区,与外交使馆一路之隔。展览馆周围 2 公里内坐落长城饭店、昆仑饭店和燕莎友谊商城等星级饭店、商务写字楼和健身中心就达 200 多家,是北京经济增长最快的地带,食宿十分方便。独特的社区环境和良好社会声誉,使在全国农业展览馆举办的各种展览经常是中外客商聚集,热闹非凡,效益极为显著。例如,20 世纪 80 年代举办过的全国服装展览会,每天接待观众达10万人,其观众流量创历史最高纪录。

建馆以来,由该馆牵头的自成体系的展览协会有2000多个会员,遍布全国31个省、市、自治区和香港特别行政区,构建了全国最大的展览网络。全国农业展览馆积极发展与世界展览界的交流和合作,先后筹办和组织了近200个出国展览,足迹遍及80多个国家和地区。该馆与意大利维罗纳博览会、德国绿色周食品博览会等建立友好合作关系,与国际上其他著名展览中心、展览公司也建立了广泛的联系,对促进中国与世界各国在农业、工业、科教、商贸、文化以及其他行业之间的交流发挥了重要的作用。

四、参观展览的技巧

根据展会调查中心统计,39%的参观者在展览会上逗留不足8小时,能否在这么短的时间内获取尽量多的有效信息,决定了参观展览会的效果。以下一些技巧能够帮助参观者有效地参观展览会:

(1) 弄清楚参观的目的。

(2) 列出准备参观的厂商清单,将其分成两个部分:一部分是"必须参观"的,另一部分是"要参观"的。

(3) 明确你需要从参展商那里了解的信息,区别各个参展商的不同之处,然后准备好提问的问题。

(4) 设计一个产品/服务信息收集表,以便准确地比较不同参展商之间的异同。

(5) 预约想要约见的参展商。

(6) 尽快取得参展商的分布图,设定参观路线。

(7) 携带足够的名片,省去填表的麻烦。

(8) 直接告诉参展商你的行程紧张,希望可以单刀直入正题。

(9) 寻找建立商业网络的机会。

(10) 避开太拥挤的摊位,但应在展会结束前,参观人数不多的时候再折回拜访。

(11) 带上笔和便条随时记下重要的信息,甚至可以用录音笔等录音设备作记录。

(12) 每一站都做好行程记录,每晚总结一下。

(13) 想办法取得参展商不想回答之问题的答案。

(14) 避免与不相关的厂商进行洽谈。

(15) 对收集的资料进行整理、归类。

(16) 跟进在展会上要求邮寄的印刷品和样品。

以上这些参观展会的准备和计划虽然简单,却是事实证明行之有效、事半功倍的办法。只要注意到这些细节问题,便可达到事半功倍的效果。

第二节 展览旅游的构成要素

展览旅游由于参加展览规格高,参加展览人员均是有较强消费能力的商务客人、较高文化素质客人,其消费档次、规模均比普通旅游者要高得多。一个大型或知名展会的举行,对本地旅游业中的酒店、旅行社、景区、旅游交通、购物均会产生较大的促进作用。同时,对于一般旅游团队或旅游者来说,若在旅游过程中恰逢举办展览,由于展览所带来的强烈的气氛,会使其旅游情趣大增。

展览旅游还具有时段不受气候和季节影响的特征,从而消除了观光旅游时段性明显的缺点。展览旅游活动大多数安排在城市的旅游淡季,展览旅游的发展有利于提高城市旅游设施和服务的使用率,展览旅游为城市提供了一次旅游资源、旅游产品展示的良机,有利于带动城市功能的提升、增加城市的知名度,这些都为展览旅游业的进一步发展提动了有利的环境。

无论是从展览旅游业的发展历史沿革,还是从展览旅游的具体活动内容来看,旅游业所涉及的六大要素都与展览的举办形影相随。展览旅游的构成要素及圆满完成所需的服务正是旅游业在发展过程中积累的优势。在展览旅游的发展过程中,旅游业为展览的举办提供相应服务,协助展览会树立品牌,成为展览旅游集约型发展趋向中关键的因素。展览会的成功举办除了参会者的规模或专业性等因素之外,一定程度上还有赖于旅游业的参与程度。开展分工协作建立完善的利益共享机制是实现会展业接待专业化分工的前提。如果旅游企业与会展公司进行专业化分工,会展公司负责展会的招募、宣传、布展和会场内的组织管理工作,旅游企业则向参展商或参观者提供场外的服务,各司其职、各取所长,通过专业化的服务令参展商、参观者和当地居民均感便利而满意,从而吸引更多的参与者和获得更多的、持久的支持,从而树立展览会的品牌,使展览会的带动作用得以充分发挥,最终形成以会展带动旅游、以旅游完善会展的互利互惠的发展新局面。

一、展览旅游的主体

从展览的主办者来说,虽然他们举办的是一次展览会,而不是展览旅游,但是客观上他们却为人们提供了一个进行展览旅游的实质性内容。从参加展览的展览者和参观者来说,其目的是为了达到交流信息、宣传产品、贸易洽谈的目的;同时,他们可以在展览举办地进行其他旅游活动,他们参加展览的整个行程便构成了一次展览旅游。从展览旅游的全过程来看,可以包括以下参与主体:参展商、参观者,展览会的组织者,交通服务供应商,展览服务供应商,住宿、餐饮、娱乐供应商,展览场所供应商等。它们的关系可以用图4-4表示。

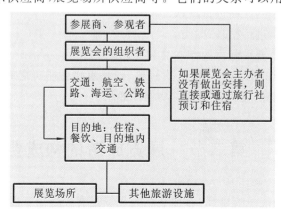

图 4-4 展览旅游参与主体之间的关系

1. 展览旅游的消费者

参加展览的参展商和参观展览的观众是展览旅游的消费者。参观展览的观众可以分为组团观众(VIP观众)和普通观众两种。参展商出于商务的目的,把展览会视为一个展示其产品或服务、交流信息、促进贸易的机会。他们主要是履行参展的程序,即得到展览信息、通过参展说明书与主办方接触、做出参展决定、向主办方预订场地、被介绍给展览服务承包商、按照展览服务手册的规定购买或租赁其他服务和材料,如展位标牌或装修等。与参展者不同的是,参观者不需要履行这一套程序,有的参观者是作为参展商的买家出现的,他们参加展览是为了获得信息或者获得与参展商洽谈贸易的机会。但是,无论是哪种参观者,他们的展览旅游从他们离开出发地就开始了,直到他们回到出发地。

2. 展览会的组织者

展览会的组织者是展览运作过程的主要参与者,负责展会的组织、策划、招展和招商等事宜,在展览事务中处于主导地位。我国的展览组织者一般分为主办者和承办者,同时还包括协办单位和支持单位等,它们在法律地位和职责上有明显区别。由于我国目前缺乏专门的展览法加以规定,也缺乏专业展览组织者资格的认证和展览条件准入市场的限制,展览组织者呈现较宽泛、复杂的多元化特征。我国展会的举办者主要包括各级政府及其部门、各类行业协会、商会组织、社会团体组织,而专业性的展览企业或事业单位一般是展览项目主要的承办者。

专业展览企业主要是指参与展览项目承办的各种性质和组织形式的展览公司、会展公司、展览服务公司等。一般不包含各种仅对展览项目提供设计、搭建、现场设备租赁等单一服务的设计公司、策划公司、服务公司。专业展览企业按照所有制可分为国有、民营和外资三大类。国有展览公司主要集中在各地外经贸系统和贸促会系统,也包括其他一些政府部门或行业协会组建的展览公司、国有集团企业所属展览公司、国有展览中心所属展览公司等。民营展览公司近年来发展较快,数量众多对手实力普遍弱小。在外资展览企业中,香港展览公司是最早参与内地展览业务的外资企业,《内地与香港更紧密经贸关系安排》的签署更为其在内地办展提供了便利条件。来自展览业发达国家如德国、英国、意大利、荷兰、美国的大型展览公司也在积极进入中国市场,设立相关的办事机构,成立合资、独资公司,寻求转移知名展览品牌和资本、管理的输入。

3. 展览旅游的其他参与主体

(1) 交通服务供应商。

旅游离不开交通。"行"是旅游的六大要素之一,对于展览旅游也是如此,在展览旅游中,参展商和参观者必定要发生位移,交通运输服务商就要为他们提供交通运输服务,促成这种位移的实现。在展览旅游中的交通运输服务商不包括为展览运送展览物品和展览器材等的运输服务提供者。交通运输服务商包括航空、铁路、公路、航运等企业和部门。一般来说,参加展览旅游的人在出发前都会事先安排好旅游中的交通事宜,特别是参展商,他们往往由展览活动的组织者安排往返交通,甚至是展览前后或期间的旅游考察交通。若展览主办方没有为参展商安排交通,则要由参展商自己安排交通事宜或者通过旅行中介机构(如旅行社)来预订和安排交通事宜。

（2）餐饮服务供应商。

展览服务参与者除了需要"行"的服务外,还需要"食"、"住"方面的服务,这也是旅游六大要素的内容。"食"、"住"的供应商一般是酒店、饭店、旅店等单位。同样,与展览旅游提供交通服务的供应商一样,餐饮、住宿提供商可以是由展览主办者提供或指定,若展览主办方没有为参展商安排,则要由参展商自己安排交通事宜或者通过旅行中介机构（如旅行社）来预订和安排相关事宜。然而,同展览旅游提供交通服务的供应商不同的是,只要是在展览旅游中涉及一切餐饮和住宿的供应商都是展览旅游中的主体,即它们包括了为展览本身服务的餐饮和住宿服务供应商。

（3）其他服务供应商。

展览旅游的发展能大大提高一个国家或城市的国际知名度与美誉度。展览会或者大型活动的举办对举办地来说就像是举办地的外交活动,展览会在短时间内将人流、物流、资金流、信息流聚集到举办地,成为当地、全国乃至世界关注的亮点。旅游中最重要的要素就是"游"。在展览旅游中,对于一般参观展览的旅游者来说,他们的主要游览对象是展览会,而其他旅游设施只是辅助而已。这是因为,展览旅游是以展览为诱因的旅游形式,它作为商务旅游的一种,与其他休闲旅游最本质的区别在于,它是以参加或者参观展览会为最主要目的的,其他旅游设施在展览旅游中地位次之。当然,一个展览旅游目的地的除展览外地其他旅游设施,如知名风景区、名胜古迹、特殊的文化等对游客的吸引力也是存在的。

展览旅游作为一种旅游形式,它需要多方面的配合和合作才能顺利进行,其中除了很多可以作为展览旅游主体的部门外还包括一些中介组织,如旅行社、票务中心等机构,当然,最重要的莫过于旅行社了。旅行社,世界旅游组织给出的定义为零售代理机构向公众提供关于可能的旅行、居住和相关服务,包括服务酬金和条件的信息;旅行组织者或制作批发商或批发商在旅游需求提出前,以组织交通运输,预订不同的住宿和提出所有其他服务为旅行和旅居做准备的行业机构。我国《旅行社管理条例》中指出:旅行社是指以营利为目的,从事旅游业务的企业。其中旅游业务是指为旅游者代办出境、入境和签证手续,招徕、接待旅游者,为旅游者安排食宿等有偿服务的经营活动。旅行社的营运项目通常包括各种交通运输票券（如机票、车票、船票）、套装行程、旅行保险、旅行书籍等的销售,与国际旅行所需的证照（如护照、签证）的咨询代办。因此,旅行社在组织旅游、代理票务、预订酒店等方面具有专业优势,因此,在一些展览的筹办活动中,主办方会寻求旅行社的支持。随着旅行社业务的多元化发展,旅行社也开始涉足展览业务,他们大多成立了专门的会展部门或者分支机构招揽承办展览会的业务。就中国目前来说,旅行社从事展览业务还在起步阶段,更多的形式是旅行社组织旅游者组团参加某个展览活动。这种展览旅游一般是以大型的展览会为前提的,如大型综合性展览会或专业性展览会。展览旅游的发展也使旅行社可以开发更多的旅游产品,丰富业务种类。

二、展览旅游的客体

旅游的客体即旅游资源,包含地文景观类、水域风光类、生物景观类、天象与气候景观类、遗址遗迹类、建筑与设施类、旅游商品类和人文活动类。旅游市场客体是指存在于自然环境和社会生活中的,对广大旅游者产生引诱力的事物和现象。作为旅游客体的旅游资源是旅游业赖以生存和发展的物质基础和条件,没有旅游资源就构成不了现代旅游活动。就展览旅游而言,展览会与其他旅游设施构成了展览旅游的客体。

会展业与旅游业的融合是全球会展业发展的必然趋势。展览旅游是旅游属性结合会展活动的特点而衍生出来的产品。优化会展业与旅游业之间的关系,建立新的发展模式、发展展览旅游是中国会展业、旅游业协调发展的必由之路。展览旅游对一个国家或地区的经济社会发展具有很强的推动作用。

"十一五"期间,我国会展业在拉动内需、鼓励发展经济方面发挥了巨大作用,会展业获得了很大发展。中国会展业产值从2006年的约600亿元,增至2010年的1453亿元,5年间增长近1.5倍,年均增长率达到26%。中国会展业在区域分布上,基本上形成了以北京、上海、广州、大连、成都、西安、昆明等会展中心城市的环渤海会展经济带、长三角会展经济带、珠三角会展经济带、东北会展经济带以及中西部会展城市经济带等五大会展经济产业带的框架。

2011年是会展经济概念正式提出的第11个年头。2011年的中国会展业,发展态势喜人。我国会展业向"市场化、产业化、法制化、国际化"的目标前进,会展经济已成为中国新的经济增长点。

展览旅游消费主要包括交通、住宿、餐饮、购物、娱乐、旅游方面的消费,而无论是国内数据还是国外数据都已经证明,商务会展游客是不同旅游细分市场中消费支付能力最强的群体。因此他们的消费注入会展举办城市,很大地增加城市交通、通信、住宿、餐饮、娱乐等各个部门的收入,进而促进城市经济的发展,同时,展览旅游的发展也能增加社会就业。

展览旅游的发展能大大提高一个国家或城市的国际知名度与美誉度。展览会或者大型活动的举办对举办地来说就像是举办地的外交活动,展览会在短时间内将人流、物流、资金流、信息流聚集到举办地,这种积聚性将推动举办地旅游业的快速发展,对展览会举办地的知名度和美誉度会有一个大的提升,尤其发展成为名优品牌的展会,其辐射带动作用更是强大。如海南的博鳌,虽为名不见经传的小镇,但因"博鳌亚洲论坛"的举办而举世皆知,成为对外宣传的金字招牌,正是这一招牌,使当地的旅游业在短期内获得了快速发展,慕名前来参观游览的客人也络绎不绝。

国际性会展活动对会展举办城市的要求比较高,必须具备现代化的会展设施、便捷的交通,要有不同档次的住宿、接待服务设施、购物娱乐场所等。例如,为了举办2008年奥运会,我国成功建成了奥运"鸟巢"、奥运村等基础设施;为了举办2010年世博会,上海在浦东修建了世博会展中心,从而推动城市设施的全面改善,为城市展览旅游今后的发展奠定了良好的基础。

第三节　展览旅游的运作与策划

一、展览旅游的运作模式

展览旅游策划作为策划的一种,就是依据旅游市场的需求、现实需求、潜在需求和旅游

地的资源优势,对该旅游地的旅游项目进行定向、定位的过程,也就是对旅游产品的研制、发展、优化的过程。展览旅游作为旅游的一种形式,运作模式的框架内容主要有以下几点。

(一) 概念挖掘

首先,环境信息的收集是展览旅游策划的基础。包括展览旅游客源市场的分析、展览旅游资源状况以及周边地区展览旅游发展状况等。

其次,展览旅游策划人在收集、处理信息的基础上,运用反复实践的经验认识,发现一些市场机会。经过进一步分析市场,从机会和信息中提炼出系列前提,从经验认识中生发出系列假设。这一系列的前提和假设逐渐汇集、排列、组合,形成了项目轮廓。项目轮廓犹如一个粗糙的毛坯,需要进一步加工完善。

最后,项目轮廓经过进一步挖掘,逐渐具体化,形成了旅游策划的产品概念。产品概念是策划的立足点,也是策划最本质的题中之意。

(二) 主题开发

主题是成功策划的灵魂。只有将产品概念进一步提炼、升华成为形象化、情节化,甚至戏剧化的主题,才能对消费者产生足够的吸引力和感染力。

并不是所有的展览旅游都是先有产品概念,后有主题,有的就是先从主题开始,再产生一系列构思,进而发展成产品概念,如深圳的"锦绣中华"、重庆的"天坑地缝"等就是先从主题策划开始。在这个阶段,想象力是非常重要的。

(三) 时空运筹

当具体的构思完成以后,还需要分析项目实施的支撑保障系统,如资金、基础设施、经营管理等。在此基础上,通过筛选和整理,将构思变成具体的计划,使策划项目在时间和空间上有具体分布,即在策划人脑海中形成项目的具体实施战略。这是策划项目付诸实施的第一步。

下一步工作就是可行性研究报告的编制。其实,从策划者的最初构想开始,可行性报告的编制就已经开始,只不过那时只存在于策划人的脑海中而已,随着构想的细化,可行性报告也初具雏形,内容也渐渐丰富,直到最后水到渠成,成为项目可行性研究报告。当项目可行性报告编制完成后,需提交旅游主管部门审核,然后根据审核反馈来的信息进一步改进,使旅游策划方案更加优化,接下来就可以拟订正式的策划书了。

(四) 推销说服

策划书是策划项目据以推销实施的"设计图"或"剧本",因此,一本好的策划书不但要具有丰富翔实的内容,而且还要有生动的、吸引人的表现方式,如附一些旅游资源分布图、项目的时空布局图、客源市场图等。策划不是为了策划而策划,而是为了让策划项目得到实施,并取得预期的效果。

因此,如果策划仅仅停留在策划书的阶段,那么它只是供人观赏的摆设而已,不具有任何实际的意义。好的旅游策划都需要操盘者能够付诸实施,仅有策划的杰出创意是远远不够的,它的效用最终表现在它的实施上。因此,策划书完成后,要成功实施策划方案,还需要通过策划人的努力,得到投资者的批准认可,获得政府的支持,取得相关部门、阶层的配合协助。这一阶段还主要依赖于策划人的说服力。

二、展览旅游策划的概述和要素

(一) 展览旅游策划的概述

旅游策划需要解决的问题，归根到底是"三句话，九个字"——定位准、产品绝、操作顺。定位准确是首要的问题。策划一个旅游项目，就像写文章一样，要先明确它的主题是什么，它的主要功能是什么，它的市场在哪里，它要建立的形象和实现的目标又是什么。把这些问题解决了，下面的文章就好做了，这就是所谓的主题定位、功能定位、市场定位、目标定位和形象定位等等，这些都是有关项目定位的问题。

准确定位之后，关键就在设计旅游产品了。旅游项目的主题是要靠旅游产品来体现的，旅游项目的功能是要靠旅游产品来保证的，旅游项目的市场更是要靠旅游产品来争取的，所以，产品设计的成功是实现策划目标的根本，一定要在打造旅游产品上下功夫，不但要做精品，还应该立足于创造"绝品"，没有一批可以称得上"绝招"的旅游产品，就很难支撑起一个品牌的景区，也很难打造出一个足以吸引游客的景点。

有了准确的定位和精彩的产品策划，还必须要保证能够顺利地实施。对于所做的策划或规划，还应该解决好两个问题：一是可不可行；二是如何实行。总体来说就是可操作性的问题，一定要确保"操作顺"，应该从政策、环保、技术、投资和市场等多方面，对项目策划的可行性进行严格的论证，对项目建设的切入点、核心点和延伸点进行科学分析和合理选定，并且要制定出切实可行的筹资方案和建设步骤，能够保证顺利操作，圆满地完成预期的规划目标。

(二) 展览旅游策划的要素

展览旅游策划的要素包含如下几个方面。

(1) 灵魂：即展览旅游策划的主题。展览旅游策划主题的提炼和遴选需要从文学、历史、哲学、地理、社会学、文化学等多方面考虑。

(2) 骨架：即功能定位。功能定位来源于充分的展览旅游资源分析、市场分析和预测，以及对展览旅游市场进行全面而准确的把握。

(3) 机能：即功能设置。工程设施的配套，它要求展览旅游策划者对城市规划和建筑理论有一定的掌握。

(4) 血肉：即项目设计，包括项目创意、整合、包装等。所谓项目是展览旅游区构成吸引力的亮点。

(5) 气质：即意境的营造，是对展览旅游策划的较高要求。意境的营造能增强展览旅游策划区域的文化魅力，让旅游者感动，终生难忘。

(6) 服饰：即景观设计，成功的景观设计不仅要漂亮，还要与主题、项目、意境相吻合。

策划书是策划项目据以推销实施的"设计图"或"剧本"，因此，一份好的展览旅游策划书不但要具有丰富翔实的内容，而且要有生动的、吸引人的表现方式，如附一些旅游资源分布图、项目的时空布局图、客源市场图等。策划不是为了策划而策划，而是为了让策划项目得到实施，并取得预期的效果。因此，策划书完成后，要成功实施策划方案，还需要通过策划人的努力，得到投资者的批准认可，获得政府的支持，取得相关部门、阶层的配合协助。

展览旅游策划应该在充分市场调研的基础上，准确进行市场定位、深度挖掘展览旅游资源、创造性的设计游憩方式、设计具备开发价值的独立项目、设置合理的管理运营和整体开发的系统模式，并对展览旅游区进行科学合理的布局规划。

三、展览旅游策划的内容

展览旅游策划的重点是对展览会（以下简称展会）的策划。展会的策划，就是根据掌握的各种信息，对即将举办的展会的有关事宜进行初步规划，设计出展会的基本框架，提出计划举办的展会的初步规划内容。

展览旅游策划的主要表现形式是展会立项策划书，主要包括以下几项内容：

（1）办展市场环境分析。包括对展会展览题材所在产业和市场的情况分析，对国家有关法律、政策的分析，对相关展会的情况的分析，对展会举办地市场的分析等。

（2）提出展会的基本框架。包括展会的名称和举办地点、办展机构的组成、展品范围、办展时间、办展频率、展会规模和展会定位等。

（3）展会价格及初步预算方案。

（4）展会工作人员分工计划。

（5）展会招展计划。

（6）展会招商计划。

（7）展会宣传推广计划。

（8）展会筹备进度计划。

（9）展会服务商安排计划。

（10）展会开幕和现场管理计划。

（11）展会期间举办的相关活动计划。

（12）展会结算计划。

完成了展会立项策划书，并不意味着该立项的展会就可以举办了。项目立项只是对举办什么题材的展会和如何举办该展会提出了一个初步的意见，制定了一套初步的方案，至于该展会是否真的可以举办和该方案是否真的可行，还需要对该展会项目及方案进行可行性分析。可行性分析的结论及其他必须考虑的因素，才是决定最后是否可以举办该展会的最终依据。

（一）展会立项策划书的写作要求

1. 展会名称

展会的名称一般包括以下三个方面的内容：基本部分、限定部分、行业标识。如"第93届中国出口商品交易会"，如果按上述三个内容对号入座，则基本部分是"交易会"，限定部分是"中国"和"第93届"，行业标识是"出口商品"。

下面分别对这三项内容做一些说明。

（1）基本部分：用来表明展会的性质和特征，常用词有展览会、博览会、展销会、交易会和"节"等。

（2）限定部分：用来说明展会举办的时间、地点和展会的性质。

展会举办时间的表示办法有三种：一是用"届"来表示，二是用"年"来表示，三是用"季"来表示。如第三届大连国际服装节、2003年广州博览会、法兰克福春季消费品展览会等。在这三种表达方式里，用"届"来表示最常见，它强调展会举办的连续性；刚刚开始举办的展会一般用"年"来表示。展会举办的地点在展会的名称里也要有所体现，如第三届大连国际服装节中的"大连"。

展会名称体现展会性质的词主要有"国际"、"世界"、"全国"、"地区"等。如第三届大连国际服装节中的"国际"表明本展会是一个国际展。

(3) 行业标识：用来表明展览题材和展品范围。如第三届大连国际服装节中的"服装"表明本展会是服装行业的展会。行业标识通常是一个行业的名称，或者是一个行业中的某一个产品大类。

2. 展会地点

展会举办地点的选择，包括两个方面的内容：一是展会在什么地方举办，二是展会在哪个展馆举办。

展会举办地点的选择，就是要确定展会在哪个国家、哪个省份或者是在哪个城市举办。

选择展会在哪个展馆举办，就是要确定展会举办的具体地点。具体选择在哪个展馆举办展会时，要结合展会的展览题材和展会定位而定。另外，在具体选择展馆时，还要综合考虑使用该展馆的成本如何、展期安排是否符合自己的要求以及展馆本身的设施和服务如何等因素。

3. 办展机构

办展机构是指负责展会的组织、策划、招展和招商等事宜的有关单位。办展机构可以是企业、行业协会、政府部门和新闻媒体等。

根据各单位在举办展览会中的不同作用，一个展览会的办展机构一般有以下几种：主办单位、承办单位、协办单位、支持单位等。

(1) 主办单位：拥有展会并对展会承担主要法律责任的办展单位。主办单位在法律上拥有展会的所有权。

(2) 承办单位：直接负责展会的策划、组织、操作与管理，并对展会承担主要财务责任的办展单位。

(3) 协办单位：协助主办或承办单位负责展会的策划、组织、操作与管理，部分地承担展会的招展、招商和宣传推广工作的办展单位。

(4) 支持单位：对展会主办或承办单位的展会策划、组织、操作与管理，或者是招展、招商和宣传推广等工作起支持作用的办展单位。

4. 办展时间

办展时间是指展会计划在什么时候举办。办展时间有三个方面的含义：一是指举办展的具体开展日期，二是指展会的筹展和撤展日期，三是指展会对观众开放的日期。

展览时间的长短没有一个统一的标准，要视不同的展会具体而定。有些展会的展览时间可以很长，如世博会的展期长达几个月甚至半年；但对于占展会绝大多数的专业贸易展来说，展期一般是3～5天为宜。

5. 展品范围

展会的展品范围要根据展会的定位、办展机构的优劣势和其他多种因素来确定。

根据展会的定位,展品范围可以包括一个或几个行业,或者是一个行业中的一个或几个产品大类。"博览会"和"交易会"这类展会的展品范围就很广,如"中国出品商品交易会"的展品范围就超过 10 万种,几乎是无所不包;而德国"法兰克福国际汽车展览会"的展品范围涉及的行业就很少,只有汽车产业一个。

6. 办展频率

办展频率是指展会是一年举办几次还是几年举办一次,或者是不定期举行。从展览业的实际情况看,一年举办一次的展会最多,约占全部展会数量的 80%,一年举办两次和两年举办一次的展会也不少,不定期举办的展会已经是越来越少了。

办展频率的确定受展览题材所在行业特征的制约。我们知道,几乎每个行业的产品都有一个生命周期,产品的生命周期对展会的办展频率有重大影响。产品的投入期和成长期是企业参展的黄金时期,所以,展会的办展频率要牢牢抓住这两个时期。

7. 展会规模

展会规模包括三个方面的含义:一是展会的展览面积的多少,二是参展单位的数量的多少,三是参加展会的观众数量的多少。在策划一次展会时,对这三个方面都要做出预测和规划。在策划展会规模时,要充分考虑到行业产品的特征。

8. 展会定位

通俗地讲,展会定位就是要清晰地告诉参展企业和观众本次展会"是什么"和"有什么"。具体地说,展会定位就是办展机构根据自身的资源条件和市场竞争状况,通过建立和发展展会的差异化竞争优势,使自己举办的展会在参展企业和观众的心目中形成一个鲜明而独特的印象的过程。

展会定位要明确展会的目标参展商和观众、办展目标、展会的主题等。

9. 展会价格和展会初步预算

展会价格就是为展会的展位出租制定一个合适的价格。展会展位的价格往往包括室内展场的价格和室外展场的价格,室内展场的价格又分为空地价格和标准展位的价格。

在制定展会的价格时,一般遵循"优地优价"的原则,即那些便于展示和观众流量大的展位的价格往往要高一些。展会初步预算是对举办展会所需要的各种费用和举办展会预期以获得的收入进行的初步预算。

在策划展会时,要根据市场情况为展会确定一个合适的价格,这对吸引目标参展商参加展会十分重要。

10. 人员分工、招展、招商和宣传推广计划

人员分工计划、招展计划、招商计划、宣传推广计划是展会的具体实施计划,这四项计划在具体实施时会互相影响。

人员分工计划是对展会工作人员的工作进行统筹安排。招展计划主要是为招揽企业参展而制定的各种策略、措施和办法。招商计划主要是为招揽观众参观展会而制定的各种策略、措施和办法。宣传推广计划则是为建立展会品牌和树立展会形象,并同时为展会的招展和招商服务的。

11. 展会进度计划、现场管理计划和展会相关活动计划

展会进度计划是在时间上对展会的招展、招商、宣传推广和展位划分等工作进行的统筹安排。它明确在展会的筹办过程中,到什么阶段就应该完成哪些工作,直到展会成功举办。展会进度计划安排得好,展会筹备的各项准备工作就能有条不紊地进行。

现场管理计划是展会开幕后对展会现场进行有效管理的各种计划安排,它一般包括展会开幕计划、展会展场管理计划、观众登记计划和撤展计划等。现场管理计划安排得好,展会现场将井然有序,展会秩序良好。

展会相关活动计划是对准备在展会期间同期举办的各种相关活动做出的计划安排。与展会同期举办的相关活动最常见的有技术交流会、研讨会和各种表演等,它们是展会的有益补充。

(二) 展会项目立项可行性研究报告的内容结构

展会项目立项可行性研究报告就是在对展会立项进行可行性分析的基础上完成的研究报告。展会立项可行性分析是展会项目立项策划的继续。展会项目立项策划主要是在掌握各种信息的基础上,初步提出计划举办的展会"是什么样的";展会立项可行性分析则是在仔细研究各种信息的基础上,深入分析举办展会立项策划提出的"那样的展会"是否可行,为最后是否举办该展会提供科学的决策依据。

展会项目立项可行性研究报告要对展会立项是可行还是不可行做出系统的评估和说明,并为最终完善该展会项目立项策划的各具体执行方案提供改进依据和建议。因此,展会项目立项可行性研究报告主要包括以下几项内容:

1. 市场环境分析

(1) 宏观市场环境:包括人口环境、经济环境、技术环境、政治法律环境、社会文化环境等。

(2) 微观市场环境:包括办展机构内部环境、目标客户、竞争者、营销中介、服务商、社会公众等。

(3) 市场环境评价:SWOT 分析法,即基于内外部竞争环境和竞争条件下的态势分析,包括内部优势、内部劣势、外部机会、外部威胁分析等。

2. 展会项目生命力分析

(1) 展会项目发展空间:即分析举办该展会所依托的产业空间、市场空间、地域空间、政策空间等是否具备。

(2) 展会项目竞争力:包括展会定位的号召力、办展机构的品牌影响力、参展商和观众的构成、展会价格、展会服务等。

(3) 办展机构优劣势分析。

3. 展会执行方案分析

(1) 对计划举办的展会的基本框架进行评估,具体包括:

①展会名称和展会的展品范围、展会定位之间是否有冲突。

②办展时间、办展频率是否符合展品范围所在产业的特征。

③展会的举办地点是否适合举办该展品范围所在产业的展会。
④在展会展品范围所在行业里能否举办如此规模和定位的展会。
⑤展会的办展机构在计划的办展时间内能否举办如此规模和定位的展会。
⑥办展机构对展会展品范围所在的产业是否熟悉。
⑦展会定位与展会规模之间是否有冲突。

（2）对招展、招商和宣传推广计划评估，具体包括：
①招展计划评估。
②招商计划评估。
③宣传推广计划评估。

4．展会项目财务分析

（1）价格定位。

（2）成本预测。举办展会的成本费用一般包括以下几个方面：
①展览场地费用，即租用展览场馆以及由此而产生的各种费用。这些费用包括展览场地租金、展馆空调费、展位特装费、标准展位搭建费、展馆地毯及铺设地毯的费用、展位搭建加班费等。
②展会宣传推广费。包括广告宣传费、展会资料设计和印刷费、资料邮寄费、新闻发布会的费用等。
③招展和招商的费用。
④相关活动的费用。包括技术交流会、研讨会展会开幕式、嘉宾接待、酒会、展会现场布置、礼品、聘请展会临时工作人员的费用等。
⑤办公费用和人员费用。
⑥税收。
⑦其他不可预测的费用。

（3）收入预测。举办展会的收入一般包括以下几个方面：
①展位费收入。
②门票收入。
③广告和企业赞助收入。
④其他相关收入。
⑤盈亏平衡分析。
⑥现金流量分析。
⑦净现值分析。
⑧净现值率分析。
⑨获利指数。
⑩内部收益率。
⑪风险预测。

(三)展会项目立项可行性研究报告的写作要求

展会项目立项可行性研究报告是办展机构进行决策是否要举办该展会的重要依据，因此,展会项目立项可行性研究报告的写作必须做到材料真实充分,分析客观科学,判断准确有理。

1. 市场环境分析

市场环境分析是展会立项可行性分析的第一步,它是根据展会立项策划提出的展会举办方案,在已经掌握的各种信息的基础上,进一步分析和论证举办展会的各种市场条件是否具备,是否有举办该展会所需要的各种政策基础和社会基础。市场环境分析不仅要研究各种现有的市场条件,还要对其未来的变化和发展趋势做出预测,使立项可行性分析得出的结论更加科学合理。

2. 展会项目生命力分析

市场环境分析是从计划举办的展会项目的外部因素出发来分析举办该展会的条件是否具备;展会项目生命力分析则是从计划举办的展会项目的本身出发,分析该展会是否有发展前途。分析展会项目的生命力,不是只分析展会举办一届或两届的生命力,而是要分析该展会的长期生命力,即要分析如果某个项目的展会举办超过五届,那么该展会是否还有发展前途的问题。

3. 展会执行方案分析

展会执行方案分析是从计划举办的展会项目的本身出发,分析该展会项目立项计划准备实施的各种执行方案是否完备,是否能保证该展会计划目标的实现。展会执行方案分析的对象是该展会的各种执行方案,分析的重点是各种执行方案是否合理、是否完备和是否可行。

需要强调的一点是,对展会基本框架进行评估,重点不是分析构成展会基本框架的某一个因素的策划安排是否合理和可行,而是从总体上分析展会基本框架是否合理和可行。因为,尽管对构成展会基本框架的每一个因素的策划安排可能是合理和可行的,但由这些因素所构成的展会基本框架从总体上看却可能是不合理和不可行的,所以,要避免这种"个体合理,群体冲突"现象的出现,对展会基本框架进行评估就十分重要。

4. 展会项目财务分析

展会项目财务分析是从办展机构财务的角度出发,分析测算举办该展会的费用支出和收益。展会项目财务分析的主要目的是分析计划举办的展会是否经济可行,并为即将举办的展会指定资金使用规划。

5. 风险预测

从展会立项可行性分析的角度看,风险就是办展机构在举办展会的过程中,由于一些难以预料和无法控制的因素的作用,使办展机构举办展会的计划和举办展会的实际收益与预期发生背离,从而使办展机构举办展会的计划落空;或者是即使展会如期举办,但办展机构有蒙受一定的经济损失的可能性。

6. 存在的问题

包括通过以上可行性分析发现的展会项目立项存在的各种问题、研究人员在可行性分析以外发现的可能对展会产生影响的其他问题等。

7. 改进建议

针对上述问题,提出对展会项目立项策划的改进建议,指出要成功举办该展会应该努力的方向等。

8. 努力的方向

根据展会的办展宗旨和办展目标,在上述分析的基础上,针对存在的问题,提出要办好该展会所需要具备的其他条件和需要努力的方向。

综上所述,展览旅游策划是为策划举办一个新展会而提出的一套办展规划、策略和方法,它是对以上各项内容的归纳和总结。

本章小结

(1) 综合不同视角的展览的定义,同时结合展览旅游产品与服务的特性,将展览旅游界定为借助举办各种展览而开展的旅游形式,是一种商务旅游形式。

(2) 展览旅游是由若干要素构成的复杂系统,它不仅仅是一种旅游形式,还包含参展商、参观者,展览会主办者,交通运输供应商,展览服务供应商,住宿、餐饮、娱乐供应商,展览场所供应商等。

(3) 无论从展览旅游业的发展历史沿革,还是从展览旅游的具体活动内容来看,旅游企业向参展商或参观者提供场外的服务,各司其职,各取所长,通过专业化的服务令参展商、参观者和当地居民均感到便利,从而吸引更多的参与者和获得更多的、持久的支持,进而树立展览会的品牌,使会展的带动作用得以充分发挥,最终形成以会展带动旅游、以旅游完善会展的互动互惠的发展新局面。

思考与练习

1. 试述展览旅游的主体。
2. 试述展览旅游的特点与类型。
3. 试述展览旅游的运作模式。
4. 结合实例,谈谈我国展览旅游的发展趋势与未来建设方向。

案例分析

米兰时装周与展览旅游

米兰时装周是国际四大著名时装周之一,米兰时装周一直被认为是世界时装设计和消费潮流的"晴雨表"。米兰时装周每年举办两次,分为春夏时装周和秋冬时装周,每次在大约一个月内相继举办 300 余场高水平的时装会展,展览的品牌包括古姿(Gucci)、普拉达(Prada)、范思哲(Versace)等。在四大时装周中,米兰时装周崛起得最晚,但如今却已独占鳌头,米兰时装周上聚集了时尚界顶尖人物、上千家专业买手和来自世界各地的专业媒体。

作为时装展览重要的盛会之一,米兰时装周具有自己鲜明的特色。

1. 创新性

米兰时装周每年展示的服饰都是预测下一季度流行的最新款式,它充分体现了服饰的革新,所以被认为是世界时装设计和消费潮流的"晴雨表"。米兰时装周的创新可分为四个主要方面,即经营观念创新、会展产品创新、运作模式创新和服务方式创新。经营观念创新是指在最大限度地满足参展商和观众需求的前提下,实现企业综合效益的最大化;会展产品创新主要包括不断开发新展会和大力培育品牌展会;运作模式创新即在组织方式或操作手段上进行变革,以适应新的市场形势,如推进会展企业上市、向世界各地移植品牌展览会、开展网上展览等;服务方式创新是指充分利用各种现代科技成果,为参展商和观众提供更超前、更便捷的配套服务。

2. 专业化

"只有实现专业化才能突出个性,才能扩大规模,才能形成品牌"已成为国际会展界的共识。专业化是米兰会展业发展的必然选择。在会展发达国家,一些国际性的品牌展会总是固定在某个或几个场馆举行,这样既便于会展公司和场馆拥有者之间开展长期合作,又有利于培育会展品牌,这值得我国会展企业吸取其中的成功经验。随着我国会展业的发展尤其是与国际会展市场的进一步接轨,国内会展业必将在展会策划、整体促销、场馆布置、配套服务等方面走上一个新台阶,各类专业会展人才也会越来越多,组展过程将呈现出专业化、高水平的特点。

3. 信息化

信息化是会展业发展的必然趋势。这里的"信息化"有两层含义:一是要尽可能地掌握国际会展业最前沿的信息,包括行业最新动态、理论研究成果、展会信息或专业设备等;二是在会展业中充分利用各种信息技术,以提高行业管理和活动组织的效率。人类社会已经迈入知识经济时代,作为第三产业的会展业更应该跟上时代的步伐。知识经济的主要标志就是信息化,正如美国微软公司总裁比尔·盖茨所说:世界正在变成一个小家。

由此可见,中国会展业要实现信息化发展还有许多事情可做。首先,要加强与国际会展组织或世界知名会展公司之间的交流与合作,以及时掌握全球会展业的最新动态,并定期向国外发布我国的会展信息。其次,在会展业中积极推广现代科技成果,逐步实现行业管理的现代化、会展设备的智能化和活动组织的网络化。最后,充分利用国际互联网,推动国内会展业的信息革命,如开展网络营销、举办网上展览会等等。

4. 多元化

从整体上看,世界会展业正在向多元化方向发展,具体包括产品类型的多行业化、活动内容的多样化和经营领域的多元化。首先,会展业的蓬勃发展对会展产品类型提出了越来越高的要求。会展企业应根据当地的产业经济基础和自身的办展实

力,积极开发新的专业性展会,专业内容可涉及汽车、建筑、电子、房地产、花卉等各个行业,关键是要尽快形成自己的品牌。其次,会展形式正在从传统的静态陈列转向融商务洽谈、展会参观、旅游观光、文化娱乐等项目于一体,这是全球会展业发展的必然趋势。

在米兰时装周期间,举办方有意识地吸引甚至特别邀请权威人士或者社会名流来参加本次展览,借助权威人士的"权威效应"和社会名流的"名人效应"来宣传本次展览活动。"权威效应"和"名人效应"的双重叠加使得米兰时装周早已超出了时装展示和发布的实际功用,进而变成了节日的盛会和旅游的天堂。米兰时装周对区域旅游的影响主要表现在以下几个方面:

1. 带来了大量入境旅游客人

米兰时装周期间,米兰的入境游客激增,为其经济发展注入了新的活力。米兰时装周与旅游完美结合表明,时装周作为超大型"人文旅游品牌",其对国际游客吸引力巨大的地位是无可替代的。会展业和旅游业同属于第三产业,具有较强的产业关联性,举办会展不仅使当地的展览馆、酒店、餐饮服务业受益,而且对相关的电信、交通、购物、旅游服务以及城市市政建设,都有积极的促进作用。从事会展业是旅游业多元化战略之一,会展业也可以利用旅游业提供的各种服务和资源,二者紧密相连、相辅相成、互为补充。

2. 提升了举办国的旅游品牌形象

作为世界时尚与设计之都和时尚界最有影响力的城市,意大利最发达的城市和欧洲四大经济中心之一,拥有世界半数以上的著名品牌,米兰是世界五大时尚之都之首,这里是全球设计师向往的地方。

3. 提高了旅游业的软、硬件水平

为了迎接大量时装周的参与者,主办地必须从数量和质量上增加和改进住宿接待设施和商务活动设施,这就提升了主办地旅游的供给能力,极大地改善了举办国旅游基础设施硬件的建设,提高了旅游服务质量,创造了一流旅游环境,带动了旅游行业水平的全面提高,促进了旅游业的进一步成熟与发展。

4. "展后旅游"间接创收

米兰时装周结束后,参加会展的所有参展商与参观者还会继续留在米兰游览,间接增加了米兰的旅游收入,促进了当地旅游业快速发展。

问题:

1. 米兰时装周是如何实现展会与旅游的协同发展?
2. 米拉时装周有哪些成功的经验?对我国的展览旅游有哪些启示?

第五章

节事旅游

学习引导

节事旅游之所以备受各方的关注,关键来源于节事旅游所带来的经济收益和城市形象塑造功能。澳大利亚凭借举办"美洲杯"帆船赛这个特殊的节事活动一跃成为世界最著名的旅游地之一;我国青岛通过"啤酒节"、"海洋节"将自己独具特色的"海洋文化"传播出去,成功塑造了作为海洋城市的特色形象;昆明则借助世博会将"万绿之宗,彩云之南"的口号传遍世界各地。通过本章的学习,让我们一起来了解节事旅游。

学习目标

通过本章学习,重点掌握以下知识要点:
1. 节事旅游的内涵;
2. 节事旅游的类型;
3. 节事旅游的构成要素;
4. 节事旅游的策划与运作。

我国节事活动已经走过了大约 30 年的历程,已经步入相对成熟的阶段。在 20 世纪 80 年代,随着我国一大批新型节庆活动的创立和举办,比较典型的有大连服装节、青岛啤酒节、北京国际旅游文化节、上海影视节,这些节庆活动或以旅游为内容,或以促进旅游为目的,在全国掀起了一场"旅游搭台、经贸唱戏"的热潮。到了 90 年代初期,节庆活动进一步发展,几乎每个省市,甚至包括省市所属的地、县都分别推出了自己的旅游节庆活动。随着 2008 年北京奥运会的成功举办以及 2010 年上海世博会和 2010 年广州亚运会的成功申办和积极筹备,把节事活动的规模和影响推向了一个顶峰。节事活动"以节招商、文化搭台、经济唱戏"的操作模式,推介了具有地方特色的旅游资源和产品,塑造了城市整体形象,促进了经济和社会事业的加速发展。

第一节 节事旅游的概念内涵

一、节事与节事旅游的概念

节事旅游的概念虽然已经多次被众多学者提及,但由于研究角度及理解的差异,各国学者对节事及节事旅游含义的界定也不尽相同。学者们经常使用"节事活动"、"节事旅游"、"节日活动"、"节庆活动"、"节事"等概念。国内外的比较有代表性的定义主要有以下几种。

在西方节事旅游研究领域中,节事是一个松散的集合,并没有严格清晰的界定,多指 Festivals and Special Events,简称为 FSE,是节日和特殊事件的统称。节事旅游被称为节日与事件旅游(Festival and Special Events Tourism),Ritchie 首次给出了节事旅游的定义:从长远或短期目的出发,一次性或重复举办的、延续时间较短、主要目的在于加强外界对于旅游目的地的认同、增强其吸引力、提高其经济收入的活动。国际著名的节事管理专家,专业性学术刊物《Event Management》的主编 Getz 从消费者和组织者两方面定义了节事旅游:从消费者或观众的角度出发,一项节事旅游就是在通常选择范围之外或超出日常生活内容的一次休闲、社会和文化经历的机会;从组织者角度出发,一项特别的节事旅游活动就是任何一次性的不经常发生的活动。

国内学者吴必虎 2001 年在《区域旅游规划原理》一书中将 Event Tourism 译作"大型活动与节事旅游",认为旅游节事又称旅游节庆,通常是指一些含有多种旅游项目事件,包括节日、地方特色产品展览、轻体育比赛等具有旅游特色的活动或非日常发生的特殊事件。而狭义的旅游节事则指周期性举办(一般为一年一次)的节日活动,但不包括交易会、展览会、博览会、文化、体育等一次性结束的特殊事件。马聪玲在《中国节事旅游研究》中定义节事旅游为利用地方特有的文化传统,举办意在增强地方吸引力的各种节日、活动,使旅游者在停留期间具有较多参与机会,以促进地方旅游业的发展。

综上可见,学术界对节事旅游的基本概念的界定还存在着分歧。2005 年戴光全等人对节事旅游的定义认为,节事旅游是非定居者处于参加节庆和特殊事件的目的而引发的旅游活动,属于旅游活动中的专项或特种旅游活动。这种旅游活动能提供给游客参与体验地域文化、认知社会特点、感受娱乐真谛的机会,也是一种公共的、具有明确主题和娱乐内涵的活动。

二、节事旅游的特点和类型

(一)节事旅游的特点

1. 文化性

作为以节事活动为依托的节事旅游,虽然是现代性的表述,却是历史性的载体,在它的发展过程中布满了文化的印记,不断地表现着历史和文化的特性。节事活动的成功与否与文化的挖掘程度有很大的关系,纵观国内外成功的节事活动大都很大程度地体现了地区的文化特色。节事活动主题一定要充分体现本地区、本民族独特的文化魅力,只有把独特的、有吸引力的文化元素渗透到节事活动中,才能塑造出充满生机和活力的节事活动。例如2003年,临沂以王羲之故居为依托,开始挖掘书圣文化,开先例地举办了首届书圣文化节,向全国乃至世界推出了"书圣故里"的文化品牌。自2003年至2005年,临沂书圣文化节连办三届之后,"中国临沂书圣文化节"被评为"中国节庆50强",相应的,王羲之故居也成为中国书法传统文化艺术寻根之旅的最佳去处。2014年是山东临沂成功举办书圣文化节的第十二届,本届书圣文化节,参展盛况空前,在临沂国际会展中心2号馆内共有800多个展位,涉及县区形象展、文化产业、美食文化、木文化、茶文化等20多个门类。与此同时,临沂市中国书协会员作品展、临沂市书协会员作品展、全国首届花鸟画大展、当代中国书画名家精品展等活动,更是汇集了众多名作,是中国书画艺术的最高展示,为书画爱好者举办了一连串的文化盛宴。

知识活页 第十届中国广饶·孙子国际文化旅游节19日开幕

2014年9月19日,第十届中国广饶·孙子国际文化旅游节开幕。据了解,本届文化旅游节以"相会孙武故里、感受美丽广饶"为主题,9月11日至28日期间将陆续举办山东省第二届吕剧艺术节、第十届中国(广饶)孙子文化论坛、第四届亚洲国际舞蹈(中国区)精英赛暨首届中国广饶国际舞蹈全国公开赛、"中国梦·广饶情"大型书法美术摄影展、"美丽中国梦·相约广饶行"旅游推介、第三届中国广饶·环孙武湖自行车赛、广饶县第八届农民文化艺术节、大型综艺节目"百姓大舞台"总决赛等系列活动。

同样的盛会,不一样的精彩。今年的文化旅游节在突出孙子文化主题基础上,强调节俭办节,注重百姓参与,开幕式文艺演出不请明星大腕,全部由县内音舞艺术家、爱好者自编、自导、自演,通过百姓演、百姓看、百姓乐,吸引群众参与。同时,开展精品剧目展演,提供歌唱、戏曲、舞蹈等百姓展示舞台,设立非物质文化遗产、民俗展区等,真正把文化旅游节打造成文化的盛宴、百姓的舞台。

自2005年以来,中国广饶·孙子国际文化旅游节已连续成功举办了9届。文化节以其独特的文化内涵、丰富的文化气息和浓郁的地域特色,成为主题突出、特

色鲜明的国际性知名节庆。先后入围"中国节庆50强"、"中国十大人物类节庆"、"中国十佳文化旅游节庆"、"中国十大民俗类节庆",在海内外特别是国内节庆业引起广泛关注,成为中国节庆业的新亮点。文化节的成功举办,对于提升广饶的知名度和美誉度,对于进一步弘扬孙子文化、提升孙武故里的文化品牌,推进广饶乃至黄河三角洲节庆及旅游产业发展,发挥了积极作用。

作为兵圣孙武的故里,广饶县历史悠久、人杰地灵、文化灿烂。近年来,全县围绕建设经济强县生态之城幸福家园的目标定位,加快转方式、调结构、扩总量、增实力、上水平步伐,开创了科学发展、和谐发展、率先发展的新局面,成功跨入全国县域经济基本竞争力百强县50强。今年上半年,全县实现地区生产总值385.55亿元,同比增长13.3%;今年1—8月份,全县公共财政预算收入完成26.63亿元,同比增长14.92%。先后荣获全国文明县城、国家卫生县城、国家园林县城、全国科技进步先进县、全国平安建设先进县、全国创先争优活动先进县党委等20余项国家级综合性表彰。

2. 周期性和时效性

节事活动是周期性举办的活动,大多为一年一次,也有两年一次或四年一次等等,同时,节事活动具有很强的季节性特点,一般与传统的农历时令、季节气候等有明显的关系。例如,山东潍坊国际风筝节、河南洛阳牡丹节一般在春暖花开的四月举行,山东栖霞苹果艺术节在瓜果成熟的金秋十月举行,青岛啤酒节选择适合开怀畅饮的八月举行。当然,也有一些节事活动不受季节的限制,比如美食节、文化节、音乐节等,但是它们的举办时间也有一定的规律,就是大多选择气候宜人、适合出游的春季或者秋季。

3. 地域性

节事活动带有强烈的地方色彩,不同地区由于风俗习惯,以及资源条件的差别会形成不同的节事活动,有些节事活动已成为反映旅游目的地形象的指代物。以当地独特的自然和人文资源禀赋为依托,利用国家老工业基地的有利条件,综合展示城市旅游资源、风土人情、社会风貌、经济改革等的有中国哈尔滨国际冰雪节、长春国际电影节、中国黑龙江国际滑雪节、中国吉林雾凇冰雪节等重大节庆活动。民族节日更是具有独特的地方色彩,如人们总是把泼水节和傣族的形象联系在一起,那达慕大会总是让人们想起内蒙古。此外,宗教的固定传统节日与庙会集会活动融合,成为当地宗教最隆重的旅游节事活动。例如,九华山庙会,壮族歌圩节,福建、台湾等地的"妈祖圣诞日"。

4. 参与性

随着旅游业的发展,旅游者越来越注重旅游活动的参与性,旅游节事就是这样一种参与性很强的活动。节庆活动要取得成功,就必须面向民众、植根民众、开门办节。形式要开放,参与度要增大,使游客和当地居民都能从亲身参与中感受到节日的快乐,这样才能聚集人气、渲染气氛,使活动有气势、有声势。例如,2014年的青岛啤酒节还推出新老门票兑换、饮酒故事会、啤酒节照片秀、啤酒节人物聚首等12项亲民文化活动,吸引了数万名市民参与,让啤酒节不再是单一的狂欢,而是升格为一场集狂欢、旅游、休闲、娱乐和文化展览为一体的大型综合性盛会,让游客们在啤酒城内充分乐享休闲生活、感受啤酒文化,体验"文化立节"的节日氛围。

5. 多样性

节事活动的多样性主要表现在吸引因素、主题、活动内容的多样性。节事活动的内容可以有音乐舞蹈、会议庆典、服装展示、体育竞技、杂技表演、狂欢游街、土特产品展销等各种形式的文化娱乐活动,涉及政治、经济、文化、体育、商业等多个领域。例如,2014年胶州市举办的首届大沽河旅游节以"感恩沽河行,探寻乡村梦"为主题,涵盖五大主题活动以"体验农耕·感知民俗"美丽乡村行活动饱览大沽河,"碧水花海"新媒体微视频微电影拍摄活动写意大沽河,"堤顶绿岸"骑行活动记录大沽河,"秧歌红"文化展演活动放歌大沽河,特色商品博览展活动描绘大沽河,"沽河味道"美食体验活动品味大沽河。此外,同一节事活动的每年活动主题都不一样,例如,大连服装节2011年的主题为"人民的节日·服装的盛会"、2012年的主题为"时尚·浪漫风"、2013年的主题为"梦幻·时裳"、2014年的主题为"追梦大连"。

(二)节事旅游的类型

我国的旅游节事活动数量、种类繁多,按不同的分类方法可被分为多种类型。按照不同的标准,提炼各种节事旅游的共性,可将旅游节事活动分成不同的类型。

1. 节事活动的基本类型

国际著名节事研究专家Getz把事先经过策划的事件分为以下八种基本类型:

① 文化庆典:主要包括节日、狂欢节、宗教事件、大型展演、历史纪念活动等。
② 文化娱乐事件:主要包括音乐会、文艺展览、受奖仪式和其他表演。
③ 会展及商贸活动:主要包括会议、展览会、博览会、广告促销、募捐/筹资活动等。
④ 体育赛事:主要包括职业比赛、业余竞赛和商业性体育活动。
⑤ 教育科学时间:主要包括研讨班、专题学术会议等。
⑥ 休闲时间:主要包括演唱会、娱乐事件等。
⑦ 政治/政府事件:主要包括就职典礼、授权/授勋仪式、群众集会等。
⑧ 私人事件:主要包括个人典礼、社交事件等。

2. 根据节庆事件的规模分类

Roche从研究事件的现代性角度出发,综合事件的规模、目标观众及市场、媒体类型覆盖面等标准,将节庆事件分为重大事件、特殊事件、标志性事件和社区事件,节庆事件的类型和规模,如表5-1所示。

表5-1 节庆事件的类型和规模

事件类型	实例	目标观众/市场	媒体类型覆盖面
重大事件	世界博览会 奥运会 世界杯	全球	全球电视
特殊事件	国际汽车大赛 区域性体育赛事	世界/国内	国际/国内电视

续表

事件类型	实 例	目标观众/市场	媒体类型覆盖面
标志性事件	国家体育赛事（澳大利亚运动会） 大城市体育赛事/节日	国内 区域	国家电视台 本地电视台
社区事件	乡镇事件 地方社区事件	区域/地方 地方	本地电视/报刊 本地报刊

3. 根据节事活动的主题划分

根据节事活动的主题划分情况,如表 5-2 所示。

表 5-2 节庆事件的主题

类 型	节 事 旅 游
商品产品和物产特产	中国宁夏枸杞节、菏泽国际牡丹花会、大连国际服装节、青岛国际啤酒节、山东栖霞苹果艺术节
地域文化类	曲阜国际孔子文化节、平遥古城文化节、国际齐文化旅游节、青城山道教文化节、中国淄博国际聊斋文化节
自然景观类	中国哈尔滨国际冰雪节、张家界国际森林节、北京香山红叶节、桂林山水旅游节、云南罗平油菜花旅游节
民族风情类	潍坊国际风筝节、凉山彝族国际火把节、岳阳国际龙舟节、宁波中国梁祝婚俗节、浙江绍兴国际书法节
宗教类	九华山庙会、五台山国际旅游月、泸沽湖摩梭人转山节、四川遂宁国际观音文化旅游节

4. 根据主导功能划分

(1) 游览观光型。

此类节事以各种优美的自然风光、人造景观、历史文化为吸引物,供游客游览观光和鉴赏,从中获得美感享受和身心健康,举办者以吸引游客获得旅游经济效益为直接目的。例如,长江三峡国际漂流节。

(2) 商业经贸型。

此类节事以提供各种地方土产、商业经贸来往的机会为重要吸引力的源泉。前往的经营者同时是旅游活动的直接潜在参与者,例如,广交会。

(3) 民俗文化型。

此类节事以当地的民俗文化为吸引物,例如,广西民歌节。

(4) 功能综合型。

此类节事的目的表现出明显的以上三个方面的综合特征。活动中既有游览观光型内容,又有商业经贸会展,还有民俗文化旅游等。例如,武汉国际旅游节。

(5) 以塑造区域形象为目的。

这种节事活动一般持续时间比较长、内容综合、规模较大,其举办活动的不是以获得经济效益为主,而是提升地方形象、展示精神风貌和综合实力。例如,2008年北京奥运会、2010年上海世博会。

三、节事旅游的利益相关者

(一)主办机构

1. 组织机构

组织机构是指负责节事活动组织、策划、招商、管理、运作等事宜的有关单位。组织机构可以是企业、行业协会、政府部门和新闻媒体等。根据各单位在举办活动中的不同作用,一个节事活动的组织机构一般有以下几种:主办单位、承办单位、协办单位、支持单位等。在策划举办一个节事活动时,必须确定这些机构是哪些具体单位。

2. 主办单位

主办单位是拥有节事活动的举办权并对活动承担主要法律责任的组织单位。主办单位在法律上拥有活动的所有权。在实际操作中,常见的主办单位形式有三种:一是不仅拥有活动并对活动承担主要法律责任,且负责活动的实际策划、组织、操作与管理的全过程;二是拥有活动的举办权并对活动承担主要的法律责任,但不参与活动的实际策划、组织、管理、运作等;三是名义上的主办单位,什么也不承担。出现后两者的原因是这些"主办单位"有着强大的行业号召力,根据需要来决定主办单位的形式和名单。

3. 承办单位

承办单位是直接负责活动的实际策划、组织、管理、运作,并对活动承担主要财务责任的组织单位。此外,还有大部分承办单位负责活动的招商、宣传和推广工作。例如,作为中国著名的三个国际性音乐节之一的南宁国际民歌艺术节,目前就是由专业性的公司南宁大地飞歌文化传媒有限公司作为承办商进行管理的。对于承办单位来说,其只要管理职业主要体现在以下几个方面:

第一,组织和营销节事活动。节事承办单位对节事活动的策划以及营销组合计划影响着节事活动的知名度和收益。节事活动主题的表现手法是多样的,要想使主题有新颖的表现就需要进行精心策划。另外,由于节事旅游者节事审美情怀的变化以及旅游者求新求异的内驱力的影响,迫使着节事活动必须与时俱进,在主题不变的基础上不断创新。

第二,争取赞助单位的支持,缓解节事承办单位的经济负担,保证节事活动顺利举办。节事活动作为地方标志性事件,它的规模性就要求大量的资金支持,需要多渠道筹措资金。例如:

2013年山东潍坊国际风筝节
　　主办单位:国际风筝联合会、山东省潍坊市人民政府
　　承办单位:山东潍坊市展览公司、山东省贸促会
　　赞助单位:潍坊市国际假日酒店、潍坊艺林风筝有限公司、潍坊市工艺美术研究所

4. 协办单位

协办单位是协助主办或承办单位责任活动的策划、组织、管理、运作以及招商、宣传和推

广等工作的单位。虽然协办单位对活动一般不承担财务责任,也不承担招商、宣传和推广工作,但它们所起的作用往往是不可忽视的。

5. 支持单位

支持单位是对活动主办单位或承办单位的活动策划、组织、管理、运作,或对其招商、宣传和推广等工作起支持作用的组织机构。支持单位基本上不对活动承担任何责任,包括法律责任和财务责任。

主办单位和承办单位对一个活动的运作来说,是最为核心和最重要的组织机构,也是必不可少的;协办单位和支持单位的作用也很重要,往往根据主办单位和承办单位的实际能力和活动的实际需要,来决定是否需要。选择好主办单位、承办、协办单位和支持单位及处理好他们之间的关系对活动的成功举办和长远发展有着十分重要的意义,这不仅可以提高活动的档次、规格和增强权威性,而且可以吸引广大媒体的关注,进行广泛的新闻宣传,扩大活动的影响力,有效地形成活动的品牌效应。

(二)项目经理和项目团队

项目团队是节事活动项目的另一个主要参与者。项目经理是项目的负责人、组织的核心,必须明确自己在项目管理中的作用和地位、职责和权限,负责协调各方面的利益。作为掌控者的项目经理,其能力不仅体现在对项目流程的把握梳理上,更应把赢利的概念时刻贯穿在目前以及未来的项目中。节事活动的项目经理是个非常注重经验和资历的职位,一般需要至少有 5 年的节事活动项目管理工作经验。项目经理类似一个"全能"高手,要有规划、掌控、协调整个项目的能力;要有交流和交际力,项目经理需要跟客户、自己的团队成员、公司各支持部门、主办方、施工布展等方方面面打交道,因此要善于交际、沟通、协调;要有质量管理能力,熟悉基本的质量管理技术;要有合同管理能力,掌握较强的合同管理技巧,了解签约中关键的法律原则;要有成本管理能力,懂得报价,了解成本估计、计划预算、成本控制、资本预算以及基本财务结算等事务;要有国际事务处理能力,了解国际惯例和相关国家的语言、文化、习惯、法令规章等等。如今,很多节事活动已越来越国际化,因此项目经理还需要有流利的英语沟通能力。

(三)赞助商

赞助,是指企业为了实现自己的目标(获得宣传效果)而向某些活动(如体育、艺术、社会团体等)提供资金支持的一种行为。节事活动赞助,是指企业为节事活动提供经费、实物或相关服务等支持,而节事活动的组织者以允许赞助商享有某些属于它的权利(如冠名权、标志使用权及特许销售权等)或为赞助商进行商业宣传(如广告)作为回报。赞助是节事活动管理中最有特色的一部分,很多大公司把赞助视为营销战略的一部分。一项成功的赞助必须是双方互利互惠、互有所得,对于节事活动管理者来说,通过赞助可以减少资金周转的压力,给活动带来额外的收益,对于赞助商来说,通过赞助可以推动销售额的提高,提升产品的知名度,或者通过主办机构的活动加强与客户的关系。赞助绝非只是"卖广告"或"属冠名权",而是双方资源重新配置的深层次合作。如作为 2010 年上海世博会的唯一指定乳制品的伊利集团不仅为上海世博会提供高标准的服务,让各国游客共享"世博牛奶"的营养与健康。为了让华东地区的消费者更好地感受世博氛围,伊利集团特别推出了纯牛奶"世博纪念装"。而在世博会期间,伊利集团还在上海、苏州、杭州、南京4地举行了"世博纪念装"大型路演活动,通过"牛奶中国馆"、巨型牛奶盒、热舞小牛等趣味十足的活动形式,将世博会的氛围、理念传递给了华东各地的消费者,这期间的销量是以往日均销量的三番。

(四)新闻媒体

现代媒体在活动宣传中起着举足轻重的作用,合理地利用好新闻媒体,可以有效地提升节事活动的影响力。而对于新闻媒体而言,现代节事活动不仅是兼具时新性、重要性、显著性、接近性和趣味性等新闻价值的新闻"富矿",更因其在城市文化构建中所起到的独特作用与新闻媒体在社会系统中的"文化功能"取向一致而成为深度合作的战略伙伴——不仅在新闻报道、策划创意、推广赞助、广告支持等方面密切合作,而且通过这些活动开展,有力地促进了现代节事活动的发展和城市文化的兴盛。如青岛啤酒节每年都吸引中央电视台、中央人民广播电台、中国国际广播电台、台湾东森电视台、香港凤凰卫视、美国有线电视新闻网、英国广播公司等海内外电台、电视台对其进行不同形式的直播或录播,另外还有人民日报社、经济日报社等200多家报纸、杂志及网络媒体争相报道。尤其是在第17届青岛啤酒节期间的相关媒体报道创下了"六个首次"——一是包括新浪、中新网在内的20余家网络媒体对开幕式进行了首页视频直播;二是青岛近4000个公交车载电视首次直播开、闭幕式,使狂欢覆盖全城;三是中国国际广播电台首次用43种语言把节日盛况传播世界;四是首次融入人文奥运内容;五是首次推出中、英、韩三种语言版本的官方网站;六是首次运用动漫形式制作宣传片。

(五)旅游者、当地群众等消费者

首先,旅游者是节事旅游活动的真正主角。节事旅游是依托旅游资源以吸引大量旅游者的主题性节日盛事。节事活动在策划中越来越重视观众、旅游者的参与程度,它甚至对节事活动的成功与否起着举足轻重的作用。已经成功举办了20余届的上海旅游节就着重抓住了为游客办节,为大众办节的宗旨。活动期间的每一天都安排有精彩的旅游节庆活动与游客相会,包括旅游节花车巡游大奖赛、国际音乐烟花节、大观园红楼旅游节、玫瑰婚典、小主人生日游、崇明农家乐等大大小小近百项旅游活动。推出了"都市游"、"弄堂游"、"生日游"、"桂花游"、"吉祥游"、"民俗游"、"森林游"等系列特色旅游产品,涵盖了观光、休闲、娱乐、文体、会展、美食、购物等近40多个项目,每届都历时20余天,每年都能够吸引游客超800万人次。

当地群众参与是节事旅游活动的基本保障。群众参与度高不高是衡量一个节事旅游活动是否成功的主要标准之一。例如,青岛啤酒节从节庆活动项目的设计上,也体现着青岛啤酒节"市民节"的特色,满足本地客源主体的需求,青岛啤酒节策划了各项专门面向市民的活动,被喻为"青岛市民趣味运动会"。具体活动包括市民花车艺术巡游、"合家欢"趣味娱乐比赛、持酒瓶耐力赛、饮酒绝技表演、"啤酒女神"选美比赛、"万人横渡汇泉湾"等。其中,仅"合家欢"娱乐项目每年就吸引了近900个市民家庭参与,在其他面向全体大众参与者的活动中,青岛市民也是参与的主体。

(六)其他相关者

节事旅游活动的成功举办还离不开服务商的参与。这里的服务商主要包括餐饮、酒店、

旅行社、旅游景区、礼仪接待公司、物流企业、音响及舞美设计公司等,这些服务商作为节事活动正常运营的重要组成部分,为整个活动提供接待服务、现场服务、设施设备服务等。

第二节 节事旅游的策划与运作

一、节事旅游的构成要素

节事旅游构成要素有节事旅游主体、节事旅游客体、节事旅游媒介、节事旅游保障等四个方面。

1. 节事旅游主体

节事旅游主体是旅游者,它是节事旅游四个部分中能动性最强的。节事旅游主体的旅游偏好以及旅游决策,制约着节事旅游客体和节事旅游媒介的发展方向。他们在节事旅游中,通过自身空间的位移带来的消费,影响着节事举办地的政治、经济、社会、文化、生态各个方面。在社会文化上,节事旅游者潜移默化地影响着社区居民的思想观念和利益选择,使社区文化多样化,使传统的节事现代化;在经济上,节事旅游者的旅游消费,给节事举办地带来了旅游收入,影响着节事举办地旅游业的发展状况。

知识活页 资阳市举办特色旅游节庆活动 吸引游客 530 万人次

2013 年,四川资阳市旅游局按照市委市政府发展旅游的总体部署,共举办特色旅游节庆活动 13 个,培育和拓展了成渝及周边旅游客源市场,形成新的文化旅游产业链条,推进全市旅游业又好又快发展。2013 年,资阳市特色旅游节庆活动吸引游客 530 万人次,销售旅游商品 1.2 亿元,实现旅游总收入 42.6 亿元。

一、主要成效

1. 旅游经济快速增长

全市共举办了"中国旅游日——幸福资阳游"、美在资阳旅游摄影大赛、樱桃节、柠檬节等旅游活动,实现旅游收入 42.6 亿元,占全市旅游总收入的 29.4%。新增就业人数达 2326 人,带动间接就业人员数 6800 余人。樱桃节期间,樱桃沟旅游区经营乡村旅游农家乐的农户人均增收 2 万元以上,樱桃价格由 2006 年的每斤 2 元增长到 2013 年的每斤 8 元,价格翻了两番。

2. 集聚人气塑造新品牌

全市的旅游活动吸引了游客 530 万人次,四川省旅游局等省级相关部门、资阳市委市政府领导、媒体记者、游客等累计超过 10 万余人参加开幕式和相关活动;成都、重庆、内江、遂宁等地旅行社纷纷组团前往旅游观光,省内外自驾游车队络绎不绝,羊肉美食节期间高峰期每天多达 5000 余辆,接待近 4.5 万人次;活动期间,展示展销旅游商品100余种，销售收入达亿元。通过活动的举办，简阳羊肉汤、安岳柠檬、简阳红樱桃等品牌逐渐为更多游客所知晓和好评。

3. 景区建设加快推进

全市投入1.5亿元围绕旅游活动加快旅游景区开发建设，进一步加快旅游道路等基础设施建设。全市改扩建旅游公路13.6公里，新建游客接待中心1个，旅游厕所12个、旅游停车场12处、旅游购物场所23个、游步道15.7公里，新增各类旅游标志标牌、温馨提示牌、警示牌120余块；规范改造农家乐50家，新发展农家乐32家。

4. 旅游标准化服务技能进一步提升

全市共举办导游、讲解员、农家乐管理、服务技能、厨艺等类别的专业培训20期，培训人员3000余人次，进一步提升了旅游服务的质量和水平；同时配套生态旅游节庆活动还举办了草莓、柠檬、樱桃种植和营销等技能培训10期，培训1000余人次，进一步提高了农民的种植技术和营销技能。

二、主要做法

1. 大胆创新旅游活动举办方

资阳市秉承"政府引导、协会主导、企业主体、市场运作、全民参与"的路子，确立了"为农民办节、为游客办节"的宗旨，立足该市历史文化、生态旅游资源、交通区位优势办节，促进农业产业结构调整，推动农民致富增收。政府在举办活动中，由主办者变身为引导者、倡导者，让协会、企业作为活动主体，主导活动的举办，农民成为活动的参与者，新办农家乐成为活动接待的主力军，经济效益和社会效益都实现双提高。

2. 深度挖掘节庆活动文化内涵

坚持以挖掘、展示地方文化特色、塑造地域旅游文化品牌为宗旨，达到吸引游客、拓展客源市场的目的。如安岳柠檬生态旅游节期间，《石刻汉子》《柠檬情怀》、《王妃之恋》等地域风情的文艺节目就很好地展示了安岳的石刻文化、柠檬文化、历史名人文化等。旅游节庆活动融入了地方特色文化内涵的血脉，生命力进一步增强，极大激发了游客的与热情，吸引更多游客来资旅游观光。

3. 广泛延伸旅游产业链条

举办旅游节庆活动，贯穿了"以农兴旅、以旅助农、城乡互动"的指导思想。节会活动整合、延伸了乡村旅游、生态旅游、观光休闲旅游以及特色旅游商品产业链条。以安岳柠檬生态旅游节为例，活动期间按照"周周有主题、天天有活动"思路，举行了旅游商品展销、欢乐柠檬大舞台、柠檬美食评选展销、柠檬文化体验等15个系列活动，将原本单一的柠檬主题旅游节会引申为了汇集众多旅游商品、众多参与主体、众多营销品牌、众多文化样式的综合性产业链条。

2. 节事旅游客体

节事旅游开展所依托的旅游资源即节事活动（包括表演者、承办者、社区等）。它是吸引

旅游主体发生旅游行为的外部诱导者,也是旅游活动开展的客观物质载体,它的主题、形式、内容都影响着旅游者的旅游决策及其旅游体验。

一方面,节事活动的主题决定了其客源市场的类型,主题的选择也直接影响节事活动对客源市场的吸引力。陕西宝鸡市原先有个"炎帝节",由于时间上与黄帝陵公祭有冲突,虽固有"炎帝故里"、"青铜器故乡"的美名,但旅游业却迟迟火不起来,与其所拥有的"中国旅游城市"的身份极不相称。对此,当地策划者决定改变思路,即依托号称"中国气候南北分界线"及"中国生物基因宝库"的秦岭做文章,推出"太白观花赏雪节"并给其定位为"中国天然的第四纪冰川地貌博物馆"、"中国高差最大的国家地质公园"、"离城市最近的城市公园"。2004年,该节的组织者又申办成功"中国森林旅游博览会",进一步升了宝鸡作为一个独立的旅游目的地的国内旅游形象。

另一方面,节事活动的表现形式影响着旅游者的旅游体验。时代在变化,节事活动必须常办常新才能保持其持久的生命力,节事活动内容如果总是年复一年的陈俗老套,就会渐渐失去光泽和魅力,逐渐走向枯萎和灭亡。节事活动在围绕活动主题的前提下,各种活动内容应该稳中有变,既要有保持其特色的传统项目,还要挖掘和创造一些紧跟时代潮流、追随人们意识观念转变轨迹的亮点项目。如2012年苏州针对国庆长假举家出游趋势明显的特点,诸多景区点推出适合亲子游玩的节庆活动:苏州乐园欢乐世界、糖果乐园推出了"儿童红歌比赛",并网罗世界吉祥物,邀请游客为糖果世界吉祥物票选;白象湾景区举办的COSPLAY动漫嘉年华,是长三角最盛大的COSPLAY大集合,更有动漫定向寻宝、儿童动漫绘画展、动漫武林大会;穹隆山景区则有"花园宝宝"玩偶与游客一起互动游戏;张家港永联村推出动物逗逗乐——欢乐动物总动员,其中重磅推荐鸟类、京巴狗、猴子表演项目;常熟虞山国庆期间举办虞山卡通人物秀,以当季流行卡通人物真人秀为亮点,让游客身临其境。

3. 节事旅游保障

节事旅游保障包括节事举办地政府和城市两个要素。节事举办地政府为节事旅游活动提供政治环境,而节事举办地城市为节事旅游提供物质环境。政府的主要职责表现为以下几个方面:

第一,节事旅游各要素利益的协调,节事旅游的开发引发了众多利益,节事承办者获得经济利益,旅游者获得旅游体验,社区获得经济和社会利益,城市获得形象利益。当出现利益冲突时,只有政府的介入才可以达到利益制衡的作用。例如,昆明世界园艺博览会对昆明的发展起到了十分重要的促进作用。为保证世界园艺博览会的顺利召开,政府专业部门在前期就给予支持,参与推介。云南省建设了一系列交通和公共服务配套设施,提高了城市的规划、建设和管理水平,促进了产业机构调整,扩大了城市开放水平,使昆明跻身全国十大旅游热点城市,并为昆明城市建设发展提供了很好的基础。

第二,节事政策的制定者。2006年杭州世界休闲博览会顺利举行,确立了杭州"东方休闲之都"的城市定位;对中国旅游休闲事业产生重大影响,被誉为"开启中国休闲元年"。杭州世界休闲博览会于2005年就制定了一系列招商计划,如世界休闲博览会制定服务计划、世界休闲博览会特许产品计划、世界休闲博览会赞助计划、世界休闲博览会市场开发计划书、酒店招商等。世界休闲博览会期间安排有100多项休闲旅游、文体活动、会议培训和展示展览项目。"杭州电信114号码百事通"为世界休闲博览会提供语音服务平台,杭州的200

个公交站点实现智能化咨询。

4. 节事旅游媒介

节事旅游媒介是指节事旅游开展所依赖的旅游服务企业，包括旅行社、饭店和交通运输业，他们是节事旅游服务的提供者，通过各自所提供的服务满足节事旅游者的需求。旅行社通过其为旅游者提供节事旅游产品，把饭店和交通等行业融合在一起，成为节事旅游开发的媒介要素。从满足节事旅游者的需求来说，他们需要宽松的旅游氛围，方便的信息服务，因此旅游企业应该注重提供个性化和人性化的服务，以保证节事旅游的质量。而对于旅游企业来说，一年中大大小小的节庆，也成为这些企业开发新产品和推出系列特色活动的最佳时机。通过推出这些新的产品和系列活动，企业不但能够让游客的节日过得更加精彩，也能让自己在激烈的市场竞争中抢占商机。例如，2014年的七夕情人节，海南省海口市香格里拉大酒店举办的海香嘉年华活动涵盖了经典南北小吃、亲子户外游戏、曲艺声乐表演及七夕浪漫婚礼等四大主题活动，为前往体验的客人提供了多样化的选择；三亚湘投银泰度假酒店则推出婚纱评比活动，客人可以将他们认为最美的婚纱发送微信到酒店的微信公众号，酒店收集照片进行评比后，得奖的客人会得到酒店免费赠送的婚礼仪式、三天两晚的免费住房以及一餐烛光晚餐；众多的旅行社也针对七夕节推出了不同类型的七夕旅游产品，如海岸浪漫游、浪漫七夕欢乐行、七夕旅游相亲活动等；三亚市呀诺达景区特别推出"雨林寻宝"活动，让游客通过游戏的方式深入了解呀诺达的文化，营造欢乐的游览氛围，取得了不错的效果。

二、节事旅游活动的策划

（一）节事旅游活动策划的原则

节事旅游策划应遵循以下几项原则：

1. 突显活动，创意创新

"生命在于运动，旅游在于活动"，活动可以说是对文化的活化。通过参与节庆活动，旅游者感到的是动感、热闹、欢腾，是参与活动过后的愉悦、健康、休闲和品位。同时，要注意活动内容和形式上创新，要与节庆主题切合，具有较强的市场运作能力。例如，昌乐国际宝石节为适应节事的需求，通过举办珠宝首饰时尚周系列精彩活动，以宝石首饰秀、文艺演出等形式，充分展示珠宝时尚潮流，此外昌乐还组织策划实施了许多创意新颖独特的活动，如珠宝展销订货会、中国蓝宝石市场发展国际论坛、书画名家作品站、精品蓝宝石评比大赛、重点招商项目签约仪式等活动，这些富有创意的活动对提升昌乐蓝宝石产业的规模和档次，把宝石节打造成国内外知名的节会品牌提供了有力支撑。

2. 确定主题，立足文化

旅游的最终目的是寻求文化体验，而没有文化便失去了活动应有的内涵和感染力。节庆主题是对当地旅游资源的深度挖掘和创新利用。第一，立足本土文化。历史的发展，使我国很多地方由于浓厚的历史文化积淀而释放出非常明显的文化引力作用。文化具有的地域性、民族性越强，对求新、求异、求知的旅游者来说吸引力越大，所以充分重视对本土文化的挖掘、利用应是节事旅游活动组织的核心。只有植根于地方文化的节事活动，才是有长久生命力的。第二，借鉴外来文化。节事活动的组织，同样也可以借鉴外来文化，不过这应该在

适应市场需求的基础上,并且注意与当地本土文化相协调,以创造出和谐的经济社会效果。

3. 寻找元素,整合资源

目的地的旅游资源是多维度的,包括物质的和非物质的、自然类的和人文类的。景区可以利用的元素是广泛的,可以是已有的,也可以是创造的。如"西湖·西施故里荷花会",撷取古诗"欲把西湖比西子",巧妙地将美丽西湖、美人西施和美景荷花整合、连缀在一起,相互衬托达到美的统一。西湖是自然类的资源、西施是人文类的资源,荷花会上所展现的地方戏曲、书画、美食则是物质和非物质文化的结合,对于西湖荷花而言,西施便是寻找来的文化元素。借题发挥,起到了事半功倍的作用。

4. 精心培育,塑造品牌

节事活动只有通过品牌化运作和管理,才能形成持久的综合效益,只有品牌化的旅游节庆活动才具有持久的生命力。品牌是唯一的、独特的,品牌的构建需要深入挖掘景区的文化内涵、创新文化表现形式。例如,"杭州龙井开茶节"将龙井茶文化赋予在开茶节节庆活动之中,扩大了龙井茶的品牌影响力和茶产地的知名度,带动了当地旅游业的发展。目前这一节庆活动已经成为当地最有特色的旅游品牌,有效地延长了当地旅游产业链,收到了良好的经济和社会效益。

(二)节事旅游活动策划

1. 主题策划

在城市形象的塑造中,一个鲜明而且与城市形象一致的主题往往能稳定地在人们心中构造一个积极的形象。通过主题的塑造,人们往往能够通过记住几句简单的口号、几条易记的词句就能把城市的名字同一种直观形象联系在一起。具体的主题策划在第三节中我们重点讲述。

2. 内容策划

活动内容的设计包括以下几个层面:

(1)旅游层面的活动内容。

节事活动主题确定后,接下来就是内容设计。首先,活动内容必须与当地的旅游资源、旅游主体形象有较强的关联性,如果策划一些与旅游地毫不相干的活动是没有效果的。

如在青岛啤酒节举办期间,为在崂山区内形成多点互动、利益共享的良好业态,让市民和海内外游客更好地参与和体验崂山旅游,今年啤酒节期间推出啤酒节旅游专线车。该旅游专线车连接起啤酒城、崂山风景区、极地海洋世界和石老人观光园4个景点,实现啤酒城与景点的循环互动。凡在各发车点购买上述任一景点门票的游客均可免费乘坐。啤酒节期间,每天上午9:30开始,按发车时刻表定时从啤酒城始发的啤酒节旅游专线车,经极地海洋世界、啤酒城、石老人观光园,到达崂山风景区(流清河检票处),然后返回,循环行驶。同时每辆旅游专线车还配备一名工作人员,为车上游客提供咨询服务、检票、协助游客上下车等。啤酒节指挥部还将配备专车、专人,每天对各点进行监督,提供后勤服务,确保专线车的安全准时发送。

(2)活动内容系列化。

从不同的角度围绕主题切入就可以策划一系列的活动内容,也只有系列化的活动内容才能发挥节事的规模效应和集聚效应。例如,2015年山海关整合所有旅游资源,重点推出金色长城赏秀之旅、红色文化感悟之旅、蓝色海岸激情之旅、粉色浪漫爱情之旅、绿色健康纯净之旅等5条多彩旅游路线。同时,每个月都推出至少一项主题节庆活动:4月,"五彩春天,与风共舞"主题活动,美丽雄关邀您忆风车、放风筝、赏风铃;5月,针对中老年人推出"心海情缘·山盟海誓"爱情主题活动,举办中国山地自行车锦标赛总决赛、京津冀大学生龙舟邀请赛;6月,第25届孟姜女庙庙会带您畅游浪漫的爱情基地;7月,大型爱国主义教育系列活动;8月,山海关美食大赛暨六城市美食联展月,届时南北饕餮美味会汇聚古城;9月,"月圆中秋夜,情满山海关"系列活动;10月,"欢歌迎盛世,龙腾狮舞送吉祥"主题活动,邀您欢度国庆,品味民俗;11月,以运动休闲为主题举办大型健身竞走比赛、登山竞赛等一系列户外健身休闲活动;12月,广邀游客来古韵雄关过新年,尽享"激情冬月,冰雪狂欢"。暑期还将在天下第一关、老龙头、孟姜女庙等景区推出"迎宾大典"、"清帝巡游"、"戚帅点兵"、"月老赐婚"等多项仿古表演,带您穿越古今,感受十足的民俗文化。

(3) 内容推陈出新。

时代在变化,节事活动必须常办常新才能保持其持久的生命力,节事活动内容如果总是一成不变的陈俗老套,就会渐渐失去光泽和魅力,逐渐走向枯萎和灭亡。节事活动在围绕活动主题的前提下,各种活动内容应该稳中有变,既要有保持其特色的传统项目,还要挖掘和创造一些紧跟时代潮流、追随人们意识观念转变轨迹的亮点项目。

作为岭南文化的发祥地之一,西樵山及其周边地区拥有不少类似"大仙诞"的传统民俗文化活动。例如观音诞、观音开库日,逢年过节舞醒狮、赛龙舟等活动。

近年来,结合社会经济发展,西樵不断在传统民俗文化活动中融入时代元素,使不少活动历久弥新。2012年的观音文化节,西樵借广东禅宗六祖文化节分会场落办西樵山之机,跨越广东、海南两省评选"至善大使",在传播社会正能量的同时,也扩大了城市的知名度和美誉度。

而近几年举办的"大仙诞"向社会公开招募饰演八仙的演员,增加了市民和游客参与民俗活动体验的机会,甚至有外国友人加入巡游方阵,扮演中国古代人物。2015年的"大仙诞"民俗活动还整合国家、省、市、区级非物质文化遗产项目资源,挖掘西樵山独特的地理环境和人文特性,通过影像长廊、LED视频播放、现场展示等形式,将佛山非物质文化遗产、民间传统艺术及特色民俗文化展现在群众和游客眼前,高科技的表现方式引来不少市民游客点赞。另外,"大仙诞"巡游方阵首次将丹灶康体书法、九江游龙表演、西樵民俗及舞台剧《狮舞黄飞鸿》飞鸿文化和南狮文化融合展示。香云纱模特秀也首次在西樵"大仙诞"巡游展出,穿越时空的原始人方阵和西樵面料模特秀,更令游客赞不绝口。

3. 营销策划

市场营销是节事活动经营管理的重中之重,抓好这一环节是节事活动创造效益的有力砝码。它以消费者满意为目标,整合各类资源,使节事活动在激烈的市场竞争中获取丰厚的利润。

1) 宣传策划

宣传推广是节事活动策划和营销工作中的一个重要环节,对节事活动的发展有着重要的影响。通过采用各种方法宣传主办方和节事的任何内容,抓住任何可以提高信誉和获取

正面影响的机会,可从以下几个方面入手:

第一,明确目标受众。即选择一个或者多个适合自己的目标市场。通常选择节事活动目标市场需要衡量与预测节事活动、市场细分、选择目标节事活动等三个步骤。

第二,找准宣传点。即明确节事活动的亮点、特色、吸引点,针对不同的群体商定不同的宣传方案。

第三,选择合适的宣传媒体。节事活动进行宣传时要选择那些符合活动特点、与活动密切相关的媒体;要安排专门人员负责媒体的邀请、组织与接待,并及时跟媒体沟通;要让媒体的宣传作用发挥到极致,把我们要传播的信息借助媒体及时传达出去,吸引游客前来参与和消费。

第四,综合运用各种宣传形式。营销人员要根据实际情况综合运用各种宣传方式对节事活动进行多角度的宣传策划。节事营销常见的形式有新闻推介、广告推介、人员推介、事件推介、宣传品推介、海报推介、城市巡回宣传推介等。

(1) 新闻推介。

① 新闻发布会。

新闻发布会是节事活动主办方与新闻界加强联系的有效方法,大型节事活动事先召开新闻发布会为自己做宣传是一种很常见的形式。新闻发布会是节事活动举办前后十分重要的发布会,需要精心组织,广泛邀请记者与会,以期引起更多目标观众的注意。如"2013东莞旅游文化节"新闻发布会在会展国际酒店三楼如意厅举行,来自省内外近20家新闻媒体单位的代表,各镇、街分管旅游工作的负责人,市旅游协会、市旅游饭店协会、市旅行社行业协会,全市各旅行社、部分星级酒店和主要旅游景点的负责人150多人出席了发布会。

② 节事进程跟踪报道。

在节事举办期间,媒体集中予以报道节事动态,继续扩大节事影响,其主要目的是吸引人们参与。节事成功举办后,媒体进一步报道节事成果,扩大节事活动影响,以利下届节事的举办。

(2) 广告推介。

广告是企业的一种促销手段,也是宣传节事活动、打出品牌的有效方法。依传播媒介的不同,广告可以分为电视广告、广播广告、报纸广告、杂志广告、网络广告、招贴广告、交通广告、直邮广告等。随着新的传播媒介不断增加,依传播媒介划分的广告种类也会不断增多。

每一类媒体都有一定的优点和局限性,认识不同媒体的特性,是合理选择广告媒体的前提。节事主办方很少以单一形式来进行展会的广告推介,通常都是"打组合拳"——通过合适的组合方式来进行。节事的广告推介并无定式,一切要依据节事本身的特点和目标来决定取舍。

(3) 人员推介。

人员推介直接有效,并极具人情味。人员推介大多为"一对一"的服务,即由节事工作人员通过电话、传真、信函(电子邮件或经邮局和快件公司寄送)、上门拜访等方式将有关信息送到目标客户手中。值得一提的是,一种新型的人员推介,与上门拜访有异曲同工之妙的特殊方式——利用在同类节事现场宣传自己的节事,已被越来越多的节事组织者所采用。因为在此种特定场合遇到的有价值的目标客户比例很大,所以可以大大节省辨别筛选目标客户的时间精力和费用,取得事半功倍的效果。换言之,选派人员在同类节事现场推荐自己的展会,恰如"借东风",能最大限度地借用别人的客户资源。

(4) 事件推介——"造势"活动。

事件推介往往能收到令人喜出望外的效果。进行事件推介,关键是要有一个好的策划,安排合适的活动内容,吸引大众注意。例如,历届奥运会的火炬传递就是一个很成熟的"造势"活动,火炬传递到哪里,就把奥运精神传播到哪里,非常吸引眼球。

(5) 宣传册等印刷品。

这些宣传品从设计到印刷,都要求字迹清晰、颜色醒目、图案与文字比例适中。

(6) 网络营销。

随着网络信息技术的发展,网络成了节事活动主办方和消费者沟通的重要渠道,网络营销以其难以想象的发展速度成为最有效、最便捷的营销手段。目前,一些大型的节事活动已经成立了自己的网站,通过网络和潜在的消费者进行沟通交流,还可以把相关产品和服务进行在线展示,节事主办方也可以在网上征求消费者的意见,以便改进产品和服务。

(7) 公共宣传。

公共宣传是指企业为实现销售指标,以非付费的方式从报刊、电台、电视等各种媒体获得编排的版面和播放时间,供节事活动消费者和潜在消费者感知的各种活动。由于公共宣传是第三者写出来的,体现了消费者的利益和公众的看法,对于消费者来讲可信度较高,这种方式的影响面较广、促销效果好。

2) 销售策划

旅游节事活动销售的最直接目的就是增加游客量,因此需要与节事活动策划、宣传紧密结合才能达到最佳效果。节事活动的销售策划也要从营销组合着手。

(1) 产品。

根据目标市场的需求和旅游地资源设计节事产品,可以对现有旅游产品围绕节事主题重新组合,也可以设计专项旅游产品。例如,中国曲阜国际孔子文化节期间就推出孔子家乡修学旅游、孔子周游列国游、孔林朝圣游等多项专题旅游产品。节事旅游产品也可以划分为以下几个部分:

① 核心产品部分。

节事旅游核心产品是产品使用价值的主要载体,是为节事消费者提供的与节事资源、节事设施相结合的节事旅游服务。例如,青岛啤酒节的核心产品部分就是为消费者提供的一种激情、狂欢的体验和感受,并享受高质量的服务。

② 有形产品部分。

节事旅游的有形产品部分是指出售时可供展示产品的具体形式,即产品的品质、商标、包装和外观等,体现在旅游产品上则为具体产品的质量、特色、风格、声誉、品牌、价格等。例如,青岛啤酒节上各个啤酒商家的产品齐聚啤酒城,他们才是啤酒节有形产品展示的主体,其他一些包括各种烧烤等餐饮,嘉年华娱乐活动也是青岛啤酒节活动的有形产品。

③ 延伸产品部分。

节事延伸产品部分是指为了加强产品对节事消费者的吸引力而为他们提供的各种附加值的总和,比如送货、咨询、优惠等。节事产品的延伸部分很难和有形部分区别开来,具体可

以指优惠条件、免费提供的各种服务、付款条件、推销方式等。

(2) 制定价格策略。

制定价格策略包括节事期间旅游产品的定价，对旅游中间商的优惠价格制定等。一般来说，旅游产品定价策划包括旅游产品的定价原理、定价策略和定价方法等内容，节事旅游产品的价格制定要以产品或服务的价值为基础。影响节事旅游产品价格制定的因素很多，包括节事活动的主题吸引力、节事活动的规模、节事活动的知名度和影响力、目标市场的购买能力、政府公益活动等。价格的制定要考虑多方面的因素，如果定价过高就会缺乏足够的客源市场，活动也缺乏活力；如果定价太低则很难体现产品和服务的价值，也很有可能低端化，不利于节事活动的持续发展。

(3) 销售渠道。

节事旅游产品从生产者到消费者的通道叫节事旅游渠道，节事旅游的渠道有直接和间接的两种。直接销售是指主办方自己从事产品的销售业务，这样做的好处是减少了中间商的开支，弊端是要建立烦琐的票务系统。间接销售是指举办方通过中间商、代理商、批发商等中介组织进行产品、服务的销售和管理，这样做的好处是可以拓宽分销网络，弊端是增加了办节成本。

(4) 运用促销手段。

一流的策划，一流的产品，加上一流的促销，才能创造一流的效益。旅游节事活动时间短，产品性质特殊，临时调整难度大，对促销的要求较高，因此要充分重视宣传促销工作。像青岛啤酒节这样具有一定影响力的节庆活动，要在控制好成本的前提下，尽可能地综合运用电视、广播、杂志、报纸、互联网、直邮等形式，以达到较好的促销效果，还要充分利用公共关系，通过支持社区活动，提供物质等方式，获取客源市场对产品的好感。

三、节事旅游活动的运作流程

(一) 节事旅游活动的基本工作流程

节事旅游活动的基本工作流程大致分为三个阶段，节事活动前期准备阶段、现场实施阶段和后续总评阶段。

1. 前期准备阶段

(1) 策划需求调查。

收集有关活动的各种资料，包括文字、图片以及录像等活动资料，包括行业发展状况的资料、节事旅游发展状况的资料、节事旅游活动拟定举办地相关情况的资料。收集资料的内容中，诸如企业数量、经济技术指标等信息，应尽可能数据化，最好能够收集到权威机构公布的近三年的统计数据。例如，由商务部、科技部、国家知识产权局、上海市政府联合主办的"中国(上海)国际技术进出口交易会"，于2013年5月在上海举办首届。因其属于行业性创新的展览会，而没有主题展览会可以作为市场调研的参照，但是可以收集与技术贸易主题相关联展览会发展情况的资料，如可以收集大连"软件博览会"、武汉"光电技术博览会"等以技术商品为主题的展览会的资料。调查是策划的基础，为策划提供客观可靠的依据。

(2) 确立策划目标。

节事活动策划要确立明确的目标,如果没有目标或者目标不明确,方案就会无的放矢,甚至在执行的过程中导致混乱。从节事活动策划工作的特性出发,在确立目标时,应注意以下两个方面的问题:

第一,选择目标市场。即通过市场分析(见表5-3),选择目标市场。

表 5-3 市场分析的主要问题

问 题 分 类	导 向 问 题
节事设计	1. 节事的主题是什么 2. 节事在什么时间、地方举办 3. 节事活动的规模预计多大
行业市场	1. 未来5—10年在国内外有无发展前景 2. 近三年该行业主要企业有哪些,分布与结构如何 3. 节事活动的推广采取什么样的方式 4. 中国地方政府对于举办节事活动的态度如何
节事需求	1. 节事的观众来源及参与目的是什么 2. 参与企业的目的是什么
节事环境	1. 节事活动的主办方实力如何 2. 举办地城市发展状况对节事的举办有什么影响 3. 举办地有没有政策、法律或重大公共关系的风险

以上所列市场分析的问题,是参考某跨国公司关于展览会项目市场调研的内部要求加以整理的。但是在从业实践中,由于节事活动的主题不同或者由于主办方的发展战略不同,细分的问题也会不一样。

第二,确定活动定位。通过对参与者的心理需求的分析来确定活动的主要内容并进行活动定位。

(3) 拟定初步方案。

① 选定主题:主题是对活动内容的高度概括,要为广大公众所接受,同时避免重复、大众化。

② 选定时间:除了固定的节日,时间的选择一般较为灵活。但是方案中要先把时间确定下来,以便做具体的安排。

③ 选择地点:地点的选择必须考虑公众分布情况、活动性质、活动经费,以及活动的可行性等因素。

④ 预算费用:做好活动成本和各项费用支出的预算,让有限的资金发挥最大的作用。

(4) 筛选策划方案。

重大节事活动策划时要明确节事活动的目的和意义,要精心设计活动的形式和内容,要有独特的创意,从而筛选出最合理优化的方案。

2. 实施阶段

实施方案,根据策划方案进行具体实施,注重活动的现场管理。

3. 总评阶段

对活动进行评估,做好节事活动后期服务工作。

(二)节事旅游活动的运作模式

在节事旅游的发展过程中,出现过多种不同的运作模式。其中,有些模式已经不能适应市场发展的趋势,还有些模式需要进一步完善。

1. 政府包办模式

在这一阶段主要是政府主导,企业被动参与节事运作。发展初期,中国大多数节事完全由政府筹备,邀请企业参与,以期待朝向市场化方向发展,企业的参与节事是被动的、缺乏积极性和创造性。首先,政府组织包办节庆活动,常习惯使用行政的手段进行,如上级主办单位为了表现节庆举办的成功及增加人气,常以行政命令的方式要求下属组织以部门为单位,每个单位出多少辆花车,或每个单位来多少人参加等现象,在国内并不少见。其次,政府主导包办的节庆活动往往是由最高领导的个人意志决定,其更多的是一种跟风行为。看到其他地区节庆成功举办所带来的成效,纷纷效仿,缺乏市场调查,缺乏文化基础,缺乏创新,导致节庆的主题缺乏或是雷同。而且在节庆的名称上,也常冠之以"中国"、"国际"等字样,以显示其规格比较高。最后,作为主办方的政府并不清楚市场需求状况,盲目跟风或是以领导意志进行节庆组织,常常使得节庆事件的举办,缺乏实质内容,而且都为"千庆一面"的现象。第一天往往是从中央到地方的各级重要领导出席开幕式,并分别作热情洋溢的讲话,然后是各种歌舞表演和时尚秀等,第二、三天主要是普通公众的观看游览时间,然后草草结束,节庆没有实质内涵,缺乏普通群众可以参与的娱乐活动项目。虽然这种方式发挥了政府旅游职能部门或组委会的积极作用,但是在节事旅游活动发展到一定的阶段之后,这种方式不仅给政府带来了相当大的资金周转问题,而且在政府职能部门在人力资源上也出现弊端;另外,政府主导的节事旅游不能很好地满足市场化的发展需要,政府在节事旅游产品设计时也有很大的局限性,不利于节事旅游的长期发展。在这种模式中,政府在节事旅游活动中扮演着策划、导演、演员等多种角色,节事旅游活动的主要内容由政府决定,活动场地、时间由政府选择,甚至参加的单位也由政府指派。这种运作模式其实质是已经脱离了节庆的本质,脱离了人民群众,是一种形式化的节庆。

2. 多方联办模式

多方联办模式是指各部门、协会主办或与政府、地区联合主办的模式,是目前较多城市专题节事旅游活动采取较多的一种模式,具有政府包办模式的一些特点,同时也融入了市场化运作的一些成分。如南京梅花节经过不断的发展,在节事的运作上,已经形成了自己的特色,在国内众多的节事活动中,也产生了较大的影响。从梅花节的组织和管理来看,梅花节仍是以 20 多个政府部门和机关为主办和协办单位。虽然企业也参与到节事活动的运作之中来,而且组织者也进行了一系列市场化的运作,如邀请国内的旅行社和国外的旅游承销商实际的参观,进行旅游线路和旅游资源的推介,但实际从事市场操作的本地的旅游企业却很少参与,或者是积极性不高,这就影响到了推介会的实际效果。因为推介会过后,真正从事市场层面操作的还是旅游企业之间。同时,虽然有众多的企业加入到节事的运作之中,但参与的程度和项目都十分的有限,而且从数量上来说仍然偏少,而政府在整个活动的运作中也没有对相关的项目进行公开招标,透明度不够。可以说南京梅花节的运作目前正处于政府包办向市场化运作的转变阶段,这种模式有了市场化运作的意识,但还需要进一步完善。

3. "政府主导,市场运作,社会参与"模式

(1) 政府主导。

政府部门本身有自己的功能定位和职责所在,要分清哪些职能属于政府承担,哪些内容要放手让市场、企业和社会去做,逐步放弃不该管的和管不了的部分,通过体制、机制改革,建立有效的激励和约束机制,引导、激励和推动大型活动的运作管理体制改革,最终为公众提供满足精神生活、休闲娱乐需要的适宜和优质的服务。

政府主导是符合我国现阶段国情的节庆活动组织模式,从大型活动的策划到现场管理,都离不开政府的大力支持、各职能机构的鼎力配合以及相关部门的监督管理。政府仍旧是重要的主办单位,政府主导的作用主要体现在确定节事活动的主题及名称,并以政府名义进行召集、对外的宣传及活动过程的监督管理。具体来说,在不同的运作阶段,政府应扮演好以下不同的角色:

① 政府是节事活动的营销者。承办节事的无论是企业集团还是行业协会等,都缺乏足够的资金对区内外进行营销。节事作为本地群众的庆典,应以本地居民为主体,然而考虑到地区经济的发展和城市知名度的提高,在地区外进行营销和形象宣传也是必不可少,这时就需要政府的帮助。

② 政府是节事活动的协调者。节事的举办常常涉及各方的利益问题,如主办方、赞助企业、民众、公共生态环境等,各利益相关者都想在节庆事件中实现自身的利益最大化,这就需要政府的协调,使各方的利益最大化。

③ 政府是节事活动的服务者。大量人员的快速流入和聚集,必会对举办场地及周围居民的正常工作、生活产生重要影响,此时,需要发挥政府的公共管理职能。一是确保节庆举办期间,各种基础设施的正常供给,建立应急预案,发生情况可以随时处理;二是保持人群的正常秩序,维护人民群众的人身安全和公共物品的财产安全,最终保障节庆活动的顺利举行。

(2) 市场化运作。

市场化运作是指根据市场经济的规律与要求,科学分离经营性项目和公益性内容,经营性项目按照企业化运营,公益性内容由地方政府牵头组织,整合地方资源,引入社会监督机制,以实现自身综合效益的最大化。市场化的理念不仅表现为企业经营、企业赞助,而且将科学观贯穿整个活动始末,包括推介、考查、论证、策划、规划、组织、管理和评估的全过程。

采取市场化运作,一来可以节约成本,在节事活动举办过程中,门票、广告、赞助、冠名、旅游商品等方面可以按照市场的需求来做,可以节约成本,避免因行政力量介入时造成不必要的浪费;二来可以做到收益最大化,包括参与企业的经济收益,政府的形象收益,以及当地的其他社会效益。例如,1998年,山东潍坊风筝节决定改变传统办节方式,大胆尝试市场化运作;第二年组委会便与有关公司联合策划招商;第三年风筝节与鲁台会、寿光蔬菜会同时举办,成功尝试了市场化运作,地方财政不再拨专款,是历届风筝节中市场运作力度最大、成效最为显著的一届。通过企业冠名、赞助、承办,实现了以节养节、以节强节的目的,现在,山东潍坊风筝节成了赢利非常好的品牌节事活动。又如青岛国际啤酒节堪称我国节庆市场化

运作的成功代表,主要表现在啤酒大篷摊位的市场化拍卖、啤酒嘉年华的全程外包以及旅游纪念品的独家代理上,其取得成功的关键在于早在1997年就设立了青岛市啤酒节办公室,目前已经形成了一支人员固定、组织结构完整、年龄结构合理、职责分明、经验丰富、从策划筹谋到组织管理都十分专业的项目团队。

(3)社会参与。

积极引导公众参与,节事旅游活动是依托社会经济、历史文化、风俗民情等社会资源,以吸引大量旅游者的节日盛事,因而节事旅游必须有气势、声势,必须"热闹",让尽可能多的企业和市民参与进来。节事旅游的魅力不仅在于组织者为节事活动安排的活动项目,更有魅力的是让旅游者身临其境感受到当地的人文氛围。因此,根据市场需求,设计有创意有新意有吸引力的活动,才能吸引当地居民的参与,进而吸引其他地区人们的关注。

建立社会参与机制,首先,要重视居民对大型活动参与意识的形成。公众是否具有参与意识,不是仅仅依靠节前的宣传推广就可以解决的,根本在于大型节事活动的宗旨,形式活泼、植根民众的活动往往受到居民和游客的欢迎。"招商引资"的目的是难以吸引公众的注意力的。相比之下,国外的节庆组织者更关心活动期间的参与体验、更注重深度挖掘本土文化,更在意细节设计。其次,要引发公众的参与行为。当大型活动充满鲜活的生命力,具备真正能够感动心灵的因素,当地公众自然以主人翁的角色去倾情投入,外地游客也自然主动地去享受节事活动带来的欢愉。这样的节庆才能真正吸引人,才能聚拢人气、财气,从而产生节庆活动衍生的经济价值,而过分追求经济影响力的本末倒置的做法,往往适得其反。如上海旅游节的办节宗旨就是"人民大众的节日",在旅游节的筹备及举办过程中,组委会广泛听取市民和旅游者的建议和意见,极大地丰富了旅游节的活动内容,进一步充实了旅游节的活动策划。

第三节 节事旅游主题策划

主题是节事活动的灵魂,那些影响深远的节事活动都有影响深远的主题。为了更好地把握节事旅游的主题,我们选取世博会这一世界经济、科技、文化的"奥林匹克"盛会作为案例来研究一下,节事旅游的主题策划问题。

一、世博会及其主题的界定

1988年修订的《国际展览会公约》将展览会界定为一种展示,无论其名称如何,其宗旨均在于教育大众。它可以展示人类所掌握的满足文明需要的手段,展现人类在某一个或多个领域经过奋斗所取得的进步,或展望发展前景。当有一个以上的国家参加时,展览会即为国际性展览会。可见,世博会鼓励人类发挥创造性和主动参与性,提倡把科学性和情感结合起来,有助于人类发展的新概念、新观念、新技术展现在世人面前,其特点是举办时间长、展出规模大、参展国家多、影响深远,被誉为"世界经济、科技、文化的奥林匹克盛会"。作为现代文明演进的载体和标志的世博会,表达了人们对人类文明发展的追求,促进了社会的繁荣与进步。

国际展览局在第118届大会上就世博会主题问题通过了若干决议,决议指出:任何世博会应该有一个合乎社会需要的主题;主题应该具有相当的广泛性,使任何一个参加者都能明白;主题的选择和主题的开发研究应该在组织者和国际展览局之间密切磋商,以及加强与国际最高层之间的联系,如联合国,以寻求得到他们的支持;国际展览局根据申请,能够明确告知实施主题的方法,具有指导和协助参加者和组织者的职责;东道国应该安排一些与主题范围有关的内容同最有名的专家进行讨论,以及与主题有关的国际或地区方面的经济性和专业性、代表性的组织进行会谈;组织者应重视对上述的讨论和会谈进行大规模的媒体报道,尤其事先同具有众多读者的国内和国外的新闻机构做好协调工作。这些决议明确了世博会组织者、国际展览局、相关国际组织、专家学者、社会公众、新闻媒体等六方在世博会主题确立中所扮演的角色,基于此可将世博会主题的确立原则概括为合乎社会需要原则、社会广泛接受原则、通俗易懂性原则、国际组织认可原则、专家协商认定原则和媒体广泛关注原则等六个原则。

二、历届世博会主题的统计特征

主题在现代汉语中是指文艺作品通过描绘现实生活和塑造艺术形象所表现出来的中心思想,即主题思想,是作品内容的主体和核心。主题是世博会的灵魂,然而直到1933年美国芝加哥世博会才首次提出了"一个世纪的进步"的世博主题,以便更好地展示芝加哥一百年来在工业、科技、文化上所取得的巨大进步,宣传芝加哥所具有的独特魅力,提高城市发展的竞争力。1933年及以后的每届世博会都有一个明确的主题,都在演绎体系的选择、场馆布局、活动项目的设置和表现等方面,运用多样化的方式进行演绎,设计了丰富多彩的活动项目来体现、丰富主题,以体现不同历史时期人类的文明成果和关心的问题。表 5-4 列出了自1851年英国伦敦万国工业产品大博览会以来历届世博会的主题一览表。需要说明的是1933年以前的历届世博会没有明确的主题,表中所列出的只是就其实质内容或举办目的所作的简要概括,表中加黑显示的文字是指具有重要代表意义的世博会主题。

表 5-4 历届世博会主题一览表

年份	举办国城市	名称	类型	主题
1851	英国伦敦	伦敦万国工业业产品大博览会	综合	万国工业产品展览
1855	法国巴黎	巴黎世界工农业和艺术博览会	综合	工业、农业和艺术
1862	英国伦敦	伦敦国际工业和艺术博览会	综合	工业和艺术
1867	法国巴黎	第2届巴黎世界博览会	综合	劳动的历史(首次用体系分类法)
1873	奥地利维也纳	维也纳世界博览	综合	纪念约瑟夫一世执政25周年
1876	美国费城	美国独立百年展览会	综合	交通和通信(庆祝美国独立百年)
1878	法国巴黎	第3届巴黎世界博览会	综合	农业、工业和艺术

续表

年份	举办国城市	名　　称	类型	主　　题
1880	澳大利亚墨尔本	万国工农业、制造与艺术博览会	综合	万国工业、农业、制造与艺术
1883	荷兰阿姆斯特丹	阿姆斯特丹国际博览会	专业	专业类(花卉艺术品)
1889	法国巴黎	第4届巴黎世界博览会	综合	纪念法国大革命100周年
1893	美国芝加哥	芝加哥哥伦布纪念博览会	综合	纪念发现美洲400周年
1900	法国巴黎	第5届巴黎世界博览会	综合	新世纪发展
1904	美国圣路易斯	圣路易斯百周年纪念博览会	综合	纪念路易斯安娜购地100周年
1908	**英国伦敦**	**伦敦世界博览会**	**综合**	**展现英法帝国的成就**
1915	美国旧金山	巴拿马太平洋万国博览会	综合	庆祝巴拿马运河通航
1925	法国巴黎	国际装饰艺术及现代工艺博览会	专业	装饰艺术与现代工业
1926	美国费城	费城建国150周年世界博览会	综合	纪念美国建国150周年
1933	**美国芝加哥**	**芝加哥万国博览会**	**综合**	**一个世纪的进步**
1935	比利时布鲁塞尔	布鲁塞尔世界博览会	综合	通过竞争获取和平
1937	法国巴黎	巴黎艺术世界博览会	专业	现代世界艺术和技术
1939	美国纽约	纽约世界博览会	综合	建设明天的世界
1958	**比利时布鲁塞尔**	**布鲁塞尔世界博览会**	**综合**	**科学主导的文明与人道主义**
1962	美国西雅图	西雅图二十一世纪博览会	专业	太空时代的人类
1964	美国纽约	纽约世界博览会	综合	通过理解走向和平
1967	加拿大蒙特利尔	加拿大世界博览会	综合	人类与世界
1968	美国圣安东尼奥	美国圣安东尼奥世界博览会	专业	美洲大陆的文化交流
1970	**日本大阪**	**日本万国博览会**	**综合**	**人类的进步与和谐**
1971	匈牙利布达佩斯	世界狩猎博览会	专业	人类狩猎的演化和艺术
1974	美国斯波坎	斯波坎世界环境博览会	专业	无污染的进步
1975	日本冲绳	冲绳国际海洋博览会	专业	海洋,未来的希望
1982	美国诺克斯维尔	诺克斯维尔世界能源博览会	专业	能源:世界的原动力
1984	美国新奥尔良	新奥尔良世博会	专业	河流的世界——水乃生命之源
1985	日本筑波	筑波世界博览会	专业	人类、居住、环境与科学技术
1986	加拿大温哥华	温哥华世界运输博览会	专业	交通与通信——人类与未来
1988	澳大利亚布里斯本	布里斯本世界博览会	专业	科技时代的休闲生活
1990	日本大阪	大阪国际花绿博览会	专业	人类与自然

续表

年份	举办国城市	名称	类型	主题
1992	意大利热那亚	热那亚世界博览会	专业	克里斯托弗·哥伦布:船舶与海洋
1992	西班牙塞维利亚	塞维利亚世界博览会	综合	发现的时代
1993	韩国大田	大田世界博览会	专业	新的起飞之路
1998	葡萄牙里斯本	里斯本博览会	专业	海洋——未来的财富
1999	中国昆明	昆明园艺博览会	专业	人与自然——迈向21世纪
2000	**德国汉诺威**	**汉诺威世界博览会**	**综合**	**人·自然·技术:展示一个全新的世界**
2005	日本爱知	爱知地球博览会	综合	自然的睿智
2008	西班牙萨拉戈萨	萨拉戈萨世博会	专业	水和持续发展
2010	**中国上海**	**上海世博会**	**综合**	**城市,让生活更美好**
2012	韩国丽水	丽水世博会	专业	生机勃勃的海洋与海岸
2015	意大利米兰	米兰世博会	综合	给养地球,生命的能源

由于1933以前世博会没有明确的主题,所以此处的统计分析只限于1933—2015年有明确主题的世博会,对表5-4中出现频度较高的"人"、"自然"、"科学"、"技术"、"发展"、"进步"、"水"、"生活"等关键词进行统计得到表5-5。

表5-5 世博会主题关键词统计分类表

关键词	频次	出处
人、人类	11	"科学主导的文明与人道主义"(1958年布鲁塞尔世博会)、"太空时代的人类"(1962年美国西雅图世博会)、"人类与自然"(1990年大阪国际花绿博览会)、"人类与世界"(1967年加拿大蒙特利尔世博会)、"人类的进步与和谐"(1970年日本大阪世博会)、"人类狩猎的演化和艺术"(1971年匈牙利布达佩斯世博会)、"人类、居住、环境与科学技术"(1985年日本筑波世博会)、"交通与通信——人类与未来"(1986年加拿大温哥华世博会)、"人类与自然"(1990年日本大阪世博会)、"人与自然——迈向21世纪"(1999年昆明园艺博览会)、"人·自然·技术:展示一个全新的世界"(2000年汉诺威世界博览会)
自然	4	"人类与自然"(1990年大阪国际花绿博览会)、"人与自然——迈向21世纪"(1999年昆明园艺博览会)、"人·自然·技术:展示一个全新的世界"(2000年汉诺威世界博览会)、"自然的睿智"(2005年日本爱知地球博览会)

续表

关键词	频次	出　处
海洋	4	"海洋,未来的希望"(1975年日本冲绳世博会)、 "克里斯托弗·哥伦布:船舶与海洋"(1992年意大利热那亚世博会)、 "海洋——未来的财富"(1998年葡萄牙里斯本博览会)、 "生机勃勃的海洋与海岸"(2012年韩国丽水世博会)
进步	3	"一个世纪的进步"(1933年芝加哥万国博览会)、 "人类的进步与和谐"(1970年日本大阪世博会)、 "无污染的进步"(1974年斯波坎世界博览会)
发展	4	"水和持续发展"(2008年西班牙萨拉戈萨世博会)、 "建设明天的世界"(1939年纽约世界博览会)、 "发现的时代"(1992年塞维利亚世界博览会)、 "新的起飞之路"(1993年大田世界博览会)
技术	3	"现代世界艺术和技术"(1937年法国巴黎世博会)、 "人类、居住、环境与科学技术"(1985年日本筑波世博会)、 "人·自然·技术:展示一个全新的世界"(2000年汉诺威世界博览会)
科学	2	"科学主导的文明与人道主义"(1958年布鲁塞尔世博会)、 "人类、居住、环境与科学技术"(1985年日本筑波世博会)
水、河流	2	"河流的世界——水乃生命之源"(1984年美国新奥尔良世博会)、 "水和持续发展"(2008年西班牙萨拉戈萨世博会)
生活(命)	3	"科技时代的休闲生活"(1988年布里斯本世界博览会)、 "城市,让生活更美好"(2010年上海世博会)、 "给养地球,生命的能源"(2015年意大利米兰世博会)

如果把自然、海洋、水都归在自然环境一栏的话则有10次之多,把科学与技术合为科技一栏的话则有5次之多,将发展和进步归为"发展与进步"一栏的话则有7次之多,可见一个多世纪以来,世博会的主题主要集中在人(类)、自然环境、科技、发展与进步等四个方面,而所有这些最终都落实到人的生活上来。再结合从上表中各主题出现的先后顺序,可得出世博会主题的变迁大致经历了"科技—发展与进步—自然环境—人(类)的生活"几个主题的变化过程。即使是在1933年以前的无主题中,也可看出世博会对于科技的崇尚——展示国家实力、宣示国威,其实质就是展示科技力量。进入主题时代后,科技依然是一个永恒的话题,贯穿在发展与进步、自然环境和人类生活的各个环节,只是将科技由崇尚和追求的目标本身,转变成推动进步与发展、改善自然环境和提高人类生活水平的手段而已。

三、世博会主题不同阶段的特征

自1851年英国伦敦举办第一届世界博览会以来,世博会已经走过了160多年的历程。从最初的商品交换、展览,到现在着重于新科学技术及新生活理念的推广,积极回应人类在发展中遭遇的重大问题,世博会一直是促进世界文化交流和合作的重要平台。世博会在这160多年间,主题的变化呈现出一定的规律,这也从另一方面说明人们对世界问题关注倾向的变化。分析表5-4可以将世博会主题的演变大致可以分为五个阶段,即无主题时代的世博会、二战前的世博会、二战后的世博会、20世纪70年代后的世博会以及21世纪的世博会,随着时代的发展,世博会的主题逐渐变得深刻而富有寓意。

(一)无主题时代的世博会(1851—1926年)

这一时期世博会并不是没有主题思想的,只是还不明确,主要是展现人类在工业、农业和艺术方面的成就,纪念特殊历史事件和提升国家政治地位。具体来说无主题时代的世博会具体来说有以下几个特点:

1. 指明所展览会所展示内容和范围

1851年和1862年英国伦敦的世博会展出的主题与"工业和艺术"有关,1855年、1867年、1878年和1925年四届法国巴黎的世博会的展示内容和主题均与"工业、农业、艺术"有关,1880年澳大利亚墨尔本世博会则是为了展示"万国工业、农业,制造与艺术",1883年荷兰阿姆斯特丹世博会则是园艺博览会。与其说这些是世博会主题,还不如不说是揭示了世博会的展览内容。

2. 为庆祝或纪念某一历史性事件

早期世博会以纪念和庆祝为主题非常普遍,其中尤以美国为代表,1933年以前美国共举办了5次世博会,全都是以纪念和庆祝为主题:如1876年"庆祝美国独立百年"的费城独立百年展览会、1893年"纪念发现美洲400周年"的美国芝加哥哥伦布纪念博览会、1904年"纪念路易斯安娜购地100周年"的圣路易斯百周年纪念博览会、1915年"庆祝巴拿马运河通航"的旧金山巴拿马太平洋万国博览会和1926年"纪念美国建国150周年"的费城建国150周年世界博览会等。除了美国之外,影响较大当属的1889年以"纪念法国大革命100周年"为主题的第4届巴黎世界博览会,正是这届世博会为世人留下享誉全球的埃菲尔铁塔。1873年以"纪念约瑟夫一世执政25周年"为主题的维也纳世界博览会,尽管被认为是一届多灾多难的世博会和19世纪重大的财政失败例子之一,但是其文化与教育的主题、名曲《蓝色多瑙河》和圆顶大厅罗托纳达依然是世博史上的经典。

3. 宣示国力提高国家地位的意图明显

这一时期举办世博会主要集中在英、法、美等国,各国在初次举办世博会时,宣示国力提高国家地位的意图明显。1851年,英国首次举办的世博会是在当时英国境内盛行着对国家成就的自负与炫耀思维,多数人因为政治与经济发达而有安全感,而维多利亚女王则试图对她的政权强化人民的满意度的社会政治环境下,用来传达一种关于国家与这个时期的自我意识,万国工业博览会甚至被英国人认为是对邻近"不文明"的国家展示科技成就是一件重要的大事。1855年,在法国巴黎首次举办世博会表面上是为了庆祝自滑铁卢战役以来欧洲大陆享受的40年和平,而实际上则是主要欧洲国家暗中较劲,在工业上、艺术上争当霸主,才为此次巴黎世博会耗资约500万美元,约有2.1万件展品参展,展现了当时工业和艺术方面的成就。1876年,美国费城举办世界博览会是美国历史上的第一次世界博览会,这一年适逢美国建国百年纪念年,它的意义绝不只在美国首次获得了世博会的举办权,通过博览会美

国要向世界展示一个新兴工业国家的崛起,证明它已走出欧洲工业强国的阴影,美国要向世界宣布:一个美国时代即将到来。1870年,奥地利政府为将首都维也纳推进到世界先进城市行列,同时也为清除1866年普奥战争失败后笼罩在城市上空的阴霾,向世界宣布举办1873年维也纳世界博览会。1908年,伦敦世博会是由当时的英国、法国两国经过友好协商后举办的,展览主要涉及英、法两国在工业、商业和文化领域内的成就。英、法、美在此后多次举办世博会中互相暗中较劲,彰显国力的意图依然占有重要地位。

需要指出的是在无主题时代的世博会,正值西方工业革命蓬勃发展的时代,科技进步日新月异,其间展出了很多工业、科技方面的展品。自1851年伦敦博览会后,诸如电梯、电话机、白炽灯、电影机、自动人行道等革命性科技成果,相继出现在历届世博会,记录了人类征服自然、改造世界的历史足迹。早期世博会的传播功能非常突出,因为当时交通、通信、传媒条件有很多限制,很多新的科学发明和技术成果,只能通过世博会这样的大型集会才能为人所知。发明家爱迪生的几乎所有发明,都是通过世博会广为传播、流传于世的:1876年费城世博会,爱迪生发明的电报机首次展出;1878年巴黎世博会,展出了爱迪生发明的话筒、留声机以及钨丝白炽灯;1889年巴黎世博会,人们为了聆听爱迪生的留声机,得排上三个小时的队,也正是在这届世博会上,埃菲尔铁塔作为世博会标志性建筑亮相,引起了轰动。在此之后,美国纽约自由女神像、比利时布鲁塞尔原子模型塔,都成为世博会给人类留下的标志性建筑。

(二)二战前世博会主题特征(1933—1939年)

从1933年芝加哥世博会首次引入主题的概念,到二战为止,前后共举办了四次世博会,其中有两次都是在美国举办的,另外两次则是在比利时和法国举办,这四次世博会共同的特征就是崇尚科学技术。

1. 首次提出世博会主题

1933年芝加哥世博会是美国经济大萧条时代举办的一届世博会,这次世博会首次提出了主题的概念,从此以后的每届世博会都有了一个明确的主题,堪称是世博会发展史的一个转折点。"一个世纪的进步"的办展思路是以科学进步为主线,配合科学运用于工业领域的种种发展为形式来演绎设计整个世博会。此次博览会向当时的工商业巨头敞开了大门,企业馆以前所未有的气势登上世博会舞台,成为不可或缺的元素,如福特馆精彩呈现,使人们相信"车行生活"崭新的生活方式近在咫尺。尽管有人评价本届世博会吹响了工业时代机器代替人的号角,但是从各项运营指标上看,芝加哥世博会无疑是热闹而成功的。

2. 科技力量的崇拜:科技=进步

1933年芝加哥世博会对于"一个世纪的进步"主题的完美诠释,一方面使得世博会本身取得了巨大成功,另一方面也使得科技发展是人类社会进步的动力这一理念深入人心,人们将社会发展和进步等同于科技进步本身,这种思想在以后的三届世博会主题中被一再诠释。1935年比利时布鲁塞尔世博会在二战"山雨欲来风满楼"的环境下举办,确立了"通过竞争获得和平"——主办方希望各国能以世博会为平台展开技术竞争、经济竞争,来取代传统的军备竞赛,实现欧洲的永久和平,其实质是通过追求科技进步和交技发展来消除战争,在这个明的主题下本届世博会成为各国炫耀国力的舞台,竞争有余、合作不足,结果是盛会之后,鸿沟依旧。1937年法国巴黎艺术世界博览会以"现代世界艺术和技术"为主题,继续呈现出崇尚科技的思想,加上各国出于外交的目的,吸引了超过3000万参观者,使得本届世博会也更多地成为了各国集中展示自己的秀场。1939年以"建设明天的世界"为主题的纽约世界博览会是二战前的最后一次博览会,这次博览会规模超过以往历届,共有64个国家参展,展示了包括尼龙、录音机、塑料、磁带、电视机等在内的当时最新科技,本届世博会有力地推动了美国及世界经济和科技的发展,它热烈地呼吁人类相互依存,以今天的力量建设明天和美好世界,建立幸福的美国方式。然而,二战的爆发使人们通过竞争获取和平的梦想和对美好明天的憧憬都化为泡影。

(三)二战后世博会主题特征(1958—1968年)

如果说工业革命所崇尚的科学理性精神,推动了科技的发展极大地提高了生产力,极大地改善了人们的生活,人们有理由相信科学、崇尚技术,但是随着20世纪上半叶两次世界大战的相继爆发,由科学理性所创造的现代文明在短时间之内遭到了同样是科技武装出来的战争的极大摧毁,再加之美、苏两个超级大国的军备竞争的冷战思维背景下,第三次世界大战有随时爆发的危险,这不得不让人们开始反思科技、反思战争和呼吁世界和平,科技与进步、战争与和平的思考弥漫在二战后举办的五次世博会的主题之中。

1. 开始反思科技的力量

1958年比利时布鲁塞尔世博会是因二战而销声匿迹了19年之久后所举办的首届世博会,面对20世纪接连两次世界大战的摧残,人们开始意识到科技的进步并没有必然地带来幸福与和平,科技不能解决一切问题。于是布鲁塞尔世博会定下了"科学主导的文明与人道主义"的主题,人类借助世博会这个交流平台,再次汇聚在一起,开始反思与探索:社会进步究竟以何为出发点?经济发展究竟以何为衡量尺度?人类福祉究竟以何为终极目标?本届世博会中影响最大的莫过于标志性建筑——原子模型塔,如今原子模型塔仍屹立在海瑟尔公园,50多年的风雨黯淡了它金属的光泽,但原子模型塔仍给人以一种力量、一种精神、一种警醒,原子模型塔彰显的人道主义理想的光芒将永远伴随人类的未来。

2. 继续高扬科技的力量

1962年美国西雅图世博会以"太空时代的人类"为主题,其标志性建筑师太空针塔。本届世博会展示了人类借助宇宙飞船进行的环地球飞行的航天壮举,预言人类将在21世纪向火星迈进,进而征服整个外太空,其以太空、地球、"THE 21 CENTURY"为主体的标志,暗示美国展望国家在进入2000年以后的生活、社会及科技进步,显示出美国崇尚科学、科技至上的宗旨。

3. 积极呼吁和平

如果说1958年布鲁塞尔世博会只是引起人们对于科技文明的人道主义反思,那么1964年纽约世博会的主题"通过理解走向和平"则直接将世博会的主题与和平联系起来。本届世博会的标志性建筑是由钢铸造而成的高42.6米、直径达36米地球模型,上面分布着世界各国的位置,象征最新通信与运输技术的曲线环绕着四周,说明科技促进着各国间的交流,缩短了世界的距离,增进相互理解,促进了世界和平。1967年加拿大蒙特利尔世博会,则在理解与和平的主题上进一步发展提出"人类与世界"的主题,会标设计极具特色,其图形取清一色的树杈代表人的双手,8对等大的双手均匀分布围绕成一个整圆,同时掌心一致向内,包围着中心的地球,象征全世界人们都心手相连,守护在地球——人类共同的家园左右。充分表达了人们对和平的珍惜与渴望,对地球和环境的关切与爱护。

(四) 20世纪70年代后世博会主题特征(1970—2000年)

20世纪70年代,全世界已经完全医治好了战争的创伤,进入了快速发展的时期,随着发展的加速,逐渐凸显出一些新的问题,如环境污染问题、能源危机问题、生态破坏问题等。发展悖论——人们为了更好地生存而追求发展,但发展的结果破坏了环境最终影响到人的生存,引发了人们对于人与自然、环境的关系的重新思考,人与自然和谐共存的思想、可持续发展的思想在这个时期的世博主题中一再出现。

1. 强调人与自然的和谐

1970年日本大阪世博会以"人类的进步与和谐"为主题,其标志性建筑太阳塔内部布展的立意是人类的智慧创造之火如同太阳从远古燃烧至今,并将照亮未来,直至永恒,人类生命中所蕴藏的创造潜能将势不可挡地为人类开启未来的世界。世博会中的展示一切服从于该主题:无论是场地建筑还是展览活动,都提示着人类如何更好地利用自然资源,更好地应用科学技术,更好地促进相互理解,更好地享受工作生活。该主题将人类进步与科技发展、自然和谐联系起来,表达出通过科技进步,更好地利用自然,实现人与自然和谐的思想,这是对工业革命以来人类为了自身发展,不断地征服自然,向自然索取无度,使自然生态环境的严重破坏,反而影响到了人类的生存和发展这一发展悖论。因此,世博会更多地强调人们如何在关怀自己的同时,以科学为手段与自然共同生存,这也是整个时代的共同主题。1971—1999年举办的13届专业类(认可类)和1届综合类(注册类)世博会,除了1992年的两届世博会以"纪念哥伦布发现美洲500周年"为主题和内容外,其他12届则分别从狩猎活动、无污染、海洋、能源、河流、居住、交通与通信、科技与休闲、人与自然等不同的角度反映了大阪世博会"人类的进步与和谐"的主题。

2. "可持续发展"理念开始受到关注

1972年,联合国在斯德哥尔摩首次召开以环境为议题的国际会议,环境问题由此日益引起国际社会的关注,可持续发展的原则得到了国际社会的接受。这种社会思潮也影响到世博会的主题和内容。1974年美国斯波坎世博会首次以环境问题为焦点的专业类世博会,提出了"无污染的进步"主题。通过参与交流使全世界达成"人类是对环境的最大威胁,只有无污染的进步才能创造焕然一新的世界"的共识,带给了全世界新的环保观念:健康的环境,无污染的生存空间需要人类共同去维护,更需要人类去积极创造,这才是人类文明真正的进步。此后的多届世博会出于不同的侧重点,多次回归到环境话语体系。历史上,人类对海洋的索取日益放肆,除了过度捕捞海产,还过量开采海洋中的矿产,从大陆架的开发到深海作业,从石油到金属矿产,海洋污染日益严重,1975年在日本冲绳举办的世博会以"海洋:未来的希望"为主题,隐喻了海洋的重要性;1984年在美国新奥尔良举办的世博会以"河流的世界——水乃生命之源"为主题,展示了河流的重要性。

3. 能源问题得到关注

能源问题是环境话语体系中的一个重要组成部分,而1982年在美国诺克斯维尔世博会就是以"能源:世界的原动力"为主题的。能源改变世界,带来新科技和新工业革命,但是也会带来发展危机,20世纪70年代,两次石油危机使能源问题一度成为全美关注的焦点,主办者试图通过本届世博会对能源生产、利用、开发和管理等提出应对办法,时至今日能源依然是最重大的全球命题之一,能源的竞争与维护几乎成了一切国际事务直接或间接的背景。

在此期间还在1992年举办了两场纪念性世博会,即1992年意大利热那亚(专业类)和西班牙塞维利亚(综合类)世博会都是为了"纪念哥伦布发现美洲500周年"而举办的,前者以"克里斯托弗·哥伦布:船舶与海洋"为主题,旨在回顾人类航海的历史与发现,探讨当代航海技术的发展和展望未来的前景,展览展示了地理发现、海洋生物、环境保护、航海与造船技术;后者则以"发现的时代"为主题,旨在告诉人们这是一个发现的时代,生活中处处存在着不同等待人们去发现。值得一提的是,1993年在韩国大田举办的世博会是发展中国家第一次举办世博会,标志着举办世博会不再是发达国家的特权。

(五) 21世纪世博会主题变化趋势(2000年以后)

迈入新的千年,人们在对逝去的千年进行总结的基础上,不断思考新的千年人类该如何发展的问题,这一思考的结果就是将20世纪探索的成果落实到现实中,于是在21世纪举办的几场世博主题中可持续发展理念、环保理念和和谐城市的理念在追求"生活更美好"的目标下得到了更加实在的宣传和贯彻。

1. "可持续发展"理念成为主导思想

迈入21世纪,世博会更加关注人与自然之间的和谐发展,自觉贯彻可持续发展理念,2000年德国汉诺威世博会以"人·自然·技术:展示一个全新的世界"为主题,强调以人类的巨大潜能、遵循可持续发展的规律来创造未来,从而带来人类思想的飞跃,实现人、自然和技术的和谐统一。可持续发展和资源保护的思想贯穿世博会始终,无论是场址的选择与布局、景观环境的规划,还是展览建筑的设计,无不深刻地体现了这一宗旨。

2. 环保理念得到强化

2005年日本爱知世博会则以"自然的睿智"为主题,以"宇宙、生命和信息"、"人生的'手艺'和智慧"、"循环型社会"为三个副主题。爱知世博会秉承1970年日本大阪世博会的主题思想,从会场建设设计到各展馆的建造、展示的新科技新技术和传统特色都程度不同地追求一个目标——与自然与地球和谐共处,强调"重新连接人类和自然,人类和自然牵起手,未来的梦想更辽阔"。组织者通过丰富多样的展示,回顾迄今为止人们如何用智慧和技术将日趋疏远的人类和自然重新连接起来。爱知世博会在会场建设上贯穿了环保理念,体现了人类希望与自然建立起更加亲密关系的愿望。虽然新技术和新概念是最抢眼的看点,然而爱知世博会也在传递这样一种认识:与地球和谐共处的生活方式并非都需要先进的技术,而且还需要责任和意识。

3. 城市和生活成为世博主题

2010年中国上海世博会以"城市,让生活更美好"为主题,作为首届以"城市"为主题的世博会,上海世博会以"和谐城市"的理念来诠释"城市,让生活更美好"的诉求,主题下设有五个副主题,分别是城市多元文化的融合、城市经济的繁荣、城市科技的创新、城市社区的重塑、城市和乡村的互动。上海世博会的主题从科学发展的视角探讨全球城市的发展,诠释了

人类对未来城市环境中美好生活的向往。建立"和谐城市"是从根本上立足于人与自然、人与人、精神与物质和谐,在形式上体现为多文化的和谐共存、城市经济的和谐发展、科技时代的和谐生活、社区细胞的和谐运作以及城市和乡村的和谐互动。"和谐城市"的理念将为城市管理和城市规划提出更新的挑战,反映了国际社会对于未来城市政策制定、城发展市战略和可持续发展的高度重视,为世博会的发展历程增添新的华彩。

四、世博会主题变化的发展趋势

通过对世博会160年发展历史中主题变迁的分析可知,世博会主题变迁经历了19世纪的无主题以宣示国威为目的的阶段,二战前崇尚科技的阶段,二战后反思科技向往和平的阶段,20世纪70年代后强调人与自然和谐的阶段,21世纪自觉贯彻可持续发展观、关注人类生活本身的阶段等五个时期。每个时期,世博会主题都反映了时代的发展需要,奏响了时代的最强音。一个半世纪以来,世博会由最开始有英、法、美等西方强国轮番举办,以展示工业成就、宣示国威,到发展中国家不断加入、主题日益丰富,使世博会真正成为世界经济、科技、文化的"奥林匹克"盛会。

纵观160多年间举办的各届世博会,它们都见证了时代的进步,记录下世界的发展历程。世博会的自身发展轨迹,与人类不断进行自身总结反思、寻找理想社会的历程始终相伴同行。从最初展示器物、作为炫耀国力威慑邻邦的工具,到两次世界大战前后和冷战时期国际关系的晴雨表,再到现在交流思想、演绎主题的综合展示,再到如今日益关注的全球化问题,世博会已经逐渐发展成为一个世界性的论坛和前沿,世界各国在这里为人类未来的发展集思广益,共谋出路。世博会逐渐肩负起总结探索人类文明发展成果的使命,以展览的形式探讨人类在发展中遭遇的重大问题。今天,世博会带给参观者的体验、感受、交流、学习的作用日益重要。于是,科学、环境、自然、文明、和平、和谐、进步、人类、发展、生活等一系列与人类生存息息相关的世博会主题,代表了人类对自身命运和地球前途的期冀愿景,一个半世纪的世博主题变迁史,充分诠释了"一切始于世博会"这句响亮的世博名言。

第四节 节事旅游商业化运营

一般而言,奥运会是所有节事活动中的巨无霸,现代奥运长达百年的运营,为所有节事活动积累了重要经验和教训。现代奥运会经历了非商业化运作向商业化运作的转变,这种转变有其必然性和合理性。奥运会商业化运作具有巨大的内在张力,是功利原则和道义原则的对立,但二者有统一于奥运赛事活动的完美实现上,这种张力使得奥运精神和商业化既相互制约又相得益彰,是奥运会不断发展进步的内在动力和不朽魅力之所在。

1896年,在希腊雅典举办了第一届现代奥运会,当时的希腊国王乔治一世在开幕词中曾经提到:但愿奥林匹克运动会的复兴能增进希腊人民与各国人民的友谊;但愿体育运动和它所崇尚的道德观念有助于造就新一代的希腊人,无愧于他们的先辈。这一发言与后来广为流传的"相互了解、友谊、团结和公平竞争"的奥运精神和"更快、更高、更强"奥运格言是相吻合的。然而,从第一届奥运会开始,此后的80年间,举办奥运会的国家几乎没有几个可以赚钱的,基本上都是政府赔钱来办的,随着奥运会在国际上的影响力越来越大,参赛的国家和运动员人数越来越多,奥运会的举办规模也在迅速扩大,这意味着奥运会的举办国需要花费越来越多的钱。在充满危机的地方,转机也在悄悄生长。现代奥运100多年的历史经历了非商业化运作到商业化运作的转变,在这个过程中充满着矛盾和统一。

一、现代奥运会商业化运作的发展阶段

1. 现代奥运商业化运作的萌芽阶段(1896—1980年)

现代奥运会与商业的结合,其实早在1896年第一届雅典现代奥运会中就有所体现。此届奥运会由于资金短缺而采用了发售纪念邮票和允许柯达公司在纪念品上做广告的形式筹集资金。此后的历届奥运会在筹资无源的情况下往往也采用出售门票、彩票等商业手段筹集资金。自1969年以后,奥运会集资中出现的商业行为越来越多,随着电视的出现和普及,出售电视转播权成为国际奥委会最大的一笔收入,此外,鉴于奥运会的轰动效应和广告效应,各大公司商业性的赞助也越来越普遍。但从整体上看,此时举办奥运会所需资金的绝大部分仍来自政府拨款和社会无偿捐赠。正因为此,一直到20世纪70年代末,国际奥委会名至实归宣传其坚持奉行"非商业化"原则,拒绝商业运作。然而这种为了保持奥运会纯洁性而坚持非商业化运作的做法,从70年代中期开始,其局限性越来越明显:第一,它难以满足奥运会因规模扩大对巨额款项的需要,如1976年,第21届加拿大蒙特利尔奥运会,尽管政府给以大量的拨款,也尝试了其他一些方式,如出售电视转播权、彩票和纪念币,但仍然负债累累,亏损9.97亿美元,所欠债务10多年后才得以还清,蒙特利尔的市民还为此承担了30年的"特别税",留下了"蒙特利尔陷阱"这个新词。第二,这种方式使奥林匹克运动容易受到外界,特别是主办国政治经济因素的干扰,比如1980年的第22届莫斯科奥运会,当时的苏联政府耗资90亿美元打造了一届豪华盛会,却因为政治上的不和谐因素,亏损更为巨大,至今仍没有明确的数据可查。第三,非商业化运作模式不可能使奥林匹克运动建立起自己独立的经济基础,积累起雄厚的经济储备,以促进其自身的发展。第四,非商业化运作模式大大降低了奥林匹克组织的管理效率,使它在变化迅速的国际市场经济中经营不善,无所措手足。这些缺陷严重束缚了奥林匹克运动的发展。

2. 现代奥运商业化运作的转折阶段(1984年)

进入到20世纪70年代,奥运会已经成为一项世界性的顶级赛事,随着奥运会规模的迅速扩大和日趋豪华,举办奥运会耗资也急剧上升,主要依靠政府拨款的经济运作方式使一个个实力雄厚的举办城市债台高筑,全部陷入巨大的经济压力中,并出现了1968年墨西哥、1972年美国卡罗拉多州公民反对政府拨款举办奥运会的现象。到70年代后期,出现了只有美国洛杉矶一个城市愿意承办1984年第23届奥运会的尴尬局面。正是在这种举步维艰的情况下,国际奥委会被迫开始了奥运会运作模式的转变与改革。危机的时刻总会出现伟大的人物,国际奥委会终身名誉主席萨马兰奇就是这样一位危急时刻的英雄式人物,成功推动奥运会商业化,让国际奥委会脱离财政危机。1980年第七任国际奥委会主席萨马兰奇上台后,大胆提出没有商业的帮助,奥林匹克运动将走向死亡,商业化是使体育运动适应现代社会的最强有力的一个因素。并且进行了大刀阔斧的经济体制改革。从此,奥运会商业化运作进入了一个新的阶段,这个阶段的标志就是1984年具有轰动效应的洛杉矶奥运会。

洛杉矶夏季奥运会的筹备工作,是在传统的集资方式无法进行的困境中开始的。鉴于蒙特利尔债台高筑的教训,只有34%洛杉矶居民同意用税收的款项资助奥运会。迫于市民的压力,洛杉矶市政府拒绝与国际奥委会和美国奥委会签订共同主办奥运会的合同,并于1978年修改了该市的章程,拒绝对举办奥运会承担任何经济责任。而这时的美国联邦政府由于财政困难,也不能给这届奥运会任何经济支持,迫不得已,美国奥委会不得不将奥运会交给由美国著名商人尤伯罗斯领导的"一个私人委员会"来操作。尤伯罗斯按照谁获利多,谁付钱,而多付钱可获更多利润的商业准则,瞄准财力雄厚的超级跨国公司,采取了新的集资方法。尤伯罗斯主要通过以下措施改革了奥运会的营销方式:

第一,减少商业伙伴的数量。每个行业里只留最大的一家赞助公司为奥运会指定产品,以400万美元为交易的最低限额,在两年中迅速与30家居于该行业领导地位的超级跨国公司达成了协议。

第二,以招标制扩大经济收益。由于产品专营权对商家来说意味着自己的产品可以将竞争对手逐出奥林匹克市场,形成独家经营的局面,这对于商家有巨大的吸引力,于是投标者甚众。以洛杉矶奥运会饮料为例,参加竞争的有可口可乐、百事可乐等大小公司,结果实力雄厚的可口可乐公司以1260万美元的巨额成交。奥运会电视转播权的出售也采取了同样的办法,经过美国4家广播公司竞争后,美国广播公司出价2.25亿美元成交,成为组委会最大的一笔收入。

第三,分类处理。洛杉矶奥运会组委会首次将商业赞助分为3大类,除了35家"正式赞助商"外,还有提供物质和服务的供应商及生产奥运会纪念品营销商。这届奥运会后,组委会宣布赢利2.227亿美元,数额之巨,举世轰动。尤氏创造性地提出了"以奥运养奥运"的新思路,被称为"尤伯罗斯模式",自此,现代奥运会开始了真正的商业化运作。

3. 现代奥运商业化运作的日趋成熟阶段(1984年至今)

自1984洛杉矶奥运会始,现代奥运会商业化运作就进入了一个全新的阶段。也就是从这届奥运会起,所谓"尤伯罗斯模式"已成为历届奥运会通行的做法——尤伯罗斯,作为一个商人,他从经济利益的角度给奥运会做了新的诠释,向世人阐释了一种新理念:体育是潜力无限的新产业。从此各国对申办奥运趋之若鹜,奥林匹克运动呈现了一片欣欣向荣的景象。随着一届届奥运会商业运作经验的积累与传递,现代奥运会商业化运作的方式和手段也越来越成熟,基本上达到了炉火纯青的地步,每一届奥运会的商业开发活动也日益增多。商业运作成为奥林匹克运动的经济发动机,也成了各个国家的赚钱机器,由于迅速膨胀的经济效益,使奥运会的举办国,走向了一个过分追求经济利益的歧途,奥运会迅速走向了过度的商业化,不仅扭曲和异化了奥林匹克宗旨,甚至严重干扰了奥运会的正常进行。被誉为有史以来商业味道最浓的1996亚特兰大奥运会,因为一味追求商业利益而严重影响了城市形象。亚特兰大奥运会申办团队的主力成员就是一群职业经理人。这些人一方面采取组委会职务中的高薪制,高消费和高保险的"三高政策",以保障他们的个人利益;另一方面费尽心思想要赚钱,考虑的主要问题是投资回报,奥运精神就被摆在了次要位置,过度的商业化使得商业广告铺天盖地,特许经营商品泛滥,服务收费大幅提高,亚特兰大市中心的每一寸土地都明码标价,奥运会俨然成了商业海洋中的"孤岛"。因此,亚特兰大奥运会后,当时的国际奥委会主席萨马兰奇意味深长地说道,商业化能够而且必须效力于体育运动的发展。在制订计划时,我们却不可忘记一条:体育必须有自身的尊严,而不能被商业利益所控制。并且,在闭幕演说时,他第一次没有将本次奥运会形容为"有史以来最好的一届奥运会"。

回顾奥运历史,奥运会的组织经营模式大致经历了以下几种:①政府主办,社会募捐,发行纪念币、邮票等带有明显政府主导的方式。②政府与私人共同承办,但以政府出资为主,如:1988年的汉城奥运会、1992年巴塞罗那奥运会。③政府与私人共同承办,但以私人的商业化经营为主,如:1984年洛杉矶奥运会、1996年亚特兰大奥运会。在奥运会的发展过程中,各国从历史的角度逐渐开始采用第②、③种经营模式,其中在美国举行的两届奥运会的经营模式主要是第③种模式。1984年洛杉矶奥运会和1996年亚特兰大奥运会的商业运作主要是私人机构的运作,带有纯商业的性质,引来了不少争议,现在各国倾向于采取政府主导,民间积极参与的混合性做法。

二、现代奥运会实施商业化运作的原因

社会对奥运会的经济投入从非商业性为主的机制,转化为商业性为主的机制的过程,也就是奥运会商业化程度逐渐提高的过程,影响和导致这种经营模式出现的主要有以下因素:

1. 资本主义经济市场化配置资源的必然要求

资本主义社会普遍倡导通过自由竞争的市场来配置社会经济资源,二战后随着世界经济环境正发生着越来越大的变化,经济全球化、世界经济一体化的趋势日益明显,市场化配置资源的范围扩大到全球范围内。由于资本主义生产关系在世界经济关系中仍占支配地位,在这种市场机制对社会资源起基础性配置作用的市场经济环境中,一切社会文化活动,包括像奥运会这样的大型国际活动,都不得不受其市场经济体系中支配一切的价值规律的深刻影响,被拉入文化市场。同时,现代奥运会走向市场也是奥林匹克运动自身发展所需要的。

2. 奥运会规模日渐扩大的必然要求

20世纪70年代以来,随着奥运会规模的迅速扩大和奥运会场馆设施及开、闭幕式的日趋豪华,举办奥运会的开支也骤然上升,这就需要更强大的经济作后盾,否则,奥运会将无以为继。由于经济因素是支配奥运会的主要因素之一,经济实力强的资本主义国家往往能在很大程度上左右奥运会的发展。但在当时,即使是在发达国家,政府对举办奥运会的投资对于奥运会本身所需的巨额资金要求来说也是捉襟见肘,在高度发达的市场机制作用下,采用商业运作的模式来推动奥运会的发展就自然而然成了奥运会举办国越来越推崇的首要选择。因此,从奥运会存在的社会条件和奥运会自身的发展来看,它的商业化是不可避免的。

3. 20世纪70年代后西方政府公共政策使然

从第二次世界大战结束到20世纪60年代末,由于石油价格暴涨和通货膨胀日益严重,西方发达资本主义国家经济在不到10年内连续经历两次世界性危机,遭受了重创。根据经济合作与发展组织统计,1974—1982年,西方7个主要资本主义国家的年平均经济增长率只有2.1%,不及20世纪60年代的一半。无论是英国的"撒切尔主义"还是美国的"里根主义",都不得不紧缩政府用于公众事业的开支,这使得一向依赖政府拨款的奥运会不得不开始积极寻求新的出路,走向商业化运作的道路。

4. 体育传播媒介特别是电视的发展为新的运作模式提供了可能

随着电视的出现,1936年柏林奥运会开始第一次尝试将奥运会比赛实况进行转播,而后随着体育传播媒介和电视转播技术的进一步发展,观看和了解奥运会也日趋容易。这就为进一步宣传奥运会形象和出售电视转播权提供了可能。在奥运会商业化运作的各项收入中,出售电视转播权是其中最高的一项。奥运会从各个方面来看,都是电视广告商们求之不得的最佳广告载体。奥运会以它特有的魅力对观众产生强烈的吸引力,使观众数量大大增加。电视广播公司是通过给其他商业公司出售广告时间而盈利的,广告时间收费的多少是由观众的数量决定的,这些电视广播公司之所以出这样大的价钱争购对奥运会的转播权,就是因为奥运会有一个世界上规模最大的收视群体,因此,奥运会的广告价值可以给他们带来巨额利润。

5. 跨国公司的全球营销战略的需要

自20世纪70年代末以来,跨国公司对奥运会商业化运作起着越来越重要的作用。奥运会与跨国公司的结合是双方互相需要、互相驱动的结果。随着竞争的日趋激烈,这些垄断公司为了扩大商品销路,开始寻求新的销售战略和策略,这就是与现代奥运会相结合,实现双赢结局。跨国公司通过不同企业之间在生产、销售和价格等方面的协议,以限制其他公司的商品进入其垄断的市场,从而满足了这些公司对国外市场的垄断和竞争的需要。跨国公司购买奥林匹克标志,不仅是为了提高产品的知名度,也是为了在消费者的心目中树立一个良好的为公众服务的形象,因为奥林匹克运动有着高尚的目标和真善美的形象。能够成为这一运动的经济支持者,将自己产品的名字与奥林匹克联系在一起,对赞助公司的形象极为有益,可口可乐作为全球销量排名第一的碳酸饮料,其发展极大的受益于奥运会。

6. 独特奥林匹克品牌价值是其商业化运作的最大卖点

始于19世纪末期的现代奥运会,早年很少为人所知。但是随着它的持续努力和不断发展,现代奥运会以其当今世界上规模最宏大、体系最完善、理想最崇高、内容最丰富、比赛最精彩的独特魅力征服了全世界的大量观众,奥运会本身的"非商业性质"更加强化了它在世人心目中良好的公众形象。尤其在20世纪70年代随着大众传播媒介尤其电视对奥运会的宣传,现代奥运会和奥林匹克五环标志成为仅次于国际红十字的国际识别度最高的标志之一。国际奥委会曾在洛桑公布了一项调查,调查内容是人们对奥运五环标志的熟悉程度,调查在印度、日本、美国、巴西、牙买加等国进行。在被调查的人员中,有86%的人认为五环标志是全世界人民所熟悉的;有77%的人认为,看到奥运会五环标志就会使人立即想起体育运动;还有74%的认为五环是成功的标志。这表明,现代奥运会已树立了独特的奥林匹克品牌,而且这种品牌远远超过世界上任何知名企业的商用标志。它所蕴藏的商业价值是非常巨大的。

总体来看,现代奥运会采用商业化的经济运作模式是多种因素作用的结果。有内因,也有外因。内因是现代奥运会发展的客观需要,外因是资本主义市场经济的长期作用和20世纪70年代中期西方世界经济危机的严重影响。电视媒介、跨国公司的发展以及奥运会具备的独特品牌为奥运会商业化运作准备了条件,而西方世界严重的经济危机又加速了这一运作方式的实现。

三、现代奥运会商业化运作的主要模式

在现代社会中,高水平的国际竞技运动已成为特殊的商品。作为竞技运动最高形式的现代奥运会,现代体育商业化的各种形式在这里都得到了集中的反映。根据《奥林匹克新闻》杂志公布的 20 世纪 90 年代各届奥运会各类收入所占的平均百分比,其中出售电视转播权收入占 47%,赞助收入占 34%,销售门票收入占 12%,出售特种经营许可证收入占 4%,销售纪念币、纪念章的收入及其他占 3%。从中我们可以看出,现代奥运会商业化运作的基本表现形式主要包括以下几个方面:

(一)奥运会电视转播权出售

出售电视转播权是现代奥运会商业化运作的最主要表现形式,也是目前国际奥委会最大的一笔收入。据报道,1984 年洛杉矶奥运会和 1988 年汉城奥运会的经济来源,最主要的就是广播电视的转播费收入。从 1936 年柏林奥运会第一次进行电视转播到 1964 年东京奥运会的国际直播,电视把奥林匹克运动的形象送到了家家户户。奥运会以其良好的观赏性、娱乐性及与大众传媒的亲和力,树立起了妇孺皆知的良好的社会形象,这就使奥运会成为有效的商业宣传载体。1960 年夏季罗马奥运会上,电视转播权第一次作商业性销售,但当时仅售 110 万美元。20 世纪 70 年代以来,随着电视的日趋普及,观看奥运会电视转播的观众不断增加,电视转播权的收入也开始扶摇上升。到 1972 年,奥运会节目的电视转播权已卖到 1520 万美元,1980 年又猛升到 9260 万美元,到 1992 年,已达到一个天文数字,9.07 亿美元。自从 1973 年国际奥委会与国际电视公司缔结转播协议以来,向世界上各大广播公司,特别是向美国电视广播公司出售电视转播权,成为国际奥委会最主要的经济来源,最高的时候达到总收入的 95%。

(二)奥运会赞助权的出售

国际奥委会对经济上过分依靠电视网络,特别是美国电视网络的状况相当不安,担心一旦美国三大电视网络(NBC、ABC、CBS)联合起来垄断谈判条件,会大大压低出售价格。同时也为了摆脱电视转播公司对奥运会竞技运动的干扰和控制,自 20 世纪 80 年代初期以来,国际奥委会力图进行商业开发,使奥运会的财源多样化。于是,出售赞助权就成为奥运会集资的另一重要商业手段。与奥林匹克有关的赞助权可分为国际奥委会赞助权计划(又称"TOP 计划")、奥运会组委会赞助权计划和国家奥委会赞助权计划三个层次。国际奥委会和奥运会组委会利用出售奥运会赞助权的排他性原则与赞助公司合作,实现了双赢的局面。其中,"TOP 计划"始于 1985 年,每四年进行一期,由国际奥委会指定总部设在瑞士的国际体育娱乐公司(International Sport and Leisure,ISL)代理操作。这是国际奥委会领导的全权出售奥林匹克标志的机构,它保证获得赞助权的公司产品在国际市场上使用奥林匹克标志的专有权(其他同类产品不能使用奥林匹克标志),保证每一个公司在全世界范围使用奥林匹克标志进行商业宣传。尽管每一期计划的收入虽不同,但明显的呈上升趋势。除了接受巨额赞助外,奥运会还接受各种赞助性的服务。国际奥委会将"TOP 计划"所得收入按比例进行分成。以第二个"TOP 计划"为例,其收入的分配比例是一半以上分给奥运会组委会(其中 2/3 给巴塞罗那,1/3 给阿尔贝维尔),另外将近一半分给各国奥委会和国际奥委会,国

际奥委会本身提取的约为总数的7%。经过几年的努力,特别是"TOP 计划"的实施,使国际奥委会的经济来源呈现出多样化的趋势,来自电视转播的收入在总收入中的比例下降,由原来的90%下降到60%。

(三)奥运会赛场门票出售

出售奥运会赛场门票早在1896年的首届现代奥运会中就已经出现,以后的历届奥运会主办者也通常采用这一做法,并且都非常重视这一部分的收入。1984年洛杉矶奥运会的门票收入为电视转播权收入的48.79%。1996年亚特兰大奥运会共售出约1100万张门票,此项收入占这届奥运会各项收入比例中14.73%,仅次于电视转播权销售和商业性赞助,位居第三。2000年悉尼奥运会的门票收入高达3.56亿美元,而申办时门票销售的目标只为1.39亿美元。虽然奥运会的门票是当今世界价格最高的体育比赛门票之一,但由于奥运会极具观赏性,它的赛场门票还是供不应求。

(四)奥运会纪念品和特许经营权出售

出售奥运会纪念品和奥运会特许经营权也是奥运会商业运作的主要表现形式。出售奥林匹克特许经营权是指商家们通过与奥林匹克知识产权组织签署特许经营合同,并向其支付特许使用费而取得在其商品上使用奥林匹克标志、徽记、吉祥物等奥林匹克标识的权利。目前,特许经营正成为除电视转播权、赞助权和门票以外的奥林匹克市场开发的第四大经济来源。这一点从《奥林匹克新闻》杂志公布的20世纪90年代各届奥运会各类收入所占的平均百分比中我们就可以看得出来。在2002年盐湖城冬奥会中,奥运会组委会共开发出69家特许经营商,设置有将近1200家销售门面,并在奥运广场开辟有专门经营特许商品的大超市。这届冬奥会通过特许经营获得的收入达2500万美元,约占预测销售收入(2.45亿美元)的10%。此外,出售奥运会纪念品也是奥运会商业性收入中一个不可忽视的重要部分,主要包括纪念邮票、纪念币、纪念章和奥运会吉祥物等。随着奥运会纪念品开发的日趋成熟,奥运会纪念品种类日益多样化。奥运会纪念品的开发是大有可为的。如纪念币、纪念邮票的发行,工艺美术品的制作,还有带有奥运标志的帽子、T恤衫、玩具及体育用品等各类商品的设计和销售。悉尼奥运会期间,各种带有奥运会图案的纪念品为悉尼奥运会组委会带来了2.13亿美元的赢利。

四、现代奥运会商业化运作的得与失

现代奥运会已经商业化运作了20多年,无论是对奥林匹克运动本身、奥运会举办国还是对各商业伙伴来说,它所产生的影响都是巨大的。一方面,商业化运作给奥林匹克运动带来了滚滚财源,使国际奥委会有了坚实的经济储备,也为各商业伙伴创造了无限商机;另一方面,愈演愈烈的商业开发和对商业利益的过度追求也产生了一定的负面效应,给奥林匹克运动带来了一系列的问题和危机。但总的来看,它的积极影响是主要的。

(一)奥运会商业化运作的正效应

1. 使奥运减少对举办国的经济依赖,摆脱自身财政危机和政治干预的影响

在1984年洛杉矶奥运会大规模商业化之前,每一届奥运会都是以亏损而告终,而恰恰是1984年洛杉矶奥运会上的一系列成功商业运作——电视转播权的出售、赞助、特许经营、

发售纪念品等一系列开发模式,使这届奥运会获得 2.2 亿美元的盈余。此后的历届奥运会基本上沿袭了这届奥运会的运作模式,都获得了较大的收益。1988 年汉城奥运会上组委会采取多种市场化运作进行融资,使组委会最终取得 2.72 亿美元的纯收入。1992 年巴塞罗那奥运会,总投入为 94 亿美元,其中 60% 是通过商业化运作筹得的资金。1996 年,第 26 届亚特兰大奥运会获得 9 亿美元的电视转播费和 6.8 亿美元的企业赞助,另外还在吉祥物、纪念品、门票等上获得了丰厚的收入。悉尼奥运组委会主席奈特介绍,悉尼奥运会的净支出为 17.4 亿澳元,但其靠出售电视转播权、门票以及各大赞助商赞助的收入达到 24.39 亿澳元,加上其他收入,悉尼奥运会赚了约 7.65 亿澳元。雅典奥运会组委会从国际奥委会的国际市场营销项目中获得两亿美元,并且通过把国际奥委会授权下的五环标志用于商业行为,可以帮助它从其他赞助商那里获得 4 亿美元,而门票收入至少也有两亿美元。所有收入的总额达到 15 亿美元,主办国的纳税人不用支付一分钱。这使奥运会成为一项独一无二的体育赛事:它能够为自己掏钱。同时,自国际奥委会成立至今,政治在其整个奥林匹克运动过程中无处不在。尤其是 1976 年蒙特利尔、1980 年莫斯科和 1984 年洛杉矶奥运会均受到的政治严重影响和抵制,而国际奥委会对此却束手无策。虽然这并不是单一的财政原因,但是不可否认财政因素是其最重要的因素之一。自从奥运会由亏损变为赢利,国际奥委会有强大的经济来源之后,成为一个真正意义上的完全独立的国际体育组织,抵制之类的事情再也没有发生过,而是争先恐后地想成为奥委会的举办国和举办城市。

2. 使得奥运会本身实现自给自足,为自身可持续发展奠定坚实基础

由于社会对奥运会经济投入方式的转换,奥运会自 20 世纪 80 年代中期开始赢利运行,并获得了可观的经济收益。如第 23 届洛杉矶奥运会,组委会在 1985 年 3 月 31 日公布的审计结果表明,这届奥运会的赢利远远超过原来的计划,达 2.227 亿美元;汉城奥运会组委会在 1989 年 3 月 29 日的报告中指出,汉城奥运会创收了 4.97 亿美元的利润,历史最高纪录,比原来预计的多 1.25 亿元。历届奥运会的赢利,国际奥林匹克委员会都可以依据收入情况从中按比例抽取一部分,作为负担以后奥运会的储备资金,也可以为奥林匹克以及各种文化性(奥林匹克博物馆)和人文性(帮助发展中国家)计划提供资金。这一举措使奥运会自身有了经济来源,保证自身的正常运转,也在全世界范围内更好地促进了奥林匹克运动的发展。

3. 商业化和商业价值使全世界各国竞相举办奥运会,客观上促进世界各国的交流与合作

在 1984 年奥运会成功举办后,世界各地竞相争办奥运会,1988 年的奥运会有 6 个城市提出申办,1996 年奥运会有 10 个城市提出申办,仅美国一个国家就有 5 个城市,2000 年奥运会申办城市数量更是令人瞠目结舌,竟然达到了 30 余个,此后奥运会无人问津的情形成为历史,每届奥运会都能如期举办。而可观的经济收益,促进了举办国和举办城市的经济发展和转型,刺激了旅游、房地产等第三产业的快速发展。奥运会采用商业化运作的经济运行机制后,由于举办奥运会有利可图,政治利益、经济利益相得益彰,因此各国积极申办奥运会。同时,奥运会是一项全球参与、全球关注的体育盛世,奥运会举办权并非任何国家任何一个城市就可轻易获得,必须经过严格的评定,只有拥有良好的经济基础和社会条件才能入选。也就是说,获得奥运会举办权的国家和城市必须得到国际上的认可,这对任何一个城市来说是向世界展示自我,与其他各个国家展开交流合作的良机。而在奥运会举办期间,世界

各国齐聚举办地,相互交流学习的机会大大增加,也促进了国际交流。

4. 使奥委会经济上独立自主,能更好地致力于奥运精神和世界体育事业的发展

虽然国际奥委会不是商业性经营单位,但它可以全权交给主办者来经营,然后从主办者所有收入中按比例提取部分收入。提取的比例每届奥运会都不同,主要看每届奥运会的总收入情况而定。国际奥委会将商业开发所得收入除了抽取约7%用于该机构日常开销,承担日常各项费用支出,维持组织运转和发展的资金储备外,更多的是用于向100多个国家的奥委会、35个奥运会比赛单项联合会的拨款,支援世界上贫穷的小国,如帮助他们修建体育设施、为他们的运动员能参加奥运会提供资金补贴等。于是,整个奥林匹克运动的经济状况大为改观,这一方式有力地促进了奥林匹克运动在全世界的发展。

不可否认,没有商业赞助,根本不会有今天的体育运动及奥运会。但辩证唯物主义告诉我们,任何事物都具有两面性。商业化在挽救和延续了奥运会的同时,而程度日深的商业化也为奥运会今后的发展带来了诸多负面影响。

(二) 奥运会商业化的负面效应

在商业化运作过程当中,愈演愈烈的商业开发和对商业利益的过度追求也给奥林匹克运动带来了一系列的问题与危机,归纳起来,主要表现在以下几个方面:

1. 有悖于奥运会的道德观和奥林匹克运动的教育价值观

《奥林匹克宪章》基本原则的第二条规定:奥林匹克主义是增强体质、意志和精神并使之全面发展的一种生活哲学。奥林匹克主义谋求把体育运动与文化和教育融合起来,创造一种以乐于付出努力、发挥良好榜样的教育价值并尊重基本公德原则为基础的生活方式。但是在巨大的经济利益面前,有的教练员远远超出了他本应负的职责,可谓是"事无巨细",包括比赛前如何让运动员"突飞猛进";有的运动员刚戴上奥运会的金牌没两天就被告之摘掉,因为尿检"阳性";有的运动员在比赛中利用"合理犯规",把对方主力踢伤、撞伤……只要能把对方主力在赛场上消失,无所不用。这些都与道德、人文精神相违背。

2. 奥运会在某种程度上受控于商业利益

随着商业化程度的日益加深,运动员不再是奥运会的中心,相反,赞助商成了奥运会的主角,比赛的路程和日程有的时候都围绕着赞助商的要求来进行安排。为了赢得最大利益的合同,卡尔加里冬奥会决定把比赛时间由14天延长为16天。这为电视机构多提供了一个周末的转播时间,可以让他们多销售几个小时更好的黄金广告时间。比赛的揭幕时间也被提前了一周,为的是赶上电视收视率的高峰季节,这正是电视机构调整以后几个月广告价格的关键时刻。更有甚者,在某届奥运会上,为了照顾赞助商的利益,把马拉松比赛安排在炎炎烈日下的中午,比赛的路面弯道过多、上下坡过多,不利于运动员成绩的发挥,加大了比赛的难度,被戏称为"魔鬼路线"。如此种种,虽然保证了赞助商的利益,但是却大大损害了运动员和观众对比赛的热情。

3. 使奥林匹克品牌形象受损

奥运会之所以能够进行大规模的商业开发,是因为奥运会区别于其他赛事的独特魅力,这种魅力在人们心目中的具体含义到底是什么,为了更好地理解奥林匹克品牌的真正含义,1998年日本长野冬季奥运会之后,国际奥委会发起了有史以来一个体育组织所进行的规模最大的

市场调查计划,这次市场调查明确了奥林匹克品牌四个关键的特性:①希望,②梦想和激励,③友谊和公平竞赛,④努力的快乐。但是,现实中程度日深的商业化却使这四个奥林匹克品牌的关键特性都受到了一定程度的损害,长此以往的话,只会造成恶性循环,奥林匹克品牌的价值逐渐降低,那么奥运会的商业开发会受到一定阻碍,而奥运会的商业开发不畅,无疑将导致奥运会的资金来源面临困难,如此恶性循环反复,最终受损的还是奥运会和奥林匹克运动。

由此可见,奥运会商业化运作本身蕴含着巨大的内在张力:一方面商业化服从市场规律,以追求利益最大化为动机,以追求利润为目的,遵守逐利的功利原则;另一方面奥委会作为一项国际体育竞技赛事,其根本目的是为了弘扬"相互了解、友谊、团结和公平竞争"和"更快、更高、更强"的奥林匹克精神,从而为建立一个和平的更美好的世界做出贡献,遵守崇高的道义原则。在极端的情况下功利原则和道义原则是不相容,但二者的实现都必须以奥运赛事活动的完美实现为前提:一方面完美赛事的实现使得奥运会极具观赏性,从而能够吸引大众的眼球,从而为商业广告所利用,实现其功利价值;另一方面完美赛事的实现需要良好的竞赛舞台和赛事组织,没有这些作保障奥运精神将难以实现,而良好的舞台和赛事组织又需要巨大的资金支持,有了资金办好的赛事,奥运精神才能得到体现,奥运的道义价值才能实现。因此,奥运会商业化运作的内在张力是功利原则和道义原则的对立,二者的调和与统一在于奥运赛事活动本身的完美实现。因此,奥运会可以有商业运作,有经济效益,但最终是要服务于奥运会本身,把举办奥运会的社会效益最大化。商业运作保证了奥运会的生存和举办国的经济利益,但过分的商业化却在经济获益的同时弱化了奥运本身。如何在保证不亏损的前提下,又能突出奥运会主体,成为已经举办过和准备举办奥运会的国家和地区共同关注的问题,而在这个博弈的过程中萨翁的"体育必须有自身的尊严,而不能被商业利益所控制"的警示显得意味深长。

本章小结

(1) 解读节事旅游的定义,结合节事旅游的类型和特点,将节事旅游界定为是非定居者处于参加节庆和特殊事件的目的而引发的旅游活动,属于旅游活动中的专项或特种旅游活动。这种旅游活动能提供给游客参与体验地域文化、认知社会特点、感受娱乐真谛的机会,也是一种公共的、具有明确主题和娱乐内涵的活动。

(2) 节事旅游的利益相关者主要有主办方、项目经理及团队、赞助商、新闻媒体、旅游者及当地消费者。

(3) 节事旅游构成要素有节事旅游主体、节事旅游客体、节事旅游媒介、节事旅游保障。

(4) 节事旅游的策划内容主要包括主题策划、内容策划、营销策划等。

(5) 节事旅游的运作模式应以"政府主导、市场运作、社会参与"模式为主,积极探索节事旅游发展的新思路。

思考与练习

1. 试述节事旅游的构成要素。
2. 试述节事旅游的类型和特点。
3. 节事旅游策划的应注意哪些方面?
4. 查阅资料,试以某一节事旅游活动为例,谈谈其策划成功的经验与启示。

青岛国际啤酒节

青岛国际啤酒节作为青岛市的重要节庆活动不仅是国内最早创办的节庆之一,目前也已经跻身大型节庆行列。青岛国际啤酒节创办于1991年,经过20多年的培育和发展,青岛国际啤酒节无论是在经营思路上,还是在体制设计上已经与举办之初有了很大的不同:1991年至1995年,青岛国际啤酒节主要依靠政府投入。1996年至1998年,从第六届国际啤酒节开始,提出了"民办公助"的办节思路,政府不再给啤酒节资金上的支持,而是提供一些相关政策上的支持,主要依靠企业出资。随后的第六、七、八届青岛国际啤酒节处于市场化过渡阶段。从1999年的第九届青岛国际啤酒节到2000年第十届青岛国际啤酒节,政府已经开始实现了零投入。从2001年的第十一届啤酒节开始,青岛国际啤酒节节庆气氛良好,具有了良好的群众基础。

从体制沿革与组织结构来看,1991年第一届青岛国际啤酒节举办的时候,是由青岛市政府和青岛啤酒厂主办并由青岛啤酒厂承办的,青岛啤酒厂为了承办此事,专门成立了临时性的啤酒节组委会。从第二届到第五届(1992—1995年),青岛国际啤酒节的交由旅游局承办,旅游局成立了青岛国际啤酒节办公室专抓此事。从1996年第六届开始,青岛国际啤酒节交由崂山区承办,崂山区为了办好啤酒节成立了临时指挥部。从第九届青岛国际啤酒节开始由崂山区主办,青岛啤酒节办公室承办。1997年,成立了青岛市啤酒节办公室,主要职能是全面负责青岛国际啤酒节的总体策划、筹备和组织工作。办公室下设综合处、广告纪念品处、招商处、文娱处、财务处等。1998年底,成立了青岛市重大节庆活动办公室,作为青岛市重大节庆活动组委会的常设机构,负责青岛市重大节庆活动的市级协调,由市政府办公厅代管,组委会的负责人由主管节庆、经贸等活动的副市长担任。至此,青岛市形成了对重大节庆活动的三级协调机制:首先由主管节庆活动和经贸活动的副市长出面协调,其次青岛市政府秘书长出面协调,最后由青岛市节庆办公室协调。

从青岛国际啤酒节的经济影响来看,青岛国际啤酒节在短期内已经达到了"收支平衡",实现了"以节养节"的目标。在对不同行业的关联带动方面,啤酒节对旅游行业,特别是酒店行业和旅行社行业带动巨大,在啤酒节期间,青岛市的酒店入住率明显提高,几乎达到了100%;除旅游业,啤酒节影响较大的行业依次是市内交通(如出租车和公交车)、航空、铁路以及零售业、餐饮业等。啤酒节提升了青岛作为一个沿海城市的知名度和美誉度、塑造了青岛作为海滨休闲度假的目的地形象,另一方面也推动了城市整个大环境的改造和建设。

从社会文化影响来看,"吃海鲜、喝啤酒"早就是很多青岛人的习惯,啤酒节不仅保留和弘扬了这一传统,而且还提出了"青岛与世界干杯"的国际化发展思路,实现了这一传统与世界啤酒文化对接,也增强了青岛人保留传统的自豪感,让这一啤酒文化更加深入人心,使得啤酒节也成为老百姓邀请朋友共度的一个欢乐的节日。

问题:
1. 青岛国际啤酒节的运作模式经过了怎样的发展历程?
2. 青岛国际啤酒节长久不衰的根本是什么?

第六章

奖励旅游

学习引导

企业：美国 Harris Teeter 公司

时间：2014 年 4 月 13—23 日

奖励人数：30 人

奖励旅游内容：意大利北部和中部葡萄酒乡旅游

美国 Harris Teeter(以下简称"HT")公司是一家拥有 155 家大型零售商店，员工超过 18000 名的美国东部最大的高端食品连锁集团。公司每年的葡萄酒业务都超过了 16 亿美元。为奖励葡萄酒部门最优秀的雇员，HT 公司在今年安排了一次特殊的奖励旅游——意大利葡萄酒之旅，同时也为葡萄酒部门寻找新的合作伙伴。

分析：HT 公司原本准备的奖励旅行是 500 人，但如此大规模的团队很难真正体验葡萄酒之旅的美妙，难以针对受奖励员工做到量身设计的特殊旅行，不能让每一位团员的体验终生难忘。酒庄体验、城堡入住和私人晚宴等活动的安排，都必须要求是小规模团体，才能让参与者感到尊贵感。

策划：梦幻意大利旅游公司在接到客户意向后，进行估量商议，最后拒绝了大团队订单，劝说 HT 老板从原有 500 人的团队中精选出 30 名最优秀者，参加这次深度的醉酒之旅。此次活动的整个行程，是旅游公司在对 HT 公司的了解下，根据 HT 公司性质和奖励旅游目的而设计的，真正做到了量身定制。10 天的行程中，旅游公司为团员精心挑选了城堡酒庄，每个酒庄都以不同的葡萄酒、酿造工艺和建筑特色闻名。此外，还安排了两晚市中心的酒店住宿，为的是让团员对于城堡的住宿更加印象深刻。每餐的菜式与葡萄酒都是精心搭配。除了大型酒庄，还安排了小村庄里的特色餐厅，他们都有自家酿造的葡萄酒，别有风味。为了给所有团员一次铭记一生的旅游体验，旅游公司安排了一场属于 HT 的私人城堡酒会，并用直升机将所有的团员运送至酒会举办地:Castello Banfi(班菲城堡)。

HT公司人力资源部经理评价说:"此次行程设计非常独特,每位团员都有着深切的体验,而且整个过程没有任何担忧和劳累,组织方已经为我们做好了所有详尽的安排。从行程结束的那天我们就开始期待着下次旅行。"梦幻意大利旅游公司的首席执行官也说道:"行程的每个细节我们都经过深思熟虑,力求带给客人最完美的尊贵感。当客人告诉我这是他们此生体验过最难忘的旅行,尤其是古堡晚宴和直升机酒庄体验,我们觉得一切努力都是值得的。"

学习目标

通过本章学习,重点掌握以下知识要点:
1. 奖励旅游的基本概念;
2. 理解奖励旅游的类型、特点和作用;
3. 了解国内外奖励旅游的现状和发展方向等。

第一节　奖励旅游的概念

一、奖励旅游的内涵

国际奖励旅游协会对奖励旅游的定义为奖励旅游是一种现代的管理工具,目的在于协助企业达到特定的企业目标,并对目标的参与人员给予一个非比寻常的假期,以作为鼓励,同时也是大公司安排的以旅游为诱因以开发市场为最终目标的客户邀请团。分析上述几种代表性定义,可以推导出奖励旅游包含的内涵:

1. 奖励旅游的对象广泛且组织专业

从外在表现来看,奖励旅游仍然是一项旅游活动,属于旅游的一个细分市场。但参加奖励旅游的对象不仅仅是企业的内部员工,而应该更广泛地包含企业员工、企业产品的经销商、企业品牌的忠实消费者等,他们构成了奖励旅游参与的主体。提供奖励旅游服务的机构相对也十分专业,如旅行社、旅游公司等,它们是具体奖励旅游活动的组织、安排和实施者,其专业化程度的高低决定了奖励旅游能否成功举办及举办的质量和效果。同时,这种专业化的接待有其特殊性,具体表现为特殊的时间安排、特殊的策划流程、特殊的食宿交通、特殊的人员安排以及特殊的售前、售后服务等,客观上要求旅行组织者在从事奖励旅游时与传统旅游严格区别对待。

2. 奖励旅游体现了企业管理多样性

奖励旅游作为一种现代的管理工具,从一定程度上而言,它是企业管理多样性的一种体现。奖励旅游一方面是对员工、客户的一种奖励,它表现于它的真正目的是为树立企业形象、宣扬企业的理念,并求最终能达到提高企业的业绩、促进企业未来的发展。所以,企业是奖励旅游活动开展的决策者,它有权决定是否开展奖励旅游。

第一,奖励旅游的激励作用可以增强员工的荣誉感和向心力,鼓励他们为达到企业管理目标、增强企业实力、促进企业良性健康发展贡献自己更多的力量。

第二,奖励旅游往往会伴随着包机、包车、包场等现象,都会打出醒目的企业标识,这也应视为企业一项重要的市场宣传活动,借此可树立良好的企业形象、扩大企业知名度。

第三,企业奖励旅游的资金来源是企业在实现了其特定目标后,用超额利润的一部分进行的,是企业的一种合理避税行为。

3. 奖励旅游的认识误区

误区一:将奖励旅游等同为一般的团队旅游。在对奖励旅游认知和探索的过程中,我国出现过以下类似的报道:一家跨国公司的总裁在下属的一家合资企业对业绩突出的销售人员进行奖励的计划安排中增添了奖励旅游的方式,这家合资企业的人力资源主管就照葫芦画瓢,为几名受表彰者在一个观光旅游团报了名,事后她被告知,她的做法与总裁想的"不是一个层面上的鱼"。必须承认的是,奖励旅游99%是以团队的形式出现的,但奖励旅游并不等同于一般的团队旅游。

误区二:将奖励旅游等同于公费旅游。根据旅行社调查,现在奖励旅游市场多面向外资或合资企业,国有企业很少看好奖励旅游这种方式,其中最主要的原因就在于"多数人觉得奖励旅游就是公费旅游,是不正当的"。事实上,奖励旅游与公费旅游有着密切的联系,但奖励旅游并不等于公费旅游。

误区三:将奖励旅游等同于贵族旅游。为了达到最佳的激励效果,奖励旅游非常强调"非比寻常",需要强调的是这里所说的"非比寻常"并不完全是指奖励旅游的高消费性,而是指在整个旅游行程安排方面奖励旅游很独特,力图给参与者留下难忘的经历。比如,在VIP礼遇方面,主要突出的是温馨的服务,诸多的惊喜如航班上的菜单、客房的信纸(或信封)上印有客人的名字等;在难忘经历塑造方面,主要方式是构思巧妙的欢迎晚宴、主题宴会、研讨会、惜别晚宴等。

二、奖励旅游的种类和特点

(一) 奖励旅游的种类

按照不同的分类角度和标准,奖励旅游的类型也可以分为许多不同的种类。例如,按照旅游期限的长短,可以划分为长期性奖励旅游和短期性奖励旅游;按照旅游目的地,可以划分为国外奖励旅游和国内奖励旅游;按照奖励旅游目的,可划分为慰劳型、团队建设型、商务型、培训型;按照旅游的内容,可以划分为体验性奖励旅游、会议型奖励旅游和家属随同性奖励旅游等。下面选取按照奖励旅游目的和按照奖励旅游内容分类的类型进行详细阐述。

1. 按照奖励旅游内容分类

(1) 体验性奖励旅游。

随着体验旅游的兴起,体验性奖励旅游已开始崛起。早期的奖励旅游,往往就等同于观光和购物。随着时代的发展,常常观光和购物旅游已无法满足旅游者的需求,他们要求在日程安排中加进更多的活动项目,使他们的奖励旅游活动变得更加丰富多彩。旅游者越来越要求能够亲自去体验,这种需求的结果就是体验性奖励旅游开始崛起。现在旅游公司在为企业安排奖励旅游项目时,一个趋势就是提倡深度的体验旅游:旅游者既要身游又要心游;游前要了解旅游地的历史与环境,游中要善于交流,游后要"反刍"和"复习";要动腿走、动嘴问、动脑想、动手记,把走马观花上升为心得,从经历中提炼经验,不断提高旅游素质。

旅游者对体验旅游的升温,使得旅游公司也在探索将奖励旅游办得更加多姿多彩,而且富有一定的特色,这就为其旅游项目的拓宽提供了一定的选择空间。目前,体验性奖励旅游已经在欧洲旅游市场上推行,并引起强烈反响;在亚洲,少数发达国家和地区也在积极尝试之中。

(2) 会议性奖励旅游。

在世界经济一体化的今天,人们的商务活动日益频繁,这些商务活动包括会议、展览、培训等一系列企业为实现商业目标而进行的活动,会议性奖励旅游(简称会奖旅游)就产生于这个大环境之下。在2002年瑞士国际会议和奖励旅游展上,无论是买家还是卖家都感觉出一种强劲的新趋势,商务市场的热点开始从纯奖励旅游移向结合商务会议和活动的奖励旅游。"2002中国国际旅游交易会"期间,ICCA(国际大会及会议协会)首度在中国亮相,并与国家旅游局联合举办了中国会奖旅游洽谈会。从这些会议关注的重点不难看出,现在像过

去一样纯奖励旅游活动越来越少了,而更多的是合二为一的会议性奖励旅游,且已成为全球的一大发展趋势。

究其原因,主要有以下两个方面:一是公司的商务理念发生着新变化,公司需要利用雇员集聚的机会,不但要给予奖励,而且要进行培训和举办会议,而不仅限于纯粹的奖励活动;二是旅游活动和旅游目的地比以往任何时候都被人们参与和接近。人们并不否认奖励旅游是一种令人兴奋的奖励机制,但随着世界的开放,这种魅力正在减弱,所以伴随着商务会议性的奖励旅游则更加符合企业和旅游者的双重要求。

(3)家庭性奖励旅游。

家庭性奖励旅游是指在公司企业进行奖励旅游时,可选择让受奖励员工带若干位家属同行的方式。尽管奖励旅游的参与主体是公司员工、经销商和客户,表面上看起来家属是不应该参与其中的,但是现在家属随同性奖励旅游却成为一种潮流。之所以要考虑带家属出游,一方面是由于受奖励对象取得的成绩与家庭的支持分不开,因此奖励时要对此予以充分认识;另一方面受奖励对象也愿意与家人一起被作为奖励对象。美国一项调查显示,受奖励职员大部分为已婚男性,他们在外出旅游时90%以上携带配偶,25%以上携带孩子。家庭性奖励旅游可使受奖励对象得到更多来自家庭的支持,也可使他们更加热爱自己的公司,对工作投入更多的热情。尽管带家属参与的奖励旅游会相应增加一些开销,但是企业可根据实际情况采取免费奖励旅游或是让员工支付部分旅游费用的方式进行。

2. 按照奖励旅游的目的分类

(1)慰劳型。

作为一种纯粹的奖励,慰劳型奖励旅游的目的主要是慰劳和感谢对公司业绩成长有功的人员,缓解其紧张的工作压力,旅游活动安排以高档次的休闲、娱乐等消遣性活动项目为主。

(2)团队建设型。

团队建设型奖励旅游的目的主要是为了促进企业员工之间,企业与供应商、经销商、客户等之间的感情交流,增强团队氛围和协作能力,提高员工和相关利益人员对企业的认同度和忠诚度,旅游过程中注意安排参与性强的集体活动项目。

(3)商务型。

商务型奖励旅游的目的与实现企业特定的业务或管理目标紧密相连,如推介新产品、增加产品销售量、支持经销商促销、改善服务质量、增强士气、提高员工工作效率等。这类奖励旅游活动几乎与企业业务融为一体,公司会议、展销会、业务考察等项目在旅游过程中占据主导地位。

(4)培训型。

培训型奖励旅游的目的主要是为了对员工进行销售培训。旅游活动与培训结合,寓教于乐地对经销商、客户进行培训,可以更好地实现培训的功效。

(二)奖励旅游的基本特征与作用

1. 奖励旅游的基本特征

奖励旅游是会展旅游的重要组成部分,它们具有一些共同的特点,如组团规模大、消费

档次高、季节差异小、经济效益好等。除此之外,奖励旅游与普通旅游还有以下区别:

(1) 奖励旅游重在奖励,其活动设计、安排必须真正"寓奖于乐"。
(2) 奖励旅游节目的内容必须匠心独运、具备特色。
(3) 奖励旅游应该工作娱乐兼顾,在娱乐中体会更大的工作乐趣。
(4) 奖励旅游应能给参加者留下较大的娱乐价值。
(5) 奖励旅游意在增加参加者的成就感、荣誉感和归属感,而非仅仅是旅游活动。
(6) 奖励旅游要选择参与者平时不易到达的场所进行活动,如原始森林、沙漠、历史遗址等。

正是这些特殊的地方,赋予了奖励旅游自身鲜明的特点。通常而言,奖励旅游具有以下几个基本特征。

(1) 目的性和特殊性。

企业进行奖励旅游的主要目的是达到特定的目标以及市场开发。为达到该目的,行程安排应融入企业的文化、组织精神、企业目标、企业形象等,并可以适当地安排公司或行业会议、各种参与活动或者个人无法单独完成的活动。

奖励旅游之所以有别于其他一般旅游项目(见表6-1),主要是因为它具有一定的特殊性:一是服务对象特殊,如企业员工、企业产品经销商、企业品牌的忠实消费者等,他们共同构成了奖励旅游的主体;二是提供奖励旅游服务的专业机构特殊,如旅行社、专门的奖励旅游公司等,它们虽是具体奖励旅游活动的组织、安排和实施者,但是这种接待有其特殊性,具体表现在特殊的时间安排,特殊的策划流程,特殊的预算要求,特殊的食、宿、交通,特殊的人员安排及特殊的售前、售后服务等,客观上要求旅行组织者在从事奖励旅游时与传统旅游严格区别对待。

表6-1 奖励旅游与一般团队旅游的差异

	奖励旅游	一般团队旅游
本质	管理工具	游览、观光
目的	多样性	相对单一
费用	免费	自费
参与人员	经过一定程序审核	多为自愿报名
活动安排	独一无二	线路固定化、模式化
服务规格	VIP礼遇	一般礼貌服务
效果	实现企业激励等多种目标	获得精神满足

(2) 激励性和福利性。

研究管理问题的心理学专家在经过大量调查和分析后发现,把旅游作为奖品来奖励员工、客户时,其所产生的积极作用远比金钱和物质奖品的刺激作用要强、效果要好。主要表现在以下几个方面:第一,奖励旅游作为现代企业经营的一种激励机制,是刺激员工、经销商和客户积极性的行之有效的方式;第二,可以通过奖励旅游中的一系列的活动,如颁奖典礼、主题晚宴、企业会议、赠送贴心小礼物等,将企业文化、理念有机地融于奖励旅游活动中,另外,如果企业的高层人物出面作陪,与受奖者共商企业发展大计等,这既是对参加者的一种

殊荣,又达到了"寓教于游"的与众不同的效果;第三,同时还可以有效地调整企业上下层、企业与客户间的关系,使受奖者有一种新的荣誉感,可以极大地刺激员工的工作积极性,增强员工对企业的认同感和归属感,增加经销商和客户对企业的认可度和共鸣度,激励经销商能够更好地为企业服务,牢固地建立客户对企业的品牌的忠诚度。

奖励旅游是"一种带薪的、休闲的、免费的旅行游览活动"。既然是公费旅游,那就属于公司的福利性待遇,因此从本质上就决定了奖励旅游的福利性特点。根据国际上的通行惯例,奖励旅游费用约占企业利润的30％左右。用这部分利润作为对企业做出贡献的群体的福利性待遇,一则体现了企业的人文关怀理念,二则也从经济意义上节省了个人自发旅游消费带来的种种成本。

(3) 高端性和交互性。

奖励旅游的高端性,即其体现的高消费、高档次、高要求。一些有实力的企业为更好地激励其参与对象,开展奖励旅游常常是"不惜血本"。据有关统计,一个豪华奖励旅游团的消费通常是一个普通旅游团的5倍,他们不但在交通工具、住宿、餐饮等方面体现出了高档次的特征,如豪华饭店、大型晚宴、特殊的旅游线路等,而且在旅游活动内容、组织安排以及接待服务上要求尽善尽美。

根据"国际奖励旅游学会"的研究报告结果,一个奖励旅游团的平均规模(人数)是110人,而每一个客人的平均消费(仅指地面消费,不包括国际旅行费用)是3000美元,远远高于普通游客的消费额。例如,北京某旅行社接待了美国某保险公司400人参加的奖励培训团,短短不到10天的消费高达400万美元,人均1万美元,令人瞠目结舌。

同时,奖励旅游原本就不同于一般意义上的观光旅游和商务旅游,奖励旅游是企业为了激励做出突出贡献的员工或特殊客户,所以企业往往会不惜高价为他们安排与众不同的活动。例如,阿斯利康中国制药有限公司在新加坡对员工进行奖励旅游时,特别邀请了深受员工喜爱的新加坡歌手阿杜为他们的晚宴助兴,而且为了使员工充分享受购物乐趣,还联系了环球免税店,专门把其中一天的营业时间延长到晚上11点半。

奖励旅游通常需要提供奖励旅游服务的专业公司来为企业"量身定做",使奖励旅游活动中的计划与内容尽可能地与企业的经营理念和管理目标相融合,并随着奖励旅游的开展,逐渐体现出来。因此,这无论是对奖励旅游产品本身,还是对设计这些旅游产品的专业公司都提出了较高的要求。

奖励旅游为企业与员工、企业与客户、员工与员工、客户与客户之间创造了一个比较特别的接触机会,大家可以在旅游这种比较放松的情境中做一种朋友式的交流。这样,员工与客户不但能借此了解到企业与企业管理者富有人情味的一面,而且企业员工之间、客户之间也能趁此机会加强彼此的沟通与了解,为今后开展工作和业务交流提供了便利。

奖励旅游的这种交互性能够直接帮助企业解决一些问题,同时对团队协作精神的形成无疑能达到事半功倍的效果,并且参与性活动的一些富有人情味的做法,也能在活动结束后给人留下值得长久回味的经历。还有,一次较大规模的奖励旅游也完全可视为企业的一次市场宣传活动,增加企业的社会曝光度与认可度。例如,在一架奖励旅游的包机上印上醒目的企业标识,或者包场到某一著名的旅游景点旅游,到时候,人们首先关注的是举办奖励旅游的这家企业,而非那些被奖励的个人,所以在无形之中,这又是企业展现自身实力、宣传自身形象的一个大好时机。

(4) 大规模性和非季节性。

与常规旅游相比,奖励旅游一般规模较大。现在进行奖励旅游的企业一般是规模较大、效益较好的企业,他们组织的旅游一般规模比较大。例如,2003年10月美国康宝莱公司对员工进行的奖励旅游就有12000多名销售代表参加。又如,2009年3月14日,安利(中国)日用品有限公司奖励公司12000多名优秀营销人员分9批次前往台湾旅游。该奖励旅游团是有史以来最大的一个前往宝岛台湾的旅行团,此次奖励旅游团由中旅集团执行组织,优秀营销人员乘坐的是"海洋神话号"豪华游轮前往台湾,3月14日首航,共分9批次出行,历时2个月,每航次历时6天7夜,5月14日为最后一次航行,5月20日返回上海。据"奖励旅行会"研究报告,一个奖励旅游团的平均规模(人数)是110人。

奖励旅游具有典型的非季节性,即季节性不强。由于奖励旅游的购买者和消费者分离,作为购买者的企业具有出行时间的决定权。为达到奖励旅游的最佳效果,企业一般会避开旅游的高峰。旅游业的季节性非常明显,奖励旅游的开展可以弥补旅游业在淡季经营状况不佳的缺陷。

(5) 会奖结合性和长效性。

美国奖励旅游执行者协会现任主席保罗·弗拉基认为,奖励旅游与会议旅游已经由过去的泾渭分明转向了相互间的交融结合,且半数以上的奖励旅游中包括各种会议。他分析了造成这种结合的原因有对价格的敏感、会议带来的税收减免以及越来越多的在家上班人员需要有机会与其同事见面等。奖励旅游并不是单纯的"游山玩水",而是作为商务旅游的延伸与扩展,具有公务性质。现代意义的奖励旅游是因公而起的组织行为,不是因私而起的个人行为,名义上是公费旅游,但更是企业的公务旅游。它把办理公务事项作为活动的主要目的,寓旅游于公务之中,因此更加注重团队效益,在奖励旅游的过程中穿插着会议、培训、教育等活动,有的放矢地彰显企业内部管理文化。

奖励旅游的实施通常不是突然进行的,决定实施奖励旅游的企业一般会要求承接此项业务的旅行社或专业的旅游公司提前一年准备,并定期给可能被奖励的员工发信函,告知其行程的最新安排,并关心他们的业绩。这长达一年的联系,实际上也就是长达一年的激励;奖励旅游完结之后,给参加者留下深刻的记忆,也能起到长效的激励作用。更重要的是,企业常年连续进行的奖励旅游会使员工、经销商和客户产生强烈的期待感,对刺激企业业绩成长能够形成一个良性的循环。

(6) 行程安排的特殊性。

奖励旅游行程活动安排需要根据企业意图进行量身定做。活动不仅仅是安排特殊旅游线路、旅游活动就能满足的,一般还包括企业会议、培训、颁奖典礼、主题晚会或晚宴、舞会以及赠送个性化奖品等内容。这些特殊的行程安排能让有资格参加者倍感光荣,并在活动后留下毕生难忘的美好回忆。

2. 奖励旅游的作用

奖励旅游无论是对于购买服务的企业,还是参加奖励旅游的员工甚或是一个国家或地区,都产生着重大的作用。奖励旅游的作用分析如图6-1所示。

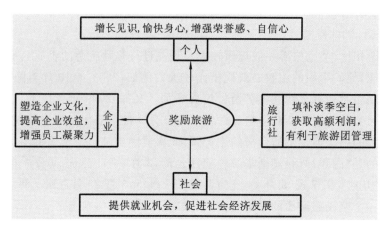

图 6-1　奖励旅游的作用分析

(1) 有利于创建团队精神。

企业中的员工平常有各自的岗位,上班时间各人干各自的工作,下班后各人有各自的家务或业余生活,很少有机会在一起谈心与交流。企业组织奖励旅游的目的之一就是为员工提供在一起交流的机会和场所,让员工在旅游活动中住在一起、吃在一起、玩在一起,有困难大家帮、有欢乐大家享,增进彼此间了解,加深相互间友谊,从而增强企业凝聚力,促进团队精神的培育。

(2) 有利于增强管理者和企业的亲和力。

日常工作中,员工与管理者的接触比员工之间的接触更少。奖励旅游给员工和管理者创造了一个比较特殊的接触机会,大家可以在旅游这种较为随意、放松的情境中作一种朋友式的交流,让员工在交流中感受管理者的情谊、管理者的心愿、管理者的期盼,从而增强管理者和企业的亲和力。

(3) 有利于延长奖励的时效性。

奖励方式多种多样,既有物质奖励,也有精神奖励。发奖金、送奖品是一种最为普遍的奖励形式,但对受奖者来说,激励的时效较为短暂。一些研究管理问题的心理学家在经过大量调查和分析后发现,把旅游作为奖品来奖励员工、客户时,其所产生的积极作用远比金钱和物质奖品的作用要强得多、好得多。原因是在旅游活动过程中营造的"荣誉感、成就感"氛围,使受奖者的记忆更持久,旅游活动过程中受奖者之间、受奖者与管理者之间通过交流增强的亲切感,能够激励员工更好地为企业服务。因此,这种奖励方式越来越受到企业、员工的重视与欢迎。

(4) 有利于旅游产品的多元化发展。

随着社会经济的快速发展,人们对旅游的要求也日益提升,传统的旅游产品已经满足不了人们的需求,这就要求旅游业界积极拓展旅游产品,改善旅游产品结构,逐渐从由单一的观光旅游向多元化发展。奖励旅游在诸多旅游产品中,效益高、前景好,已成为国际旅游市场的热点项目。推进我国旅游市场中奖励旅游产品的开发,有利于我国旅游产品结构的调整,有利于旅游产品的升级换代和多元化发展。

第二节 奖励旅游的操作流程与策划

一、奖励旅游的操作流程

奖励旅游一度只由企业自己进行策划,但奖励旅游区别于一般常规旅游的特征,使得奖励旅游的运作变得比常规旅游更加复杂。为了适应奖励旅游的迅猛发展,国外专业的奖励旅游机构纷纷建立。这些机构不仅包括具有政府职能的奖励旅游局,同时还包括企业性质的专业机构。在美国,这些机构被称为"动力所",这些机构不仅策划奖励旅游活动,而且还为需要购买奖励旅游的企业组织、安排奖励旅游。在国际上,从事奖励旅游业务的机构基本分为三类,即全方位服务奖励旅游公司、完成型奖励旅游公司和奖励旅游部。

奖励旅游的策划是指从奖励旅游策划公司接受企业委托开始到本次旅游活动接受后的效果评估阶段。经营奖励旅游的客户,较一般传统的旅游团体更为复杂,需要花费更多的心思以及更长的时间做好活动前了解、规划、安排、设计等工作。因此,要办好一个成功的奖励旅游,需要充分且完善的规划,并且谨慎安排每一个细节,然后按计划认真执行。奖励旅游的具体操作流程,如图6-2所示。

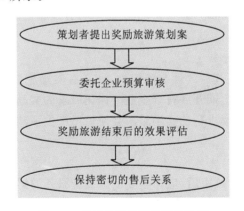

图6-2 奖励旅游的具体操作流程

1. 委托企业预算审核

在奖励旅游形成规划之前,对企业进行准确、细致的评估与分析,然后依据企业的特性而个别设计最具特性的旅游行程,乃是成功的法则。奖励旅游的最高指导原则就是独一无二的行程安排。然而,不同行业和企业对奖励旅游的行程安排、主题设定、时间安排都有差异。对企业评估与分析包括对企业财力、经营背景、先前奖励旅游状况、市场竞争对手以及企业特性都要调查清楚。另外,参加奖励旅游的人数、出游日期的选定等,也要明了。

企业预算是一种涵盖未来一定期间内所有营运活动过程的计划,它是企业最高管理者为整个企业及其部门预先设定的目标、策略、方案的正式表达。预算是对企业未来一定时期经营活动的数量说明。奖励旅游的预算审核是指全面预算,它是所有以货币及其他数量形式反映的有关企业未来一段期间内全部经营活动各项目标的行动计划与相应措施的数量说明,包括专门决策预算、业务预算和财务预算三大类。

(1) 专门决策预算最能体现决策的结果,它实际是对中选方案的进一步规划。

(2) 业务预算又称为年度经营计划,是指与企业日常经营活动直接相关的经营业务的各种预算。具体包括市场客户开发计划、成本控制计划、人力资源开发计划、销售计划、生产预算、直接材料消耗及采购预算、直接工资及其他直接支出预算、制造费用预算、销售费用预算、管理费用预算等。这些预算前后衔接,相互钩稽,既有实物量指标,又有价值量指标和时间量指标。

(3) 财务预算是一系列专门反映企业未来一定预算期内预计财务状况和经营成果,以及现金收支等价值指标的各种预算的总称,具体包括现金预算、预计利润表、预计资产负债表和预计现金流量表等内容。

预算是一个综合的管理体系,它包括预算管理思想和预算管理工具两个方面。预算的管理思想主要指委托代理中的授权与控制的关系处理,预算管理工具则是指具体的预算管理办法、流程、实施等一系列以预算管理为核心纽带的综合管理行为。预算以未来的财务计划为核心,将组织的战略管理、人力资源管理、业务管理等主要管理模块紧密联系在一起,是对现代委托代理关系的规范化的一种实践。委托代理关系是现代企业治理结构的基础,但这种高效率的机制下,也存在着诸如道德风险、逆向选择、内部人控制等不确定因素带来的各种风险,而预算管理则是解决这类矛盾的最好办法,是在授权与控制之间寻求的一种平衡关系。所以,旅行社对企业评估与分析得准确与否,将直接影响到奖励旅游行程活动规划的基础。

2. 奖励旅游结束后的效果评估

奖励旅游的特点之一是其持续性与稳定性,即具有奖励旅游需求的企业在消费一次以后就会形成习惯,每年都会定期开展符合企业个性化需求的奖励旅游,由此产生持续不断的消费。更重要的是,常年连续进行的奖励旅游会使员工产生强烈的期待感,对于刺激企业业绩成长能够形成良性的循环。

(1) 征询企业意见。

旅行社在奖励旅游活动结束后,应向企业征询接受服务的感受,就像地接旅行社在结束带团之后向游客发放的服务质量的调查问卷一样,以主动解决客人遇到困扰的问题以加强同客人的联系。从旅游者那里得到意见反馈不仅可以维持和扩大原有的客源,还可以更新产品内容,提高接待服务水平,让旅行社在激烈的市场竞争中立于不败之地,这也是旅行社和奖励旅游策划公司巩固和扩大市场的手段。评估结果的好坏往往会直接影响到二者合作关系的持续问题,所以,征询企业意见即客户意见,是一个必要举措。

(2) 策划者自身的总结。

在充分征询企业意见的基础上,结合自身的看法,对此次奖励旅游活动的组织策划任务进行全面而客观的总结,找出成功的经验也找出失败的教训,最终群策群力,提出改进的方案。在总结活动结束后,整理存档,以期对后续的奖励旅游活动策划打下良好的基础。

3. 与客户保持密切的售后关系

售后服务的含义是指旅行社在旅游者旅游活动结束后,继续向游客提供的一系列服务,以主动解决客人遇到的问题和加强同客人的联系。售后服务的意义在于仅有高质量的接待服务是不够的,良好的售后服务是优质接待工作的延续。

（1）正确处理旅游者的投诉。

旅游投诉是指旅游者、海外旅行商、国内旅游经营者为维护自身和他人的旅游合法权益,对损害其合法权益的旅游经营者和有关服务单位,以书面或口头形式向旅游行政管理部门提出投诉、请求处理的行为。

在旅游服务过程中,产生投诉的原因是多种多样的,但主要可归纳为两个方面:一是工作人员主观上的问题,主要表现为对游客不尊重、缺乏热情、讲解不认真、工作敷衍了事、对客人的合理要求不能及时做出回应等;二是客观条件问题,主要表现为住宿条件与合同不符、旅游过程中某些设施条件不理想、交通不顺畅,或由于旅游者本身的性格习惯产生的问题。旅游投诉动机从旅游者投诉的心理来看,主要有以下几种情况:一是希望旅行社能进一步完善其工作中的欠缺,以自己的亲身体验向旅行社提出自己的合理化建议;二是为了求得尊重,对旅途中受到的不公平待遇表示不满,希望引起旅行社方面的关注;三是为了发泄,以求得心理平衡;四是要求补偿,弥补旅途中的损失。旅游投诉处理是旅行社售后服务中的重要内容之一。

旅行投诉处理是否得当,会对旅行社的声誉直接造成影响。经验丰富的旅行社管理者往往都十分重视旅游者的投诉,因为投诉最多的问题通常是服务质量最为薄弱的环节。旅行社在处理旅游投诉时应注意以下几个方面:一是高度重视,平等对待。无论旅游者投诉的问题大与小,都应给予足够的重视。因为在旅游者看来,只要投诉就不是一般的小问题,他们希望旅行社首先能够有认真负责的态度。此外,对待任何投诉的旅游者都应一视同仁,不能以地位、钱财、相貌、肤色取人。二要仔细倾听,耐心对待。如果遇到旅游者口头投诉,不管对方态度多么不好,言辞多么激烈,都应耐心让对方把话说完,不要打断对方,也不要急于解释,更不能与对方发生争吵。在接收旅游者投诉的过程中,接待人员要始终面带微笑,做好记录,等客人把话说完了气也就消了大半,这时问题也就轻易解决了。三要尊重客人,查清事实。旅行社接到投诉后及时进行调查了解,重要的投诉必须报告上级主管人员。在处理的过程中,要注意维护客人的自尊心。即使客人提出不合理的要求或产生误解时,也要注意采取柔性语言做出委婉解释,不能当面顶撞客人。四要积极反映,迅速答复。针对旅客投诉问题,旅行社应及时采取相应措施予以处理,并迅速做出答复,若遇到无法立即回复的问题,则要向客人明确回复的具体时间并迅速进行处理,不可拖延。在回复的过程中,应把处理经过和结果向客人详细说明,并对客人的批评意见表示感谢。五要记录在案,积极改进。将客人投诉的问题和处理结果做好记录备案,以备必要时核查。针对投诉问题,旅行社应积极进行整改,减少今后类似情况的发生。

（2）售后信息追踪。

售后信息追踪是在旅游者消费完旅行社提供的旅游服务以后,旅行社对旅游服务质量信息进行收集整理的过程。它是旅行社售后服务的一项重要内容,常见的表现形式主要有以下几种:

①寄送意见征询单。在旅程结束后,旅行社可以通过给每位参加奖励旅游的客人寄送意见征询单来进行信息的追踪和反馈。意见征询单既可以向客人传递问候,又可以让他们对此次旅行发表意见和建议。意见征询单应设计合理,便于客人填写,并附上回寄信封,方

便客人回信,提高回收率。

②打问候电话。在旅游者结束旅程返回家中的第二天,旅行社给客人打电话表示问候。问候电话通常会使客人感到旅行社售后服务周到细致,充满人情味,给圆满的旅程画上一个温馨的句号。而旅行社则可以通过问候电话了解客人旅途中的情况,及时掌握可能遇到的麻烦和可能提出的投诉,主动作出处理,争取早日解决问题。通过良好的沟通和对问题的及时处理,可以使接受了奖励旅游服务的顾客得到良好的体验,从而吸引企业再次向旅行社为员工购买奖励旅游服务。

③节日庆祝。许多旅行社还通过对客户档案的查询,在客人生日或节日之际向客人表示祝贺。这些祝贺使客人在惊喜之余觉得旅行社与他的个人关系很亲近,从而得到良好的客户体验。

④赠送纪念品。旅行社可以制作一些精美的,有一定使用价值的纪念品,比如挂历、画册、雨伞、书签、圆珠笔、玩偶等,让客人能在使用这些纪念品时联想起旅游的美好时光,从而激励接受奖励旅游服务的员工再接再厉。已有的激励理论主要是从心理学和组织行为学的角度来展开研究的,激励被认为是通过高水平的努力实现组织的意愿,而这种努力以能够满足个体某些需要和动机为条件,最终使个体与组织实现双赢。

⑤邮寄明信片。旅行社可以通过给购买奖励旅游服务的企业写亲笔信或寄送明信片的方式与他们保持联络。旅行社给企业写亲笔信突出了业务关系中人与人的直接交往,使企业倍感亲切,愿意再次购买该旅行社的产品。与写亲笔信相比较,更简捷的方式是给企业寄送问候性或促销性的明信片。问候性明信片通常附有旅行社的社徽、地址、电话等内容。促销性明信片则是旅行社工作人员在考察旅游胜地时向顾客寄送的当地风光明信片。一旦购买了奖励旅游服务的企业与接到明信片后与旅行社联系,旅行社则可向他们推销新的旅游产品。此外,旅行社还可以向一些老顾客寄送报纸影印材料或旅行社的宣传资料等。报纸影印材料通常是关于旅游见闻的文章或游客感兴趣的旅游胜地的报道;旅行社的宣传资料则是旅行社自己编辑的介绍旅游知识和经济的内部资料。这些方式都已经成为旅行社与游客经常保持联络的有效手段。

⑥举办旅行社开放日。为了使和激励旅游的购买者的企业的联系更密切,许多旅行社每年都例行举办一次旅行社开放日活动,有针对性地邀请一些意向性企业到旅行社参观及观看录像,并向他们介绍有名望的顾客、旅游专家、飞机机长、旅游新闻工作者或旅游题材的作家。通过此类活动,可以让企业了解旅行社的设备及社会联系,使企业坚信这家旅行社有能力为他们提供良好的咨询和服务,也使更多的企业愿意购买该旅行社的产品。

⑦企业顾客招待会。旅行社可通过在社内或酒店内举办风景点幻灯片欣赏活动及旅游者招待会等方式,来与企业进行面对面的直接接触。这些活动不仅能使旅行社与企业的联系更密切,还能有效提高旅行社的知名度。被邀请的企业通过对幻灯片和照片的欣赏及彼此间的相互交流,可能会欣然订购适合本企业员工与组织目前相契合的旅游产品。

旅行社的售后信息追踪是指在旅游者结束旅游活动后,旅行社为稳定和巩固老客户所做的一系列诸如征询意见、解决投诉、加强联系、积分奖励等工作。这些工作对于保障旅行社经济效益,提高旅行社服务信誉以及树立良好的旅行社企业形象都有着直接影响。在当前旅游市场日益激烈的竞争条件下,如何留住旅行社的"忠诚客户",除了在创新旅游产品、提高服务质量上下功夫外,还要重视和完善售后服务工作。

二、奖励旅游的策划

在奖励旅游的具体操作流程中,细心的读者不难发现,第一个流程我们没有展开,在这里我们专门来进行学习。

(一)组建奖励旅游策划小组

无论是专门的策划公司还是活动的组织者(活动主办方或承办方等具体组织奖励旅游活动开展的机构或单位主体),在进行奖励旅游策划活动之前必须首先组建一支强有力的策划工作小组。这个小组成员必须能够清楚组织者内部各个部门职能分工,并能依次统筹策划出各个部门在本次奖励旅游活动中的分工与协作——因为他们策划出来的方案将是整个活动在实施阶段的依据和蓝本。一般情况下,一次奖励旅游活动的策划工作小组是由活动组织者高层领导人直接领导或者监督,由各个部门派出一两个了解本部门工作的人共同组成。在人员安排方面要"人人有事做,事事有人管",无空白点,也无交叉点。

(二)确立目标

古罗马哲学家塞涅卡说过:有些人活着没有任何目标,他们在世间行走,就像河中的一棵小草,他们不是行走而是随波逐流。要想确立明确的目标,则要对自身有准确的判断。只有根据自身的实际情况制定出来的目标才有实际意义。成功大师希尔也说过,不能把目标放在真空里,必须将目标与自己的情况和需要配合起来。一个明确的目标应该有明确的完成期限以及完成的标准。

策划奖励旅游首先要为参加奖励旅游者制定一个任务目标,只有达标的人才有资格参加奖励旅游。这个目标应该是"踮踮脚就能够得到"的,如"增加一定的销售额或者产品的生产量"。购买奖励旅游服务的企业要通过增加生产和销售或者降低成本来产生足够的超额利润,以支付奖励旅游活动的所有费用,所以这个目标既要量化,又要有时间限制。例如:海尔公司以1月1日起至3月31日为止,每名销售员销售的洗衣机要增加10万元的销售额作为参加奖励旅游活动的目标。

(三)信息分析

在进行策划工作时,分析信息的方法很多,每种方法都有自己的优缺点。任何一种方法都不能提供所需要的足够完整的信息,因此可以交叉使用这些方法。

1. 工作实践法

工作实践法是指工作人员亲自从事所需要研究的工作,由此掌握工作要求的第一手材料,分析目前国内外的旅游市场情况。如旅游产品的供需状况、政府对特定旅游产品的相关政策规定、现在流行的旅游方式等。

从我国总的旅游人数和回笼货币来看,旅游人次数稳步增加,旅游消费额逐步提高。从旅游消费方式和旅游消费结构来看,绝大部分属于观光旅游,文化型、享受型极少。即走马观花式的参观型旅游活动多,而修学、健身、寻根、考察、探奇、了解风土人情的专项特点旅游较少。一般游客住低档旅馆,饮食简单。从旅游的地域性和客源分布来看,国内旅游热点集中在经济较发达,知名度较高,旅游基础设施较完善的旅游胜地,如北京、上海、杭州、广东等

地。敦煌、九寨沟、西双版纳、黄果树瀑布等风景点由于交通不便相对处于温冷点,但现在随着经济的发展交通设施的进步,这里将是人们热衷的旅游胜地。从距离上看,一般以中近距离旅游为主,远距离旅游为辅。如桂林主要以粤、湘、鄂的旅游者为主,杭州主要以江、浙、沪的旅游者为主,北戴河以京、津、冀、辽的旅游者为主。从客源分布来看,以大中城市和沿海地区为主,内地县镇为辅。旅游者停留时间较短,一般在 2.5~3.5 天,"一日游"也占很大比重。自我服务的散客多,有组织的较少。

通过以上基础信息的分析,对旅游线路的设计与选择有重要的指导作用。

2. 观察法

观察法是指有关人员直接到现场,亲自对企业一个或多个工作人员的工作状态进行观察,并用文字或图表记录有关工作的内容、工作关系、人与工作的作用、工作环境、工作条件等信息。通过信息的采集明确企业的工作性质与购买奖励旅游的目的,不同企业购买奖励旅游的目的是不同的,应该遵循其目的来进行策划,并在此基础上依企业的奖励目标来计算参团人数,并协助企业进行相关的内部宣传及配额的选定,以便更好地拟定策划方案,提供更好的产品与服务。

3. 访谈法

访谈法是通过个别谈话或小组访谈形式,获取工作信息。访谈法的典型问题举例:企业组织奖励旅游的目的是什么?企业的特性与背景是什么?企业有什么样的个性化需求?需要注意的是,提问题要有技巧。问题分为两种:一种是封闭式的问题;另一种是开放式的问题。封闭式问题的答案只能是是或否,封闭式的问题只用于准确信息的传递。例如:我们需不需要奖励旅游?只能回答需要或不需要,信息非常明了。开放性的问题,应用于想了解对方的心态,以及对方对事情的阐述或描述。例如:您希望我们的奖励旅游计划怎么安排?您对我们旅行社提出的线路设计有哪些看法?员工在这种氛围下旅游有什么感受?每个人都有强烈的倾诉欲望,通过开放式的问题,可以让对方敞开心扉、畅所欲言。

4. 问卷调查法

问卷调查法的效果取决于问卷的结构化程度。最好是既有结构化问题,又有开放式问题。问卷调查法的优点是可以快速得到所需资料,节省时间和费用,抽样样本量可以比较大,资料可以数量化,通过计算机处理数据。然而缺点是设计调查表花费时间、人力和物力,成本高,被调查者可能不认真反映真实情况,影响调查的质量。

(四) 资金预算安排

资金预算管理是由资金预算编制、预算调整及执行跟踪管理、监督考核等三部分组成:

(1) 资金预算分为年度预算及月度执行预算,编制采用"以收定支,与成本、费用匹配"的原则,遵守收付实现制并采用直接法编制,同时采用间接法编制以相互验证。以最优的资金成本制定资金使用方案,综合平衡和编制单位的资金总预算。年度预算侧重于全年资金的平衡与预算,月度执行预算主要用于月度的资金调度与控制。

(2) 预算调整及执行跟踪管理。即在资金预算执行过程中,当遇到前提条件发生变化时,如人数增加、线路变更以及出现新的合并业务时,需要对资金预算进行调整或追加。由预算责任部门提出申请,资金管理部门提出调整意见,实行逐项申报、审批制度。预算必须是最新调整过的预算,以统一口径,做到及时跟踪经营情况的变化。资金流量执行的跟踪管理是在月度执行预算交给资金管理部门后对各部门用款进行监控的重要步骤。

(3) 对资金预算管理的监督考核是根据各部门现金流量使用的特点,以预算为基准建立指标考核体系,由资金管理部门根据各部门执行预算的情况,按月、季、半年及年度进行分析与考核,对预算编制部门考核预算精度,对预算执行部门考核完成情况。

(五) 行程设计与规划

旅游线路设计是一项技术性和经验性很强的工作,是旅行社产品的核心组成部分。在生活节奏不断加快的今天,多数企业希望员工在舒适度不受影响或体力许可的前提下,能花较少的费用和较短的时间尽可能多地参与一些有创意性的节目,帮助企业将文化理念渗透到员工中去,使整个旅游过程"形散神聚",而这一目标的实现将意味着旅游组织者效率的提高,旅游企业成本的降低和策划能力的增强。所以旅行社一直在寻求一种更好的旅游线路设计方法,以满足旅游企业与员工双方共同的需求。

1. 旅游线路设计

旅游线路设计应该包括以下几个方面的内容。

(1) 旅游线路时间:总的旅游时间以及整个旅游过程中的时间安排。

(2) 旅游目的地(旅游资源的类型、级别等):主要游览的景区、景点的特色,旅游目的地决定了旅游活动的主要内容。

(3) 交通:旅游交通方式和工具。

(4) 食宿:旅游住宿的酒店或宾馆的等级,客房的标准,餐饮的种类和标准。

(5) 活动安排:旅游线路设计核心所在和重点内容,旅游活动的安排直接影响到旅游线路对旅游者的吸引力。

(6) 服务:接待和导游服务。

(7) 价格:一般来讲是一个比较笼统的价格。

2. 旅游线路设计的原则

(1) 市场需求原则。

根据旅游者的需求特点,结合不同时期的时尚和潮流,设计出适合市场需求的旅游线路产品,并能够创造性地引导游客消费。人均 GDP 超过 1000 美元时,进入大众旅游阶段,国内观光旅游为主导;人均 GDP 超过 3000 美元时,开始国际旅游。经济发达地区,人们从观光旅游向度假旅游过渡;年轻人则偏爱富有冒险和刺激的旅游活动。

(2) 符合旅游者意愿和行为原则。

旅游者是旅游活动的主体。旅游者的出游决策和实施同旅游景观的吸引力达到某一最低值相对应,即当旅游成本已经确定的情况下,整个旅程带给游客的体验水准只有等于或大于某一确定水平时,游客才会成行。而随着旅游成本的增加,游客的体验水平的增加只有等于或高于旅游成本增加速度时,游客对旅游线路才会有满意的评价。

(3) 旅游体验效果递进。

一条好的旅游线路,要有序幕→发展→高潮→尾声。在交通方便的前提下,同一线路旅游景点的游览顺序应由一般的旅游点逐步过渡到吸引力大的旅游点。将高质量的旅游景点放到后面,使旅游者兴奋度一层一层上升,在核心景点达到兴奋顶点。同时考虑到旅游者的心理状况和体能,结合旅游景点类型组合和排序,使旅游活动安排做到劳逸结合。

(4) 新奇与熟悉结合。

新奇的事物令人兴奋、愉快和满足。同时也要注意与熟悉因素的搭配,增加游客安全感,既满足游客追求新奇的要求,又不产生孤独、陌生的感觉。

(5) 不重复原则。

走回头路,会使游客感到乏味,减弱旅游的兴趣。关键是景点与依托地之间的关系,如果旅游景点与依托地在一天以上行程时,没有必要返回依托地过夜,而是就近住宿,形成环形旅游支线。

(6) 多样化原则。

旅游要素的类型很多,不要出现"天天吃面条"的现象。要注意旅游景点及其活动内容的多样化。

(7) 时间合理性原则。

尽量缩短交通运行时间,做到正点、准时,保证游客的休息和对环境熟悉的过程。上午最好安排景物比较丰富的景区,这是因为人在上午的精力最为充沛。下午则"饭饱神虚",午饭后两小时则又开始兴奋。

(8) 主题突出原则。

主题突出可以使得旅游线路充满魅力和生命力。尤其是个性化旅游的需求推动旅游走向主题化,而特色则是依靠性质或形式有内在联系的旅游点串联起来。例如:丝绸之路旅游线路"西安→敦煌→吐鲁番",观赏丝路花雨歌舞,吃历史名菜,骑骆驼,购唐三彩等。

(9) 机动灵活原则。

日程安排不宜过于紧张,应该有一定的回旋余地,执行过程中要灵活掌握。

例如:上海国旅日前接待了一个2400人的泰国会议奖励旅游团队。外方提出要安排到上海著名的服装和小商品市场襄阳路市场购物。上海国旅提出襄阳路人多地方小,停车、集合队伍都有困难。经过协商和现场考察,最后采取了停车下客,客人自行返回酒店的方法。同时上海国旅还向市场管理部门和当地警署通报了情况,请他们做好准备。

(10) 旅途安全原则。

旅途安全是出行最重要的原则和需求。

(六) 专案执行方式与条件

专案是全部行程除去行程设计与规划之外的部分。其中,行程设计是每次奖励旅游活动必不可少的;而专案则不是每个企业都有需要,而是根据企业的不同需求定做的。后者主要由两个方面组成:一是企业要求的特殊行程;二是特殊的活动安排,而且又以第二方面为主。会议、培训、主题宴会等都属于专案的范畴。

专案管理是对特殊的项目或方案数据进行的单独管理,这些项目和方案通常是每隔一定周期就会重复一次。例如,美国通用公司每年都要进行别克高尔夫活动。专案执行方式如下:

① 按照项目的大分类进行分类,然后按照时间顺序把每个个案从准备到结束期间产生的相关记录、文字文件、图片文件、数据报告、总结报告等各项文件分类编辑存档。通过各项

数据及分析,为下次活动做准备。

② 每年通过个案的分析,总结出活动规律或商业活动理论。

第三节 奖励旅游的现状与发展趋势

一、奖励旅游的现状

奖励旅游,英文为"incentive travel",其实更确切的翻译是"激励旅游",奖励旅游是现代旅游的一个重要项目,是为了对有优良工作业绩的员工进行奖励,增强员工的荣誉感,加强单位的团队建设,用公费组织员工进行的旅游。但这种旅游又不单纯是观光休闲,一般企业会通过专业性的机构在旅途中穿插主题晚宴,以及"惊喜"、"感动"的一些小创意活动,以弘扬企业文化,传达对员工或经销商的感谢与关怀。奖励旅游让每一位参与者都享受一回VIP的体验,成为其"生命中的经典之旅",企业以次激励他们不断为公司创造价值。今天它已经成为企业促进业务发展、塑造企业文化的重要手段一般奖励旅游包含了会议、旅游、颁奖典礼、主题晚宴或晚会等部分,企业的首脑人物会了面作陪,和受奖者共商公司发展大计,这对于参加者来说无疑是一种殊荣。其活动安排也由相关的旅游企业特别安排,融入企业文化的主题晚会具有增强员工荣誉感,加强企业团队建设的作用。更重要的是,常年连续进行的奖励旅游会使员工产生强烈的期待感,对于刺激业绩成长能够形成良性的循环。那么企业为何要进行奖励旅游?

今天,企业经营者面对激烈的市场竞争,必须不断构思新的激励方案,以提升公司的生产力。已在欧美盛行多年以"奖励会议旅游"作为奖励达到营业目标对公司有功人员的激励方式,近年来在中国也日渐受到企业的重视。

奖励旅游是现代管理的法宝,目的在于协助企业达到特定的企业目标,并对该目标的参与人员给予一个非比寻常的假期,以作为鼓励。同时也是大公司安排的以旅游为一种诱因,以开发市场为最终目的的客户邀请团。

奖励旅游是由企业或社会团体提供费用,以奖励为目的的一种旅游活动。

奖励旅游的历史可以追溯到20世纪二三十年代的美国,如今已有百分之五十的美国公司采用该方法来奖励员工。在英国商业组织给员工的资金中,有五分之二是以奖励旅游的方式支付给员工的。在法国和德国,一半以上资金是通过奖励旅游支付给员工。一般奖励旅游包含了会议、旅游、颁奖典礼、主题晚宴或晚会等部分,企业的首脑人物出面作陪,和受奖者共商公司发展大计,这对于受奖者来说无疑是一种殊荣。其活动安排也由有关旅游企业特别安排,融入企业文化的主题晚会具有增强员工荣誉感,加强企业团队建设的作用。更重要的是,常年连续进行的奖励旅游会使员工产生强烈的期待感,对于刺激业绩成长能够形成良性的循环。

十多年前,在北戴河、青岛等河滨城市建的疗养院,可以说是中国"奖励旅游"的雏形,但这不是真正意义上的奖励旅游。目前国内企业奖励旅游做得还不多,大部分集中在外资企业以及保险、直销等特殊行业。

奖励旅游自诞生以后很快就显示了其旺盛的生命力,在发展的过程中虽然受到了第二次世界大战以及经济衰退的影响,但最终还是普及到了世界各地。纵观以北美和欧洲为代表的国外奖励旅游的发展历程,大致可以划分为三个阶段:20世纪20年代至50年代中期的萌芽阶段;20世纪50年代中期至90年代初期的发展阶段;20世纪90年代初期至今的成熟阶段。

进入20世纪90年代初期以来,人们对奖励旅游的认识更加全面、深刻,奖励旅游的内涵也变得越来越丰富,奖励旅游作为一种有效的企业手段被纳入到企业的管理系统中来。国内外奖励旅游发展的区别可以参考表6-2。

表6-2　国内外奖励旅游发展对比

	国内奖励旅游	国外奖励旅游
起　　因	改革开放,市场经济	经济原因
中间机构	旅行社	奖励旅游部
旅游产品	团体组织观光为主	个人休闲度假为主
市场营销	政府或旅游企业	行业协会
发展速度	较快	较慢
活动目的	提升企业形象,激励作用	激励为主
旅游范围	主要是国内及周边地区	全世界

1. 国外的奖励旅游

(1) 美国的奖励旅游。

奖励旅游的发源地是美国,最大的奖励旅游市场也是在美国,其发达的商品经济、激烈的市场竞争是奖励旅游成长的沃土。在北美,奖励旅游诞生后的很长时间内,其应用范围仍然主要是销售业,绝大多数奖励旅游由企业自己组织、实施,团队规模不大,受交通工具的限制,短程奖励旅游盛行。随着航空业的发展,越来越多的公司加入了实施奖励旅游的行列,美国的奖励旅游兴盛起来,奖励旅游尤其是远距离的长途奖励旅游增长速度加快,此时,欧洲成为美国奖励旅游最主要的海外目的地。美国出境奖励旅游的大发展,在输出奖励旅游观念的同时,也带来了欧洲奖励旅游市场的繁荣。英国、德国、意大利和法国很快就成为了欧洲推行奖励旅游最主要的国家。

在美国,一直试图通过奖励旅游建立竞争性的氛围,所以非常强调预设目标,强调对奖励旅游参与者的资格进行审核。因此,在奖励旅游活动设置方面,美国的奖励旅游特别强调"非比寻常",强调豪华甚至是"奢华的旅游",住宿设施非五星级酒店不住,旅游目的地通常是历史文化名城、中心城市。在这种思想指导下,随着远距离长途奖励旅游增长速度的加快,欧洲成了美国奖励旅游最主要的海外目的地。

奖励旅游发展到成熟阶段以来,西方国家采用奖励旅游对相关人员进行激励,在所有的奖励方式之中占据了非常重要的地位(见表6-3),欧洲的奖励旅游市场每年以3%~4%的速度增长,与世界旅游市场的发展几乎同步。奖励旅游的应用范围也更加广泛,根据美国奖励旅游管理人员协会基金会的调查,在北美和欧洲,有61%的公司使用奖励旅游计划改善服务质量,有50%的公司使用奖励旅游计划激励公司雇员。

表6-3 美国公司采用的奖励方式

奖励方式	所占比例/(%)
奖金	30
业绩、效益挂钩奖金	26
奖励旅游	26
商品、礼金	15
礼券	11
公司股票	6

据统计,每年参加奖励旅游的美国人超过50万人,所花费用大约为30亿美元,在美国,有50%的公司采用该方法来奖励员工。1999年,"芝加哥会议奖励旅游展"展位面积3.5万平方米,吸引了2500多个参展商,覆盖112个国家和地区,参观人数超过4万人次。

美国的奖励旅游之所以如此火爆,是因为随着经济的发展,美国的公司越来越认识到奖励旅游作为一项有效管理手段能够对员工产生很大的激励。因此,伴随着现代航空工具的发展,越来越多的公司和企业加入到了购买奖励旅游的行列,美国的奖励旅游也就随之兴盛起来。20世纪70年代,美国许多大的汽车公司对其市场销售人员提供了一系列的富有刺激性的奖励旅游计划,以激发他们不断开拓市场,提高销售业绩。直至目前,汽车业和保险业这两个竞争最为激烈的行业仍是美国奖励旅游市场的主力军。

(2)澳大利亚的奖励旅游。

澳大利亚,意即"南方大陆",欧洲人在17世纪初叶发现这块大陆时,误以为是一块直通南极的陆地,故取名"澳大利亚"。澳大利亚四面环海,是世界上唯一一个国土覆盖整个大陆的国家,拥有很多自己特有的生物和自然景观。

澳大利亚是一个移民国家,奉行多元文化。澳大利亚人口高度都市化,近一半国民居住在悉尼和墨尔本两大城市,全国多个城市曾被评为世界上最适宜居住的地方之一。其第二大城市墨尔本曾多次被评为世界上最适宜居住的城市。

澳大利亚是一个体育强国,常年举办全球多项体育盛事。澳大利亚曾两次主办夏季奥运会,并且是每年的一级方程式赛车和澳大利亚网球公开赛的常年主办国。

澳大利亚拥有一流的基础设施、高科技会议设施和会议中心,还有顶级的户外会议场所和豪华的五星级酒店。这里不仅有现代化的大都市,还有热带雨林、堡礁、主题公园、农场和沙漠。无论是何种规格的公司会议或者奖励旅游团,都能在澳大利亚找到合适的举办场所和旅游产品。特别是随着各跨国企业和国际知名品牌纷纷选择澳大利亚作为大型奖励旅游的目的地和公司重要会议的举办地,澳大利亚迅速成为备受青睐、独具特色的商务旅游度假胜地。

2014年,澳大利亚共接待了约3600个来自亚洲的奖励旅游项目,其中30%来自东南亚市场,36%来自东北亚。LG电子、安利(韩国)、安利(中国台湾地区)、花旗银行、国泰人寿等来自于亚洲的国际知名企业纷纷选择澳大利亚作为奖励旅游的目的地。

这些成就的取得主要是得益于澳洲旅游局从2001年起开始实施的推动澳洲奖励旅游计划,以便提供更完善的奖励旅游资源。据澳洲旅游局透露,澳洲每年仅奖励旅游一项收入可达 2.2 亿澳元,约合 11 亿元人民币。如为安利(中国台湾地区)日用品公司 1400 名销售代表单独设计的旅程,价值高达 7000 万元人民币,人均约合 5 万元人民币。澳大利亚在高端奖励旅游项目领域取得的成功,无不显示出澳大利亚已经树立了理想的商务活动目的地的形象。

2. 国内的奖励旅游

我国的奖励旅游是在改革开放以后特别是 20 世纪 80 年代末期 90 年代初期逐渐发展起来的,那时大量外资企业涌入中国,欧美盛行的奖励旅游观念随之在中国传播,外资企业和大多数三资企业秉承国际传统,奖励旅游作为其内在的管理手段得到了继承,如友邦保险公司、安利公司、惠普公司、欧司朗公司、IBM 公司、三星公司、微软公司等;民营企业和股份制企业机制灵活,奖励旅游发展也比较迅速;而国有企业因为受国家规定、传统观念等因素的影响很少看好奖励旅游这种方式,甚至认为奖励旅游是公费旅游,是不正当的。旅行社的统计资料也显示,预订奖励旅游团最多的还是外资企业,占到 60%,民营企业和股份制企业大约占到 35%,而国有企业仅有 5% 的比例。

对于旅行社来说,由于奖励旅游具有"团队规模大、组团时间多在淡季、消费支出较高、利润可观"等特点,很多旅游企业纷纷关注奖励旅游。目前,国旅、中旅、青旅、广之旅、神州国旅、新之旅等多家旅行社都积极地参与到奖励旅游市场开发中,并且取得了不小的成绩。中国旅行社早在 1992 年就成立了国际会议奖励旅游中心;中青旅于 2001 年 9 月 1 日成立了会议与奖励旅游部;广东的旅行社已得到诸多实惠,如"广之旅"奖励旅游的接待人数现占到旅行社业务总量的 5% 以上;"新之旅"则称,目前奖励旅游收入已经占到该社总收入的一半。

我国的奖励旅游虽然起步较晚,但是发展速度很快。我国国内大约在 1995 年开始出现奖励旅游团,但到 2000 年的时候,就有一些规模非常大的旅游团出现了。而目前中国与印度,是奖励旅游增长最为迅速的两个国家,越来越多的企业开始把奖励旅游作为一种激励方式,2004 年,通过中青旅去东南亚的奖励旅游团占了 60%,澳洲占了 20%,总共 1400 多人。2004 年中国内地赴澳旅游人数同比增长 43%,奖励旅游更是呈现"爆炸式"增长,所以澳大利亚和新加坡等国的旅游部门纷纷盯紧中国市场。

二、奖励旅游的发展趋势

未来若干年内,中国奖励旅游业将呈现以下几大发展趋势:会、奖结合;具有鲜明的企业文化特征;团队整体素质高,约束力强;奖励旅游增速放缓;规模继续扩大;竞争更加激烈。

(一)会、奖结合

在奖励旅游的行程安排中,根据企业组织该活动的意图与宗旨,要安排诸如颁奖仪式、主题晚宴、先进事迹报告、企业发展战略研讨、工作计划讨论等会议活动,做到会、奖结合。负责承办旅游活动的专业机构(如旅行社、旅游公司等)对整个日程安排与活动布置都必须做出精心策划和设计,要衬托出企业文化,要营造出满足员工成就感和荣誉感的氛围,既要能达到企业(单位)举办活动的目的并激发员工的积极性,又要能给参加者留下终生难忘的美好回忆。

(二)具有鲜明的企业文化特征

企业文化是企业员工在长期的生产经营活动中培育形成并共同遵守的最高目标、价值标准、基本信念以及行为规范。没有企业的经营活动也就没有企业文化的产生,而企业文化是为企业经营目标服务的。企业组织奖励旅游的目的是弘扬企业文化,树立企业形象,宣扬企业理念,提高企业经营业绩,因此旅游活动的安排要与公司的企业文化相适应,要将企业文化有机地融于旅游活动之中。

(三)团队整体素质高,约束力强

参加奖励旅游的旅游者不同于一般的旅游者,他们是企业中创造业绩的人、对企业有贡献的人(包括企业品牌的重要消费者),并通过特定的资格审核,整体素质比较高。他们对企业目标、行业规范以及价值观念的认同感强,从而能自觉遵守组织中共同的价值观和行为准则,并受到领导和群众的认同和赞扬,在心理上会有备受尊崇的满足感。他们在参与奖励旅游的整个过程中,时时处处都会表现出行动的一致性,随意性小。

(四)奖励旅游增速放缓

由于展会的效益驱动,我国奖励旅游的数量明显上升,但是质量好、口碑好的奖励旅游活动不多。

1. 新创奖励旅游逐年减少

一方面,经过"十五"期间展会数量的急剧膨胀,各行各业的奖励旅游题材已经得到很大程度挖掘,新创奖励旅游项目越来越难;另一方面,随着展会的总数量不断增加,奖励旅游项目总量的增长速度必然逐年下降。

2. 奖励旅游项目竞争整合

由于市场竞争的原因,未来我国奖励旅游的项目竞争整合在所难免,旅行社与奖励旅游策划公司的优胜劣汰将现高潮。国际奖励旅游业看待奖励旅游并非局限于奖励旅游产品的概念,更多考虑的是树立产品形象或企业形象,追求一种长远、持久的品牌效果。世界上所有会展业发达国家,都重视会展的品牌效应,都拥有自己的品牌奖励旅游项目和奖励旅游名城。中国会展业实现品牌化经营也是必由之路。未来中国的奖励旅游业将重新整合,有的会在竞争中壮大发展,有的会在竞争中消失,有的会在竞争中合并。

(五)规模继续扩大

我国奖励旅游业发展的最大特点就是硬件优先发展。近年来,全国掀起了高档星级酒店与度假村、疗养院的建设高潮,奖励旅游业的硬件设施建设大有超前发展的态势,建设档次高、面积大、科技含量高。如拉萨市、芜湖市兴建了新的会展中心;一些城市已有酒店、高尔夫球场供不应求,需要对原有展馆进行改建、扩建,也会增加设施面积。

(六)竞争更加激烈

中国奖励旅游市场目前竞争激烈,表现在奖励旅游城市之间、奖励旅游的企业之间、奖励旅游项目之间、奖励旅游人才之间的全方位竞争。

1. 奖励旅游城市间的竞争

我国已有几十个城市定位为"会展中心城市"或"会展名城",这些城市纷纷在城市基础

设施、会展软环境建设、品牌展会培植方面加大投入,奖励旅游城市之间激烈的竞争不可避免,通过竞争将逐步形成合理的奖励旅游区域布局。

2. 奖励旅游企业的竞争

奖励旅游的"蛋糕"毕竟有限,旅行社、会展组织公司之间竞争日趋激烈。国内会展设施总量过剩,布局失调。一方面北京、上海的展馆供不应求,展馆租金不断上涨,令会展组织公司压力大增;另一方面,一些中小城市的展馆则经营困难、难以为继。近年来,外资奖励旅游公司进入中国设点,加剧了国内奖励旅游业的竞争。

3. 奖励旅游项目的竞争

"十五"期间中国奖励旅游项目数量急剧增加,相同主题奖励旅游的数量越来越多,这些奖励旅游项目之间的竞争非常激烈,竞争购买企业、竞争各种会展资源。今后多数奖励旅游项目将重新整合,总体上将朝着大型化、专业化发展。

目前,全国奖励旅游服务水平总体仍然有待提高,但由于企业购买奖励旅游将更加理性,奖励旅游市场的竞争会使品牌奖励旅游项目与品牌旅行社、奖励旅游组织公司不断涌现。

4. 奖励旅游人才的竞争

未来中国奖励旅游业的竞争,说到底是奖励旅游组织与策划人才的竞争。越来越多的地方政府将制定鼓励奖励旅游业发展的政策,对奖励旅游人才采取大力的引进措施,有成功展览工作经验的高层次奖励旅游人才是各地会展企业引进的目标。各地高校也顺势而为,纷纷设立会展专业,培养本地相关会展人才。奖励旅游组织公司越来越重视员工的在职培训,提高员工的专业素质。

本章小结

(1)综合不同视角的奖励旅游定义,同时结合企业提升员工积极性与旅游结合的特性,将奖励旅游界定为奖励旅游是一种现代的管理工具,目的在于协助企业达到特定的管理目标。

(2)奖励旅游是由若干要素构成的复杂系统,它不仅是旅游众多表现形式中的一种,还是包含着企业业绩目标、企业文化以及员工个人荣誉感、品牌形象、品牌个性等构成要素。

(3)已有的激励理论从心理学和组织行为学的角度认为,激励被认为是通过高水平的努力实现组织的意愿,而这种努力以能够满足个体某些需要和动机为条件,最终使个体与组织实现双赢。

思考与练习

1. 试述奖励旅游的内涵。
2. 试述奖励旅游的种类与特点。
3. 试述奖励旅游的操作流程和策划方法。
4. 结合实例,谈谈我国奖励旅游的热门路径选择。
5. 查阅资料,试以世界某一奖励旅游目的地为例,谈谈其品牌建设的成功经验与启示。

案例分析

巴厘岛成奖励旅游热门目的地

巴厘岛面积 5600 多平方公里,人口约 320 万人。巴厘西距雅加达约 1000 多公里,与雅加达所在的爪哇岛隔海相望,相距仅 1.6 公里。巴厘岛由于地处热带,且受海洋的影响,气候温和多雨,土壤十分肥沃,四季绿水青山、万花烂漫、林木参天。巴厘岛的居民生性爱花,处处用花来装点,因此,该岛有"花之岛"之称,并享有"南海乐园"、"神仙岛"的美誉。

巴厘岛上大部分为山地,全岛山脉纵横,地势东高西低,有四五座锥形完整的火山峰,其中阿贡火山(巴厘峰)海拔 3140 多米,是岛上的最高点,附近有曾于 1963 年喷发过的巴都尔活火山。岛上沙努尔、努沙·杜尔和库达等处的海滩,是该岛景色最美的海滨浴场,这里沙细滩阔、海水湛蓝清澈,每年来此游览的各国游客络绎不绝。

巴厘岛因历史上受印度文化宗教的影响,居民大都信奉印度教,但这里的印度教同印度本土上的印度教不大相同,是印度教的教义和巴厘岛风俗习惯的结合,称为巴厘印度教。居民主要供奉三大天神(梵天、毗湿奴、湿婆神)和佛教的释迦牟尼,还祭拜太阳神、水神、火神、风神等。教徒家里都设有家庙,家族组成的社区有神庙,村有村庙,全岛有庙宇 12.5 万多座,因此,该岛又有"千寺之岛"之美称。神庙中最为著名的当属拥有千年历史的百沙基陵庙,陵庙建在被称为"世界的肚脐"的阿贡火山山坡上,以专祀这座间歇喷发的火山之神。

巴厘岛是印度尼西亚最著名的旅游景点之一,以典型的海滨自然风光和独特的风土人情而闻名于世。巴厘岛有"花之岛"、"天堂岛"等美称,岛上不但一年四季鲜花盛开,绿树成荫,还有世界上最美的沙滩,宛如人间仙境。不少演艺界明星把它作为结婚的圣地。巴厘岛居民的舞蹈典雅多姿,在世界舞蹈艺术中占有重要的地位。另外,雕刻艺术也非常有名,在岛上处处可见木石的精美雕像和浮雕,所以该岛又有"艺术之岛"之誉。

　　结婚度假的人们一般不喜欢去欧洲美洲的那些繁华的大都市,反而更向往恬静、幸福的二人世界,所以像巴厘岛这种休闲度假区就适合结婚度假。除此之外,由于其亲民的当地物价与旅行社报价,也是各大企业追捧的热门奖励旅游目的地。

问题:
1. 巴厘岛对我国奖励旅游品牌的建立与发展有何启示?
2. 查阅资料,试分析巴厘岛奖励旅游品牌策划的策略。

附录
Appendix

附录 1

国际博览会联盟章程

第一章 总 则

第一条 组织和宗旨

为了扩大国际贸易博览会在世界经济中的影响,促进国际经济交流,特建立国际博览会联盟这一非政治性协会;其宗旨是研究这一机构的有关问题以及发展其会员所主办的贸易博览会和展览会的有效方法,促进会员之间的关系。本联盟建立在无限期的基础上。联盟的职责范围如下:

1. 根据本章程第八条款规定,授予综合性和专业性贸易博览会以"国际"资格。
2. 采取一切必要措施协助会员在发展的世界经济中更加有效地开展活动。
3. 就对国际贸易博览会所共同关心的问题开展国际范围的研究。
4. 代表会员参加相应的其他国际组织。
5. 保护会员利益,并为此采取一切必要措施使有关国家政府当局注意并同意这一点。
6. 在互相尊重对方利益的基础上,通过有关会员之间的对话,尽可能地协调获本联盟认可的博览会的日程安排。
7. 根据有关方面的要求,成立仲裁委员会,解决会员之间的纠纷。
8. 努力寻求并使用一切合适的方法加强国际博览会联盟的国际地位,并为此目的开展宣传和信息工作。
9. 为维护会员利益,对一切阻挠自由参加国际贸易博览会的不公平行为采取一切其他必要的行动。
10. 采取一切措施限制国际贸易博览会激增的趋势,即通过干预各国负责机构,使这些机构授予只有符合本章程第八条规定的贸易博览会和展览会以"国际"资格。
11. 向贸易博览会组织者,尤其是发展中国家的组织者提供其要求的技术帮助。国际博览会联盟不干涉会员的内部事务,但是会员均给予国际博览会联盟为保证会员之间良好关系的行事权。

第二条 机构

为达到上述目标,国际博览会联盟的组织机构设置如下:

1. 高层管理机构

国际博览会联盟会员大会(国际博览会联盟最重要的机构,其职责见本章程第十三条);

主席(其职责范围见第十九条);

事务局和指导委员会(其职责见第二十一条和第二十五条)。

2. 行政管理机构

秘书长(其职责范围见第二十七条)。

3. 顾问机构

技术委员会(受委托研究并提供技术合作、委派专家、培训人员、组织会议、向发展中国家的博览会和展览会组织者提供技术合作);

由指导委员会设立的各种工作。

指导委员会成员和上述顾问机构成员必须在国际博览会联盟的一个会员机构中行使主要管理职能。

第三条　总部

国际博览会联盟总部设在巴黎。(地址略)

国际博览会联盟章程符合法国于1901年7月1日颁布的法国社团法。

第四条　标志

经1948年大会批准,国际博览会联盟(以下简称联盟)的标志为UFI,并在国际保护工业产权局注册,编号为161.659。

无论会员组织者使用何种语言,只能使用"UFI"缩写名称。

第五条　内部章程

联盟内部章程由指导委员会制定并实施。

第二章　联盟会员

第六条　定义

根据本章程第八条规定,举办同一国际贸易博览会三次以上,并使用合适的永久性设施的法人(私营公司、官方机构或半官方机构)或自然人具备联盟会员条件。根据本章程第十四条关于大会期间选举权的条款,所有会员享有同等权利。

第七条　接纳会员的条件

一个组织者至少有一个展览会符合本章程第八条的规定方可被接纳为联盟会员。

在会员组织者场地上举行的但是由第三者组织的展览会,在任何情况下都不能由会员组织者向联盟申报批准。

联盟成员必须完全无保留地接受本章程、联盟可能制定的任何规定以及联盟所做的符合这些章程规定的修改。

第八条　认可展览会的条件

联盟依据下列条件认可展览会:

1. 必须是符合本条第3款规定标准的国际性展览会。

2. 如有规定,展览会必须由该国有关当局正式承认并认定为国际性。

3. 必须具备以下条件之一(并给予证明):

（直接的或间接的）外国展出者数量不少于展出者总数的20%；

（直接的或间接的）外国展览者的展出净面积不少于展览会净展出面积总数的20%；

外国参观者人数不少于参观者总人数的4%。

以上条件需经专业审计机构或联盟批准的检查员核实。

4. 展览会应使用适当的永久性设施，并向用户提供所需的一切服务，尤其是向展出者和外国参观者提供接待、协助和信息服务；申请表、广告材料、博览会目录不仅需要用本国文字外还应使用其他外国文字（法文、英文或德文）编印。

5. 在展览会举行地点或在展览会期间不能进行任何非商业性活动。在展览会期间举办的与展览会内容一致的科学、技术和教育大会和会议，不受本条款制约。

6. 展览会只允许生产者、独家代理、批发商参展，不允许任何其他商人或代理商人参展。

7. 原则上禁止现金交易，即展出者在展台直接出售商品。

8. 展览会应定期举办，展期不超过两星期。

9. 作为国际性的展览会定期举办过至少三次。

不同的经济结构、地理位置以及展品性质造成了种类繁多的展览会，一些展览会不能完全符合上述条件。指导委员会可以例外推荐。

第九条　歧视条款

联盟会员不得对展出者施加任何限制，阻止其参加联盟认可的其他展览会或博览会。

第十条　接纳和认可的程序以及撤销

接纳新会员和认可展览会的申请必须尽早提交联盟备案，并且不得迟于前一年12月底向秘书长提供所需要的有关文件进行审查。审查由一名或数名指导委员会委派的代表进行。检查人员的费用需由申请人负担。大会以简单多数的方式决定指导委员会根据本章程第八条款作出的关于接纳会员的提议和关于认可展览会的提议。在这之后若发现会员、展览会不具备或者不再具备有关条件，可以撤销对其的接纳或认可。大会由出席或代表出席人数三分之二多数对撤销接纳或者认可做出决定。有关会员可以对此决定提出异议，经大会投票表决，若以同样多数票通过，该决定可以收回。

第十一条　退回和撤销

任何会员均可退出联盟。只须在当年9月30日之前用挂号信通知联盟并付清应付款和认缴款。

如果展览会再符合上述第八条规定的条件，联盟会员可以要求撤销联盟认可的展览会。会员只须于当年9月30日前用挂号信通知秘书长，说明原因，并付清有关应付款。会员有关撤销展览会认可的要求将交由指导委员会做出决定，并相应地要通知大会。

第十二条　开除

大会根据指导委员会提议，以三分之二多数通过，可以因为下列原因开除会员：

1. 不遵守本章程，特别是不遵守本章程第八条的会员。

2. 对其他会员组织者或者第三者的博览会业务采取作对行为的会员。

大会召开两个月前将开除的提议通知会员。该会员可以并可以在裁决日期之前书面向联盟总部提出申述。

经司库或秘书长两次催促,两年不缴纳会费者,即自动脱离联盟。

第三章 联盟大会

第十三条 大会任务

联盟会员在大会期间至少每年举行一次会议。会议的时间和地点由上届大会确定。

大会在联盟主席领导下。大会是联盟的最高权力机构。大会讨论指导委员会提交的一切议案。并对下列问题进行投票表决:

批准上一财政年;

批准下一年度的预算和认缴款;

选举主席、指导委员会和审计员;

授予前任主席荣誉称号;

接纳新会员,认可符合联盟规定条件的新展览会;

如有必要,开除会员、撤销对展览会的认可。

第十四条 大会的会员代表

根据本章程第二十九条的规定,按会员出租的展览总面积并考虑其认缴款额,确定各会员的投票数。根据下表,各会员的投票数为1至6票:

至 20000 平方米 1 票

自 20001 平方米至 50000 平方米 2 票

自 50001 平方米至 100000 平方米 3 票

自 100001 平方米至 150000 平方米 4 票

自 150001 平方米至 200000 平方米 5 票

200000 平方米以上 6 票

每个会员派一名代表出席大会,如果派几名代表出席,必须在大会开幕之前指定一名代表参加投票,并通知秘书长。

如果会员不能派代表出席大会,可以委托其他会员代表出席,委托书必须在会议开始前送交主席。

第十五条 投票条件

出席或由代表大会的人数达联盟会员三分之二法定数,大会的表决方有效。

选举大会主席、指导委员会成员、审计员,接纳新会员,认可新展览会,开除会员,撤销展览会认可将以无记名投票方式进行。对于大会的所有辩论,将采取记名投票方式或者采取举手表决方式进行表决,但是经大多数代表要求也可以采取无记名投票方式表决。除根据第十六条规定选举联盟主席和指导委员会成员,根据第十条规定撤销接纳会员和撤销认可展览会,以及根据第三十一条规定更改章程以外,其他大会表决只需简单多数即获通过。本届大会决议只能由下届大会修改或撤销。

第十六条 选举

大会代表的选举:

1. 联盟主席。

主席一届任期为三年,不能连任。主席无偿提供服务。若因故不能履行职责,下届大会将选举本届续任主席。

指导委员会在主席选举年六月召开大会,推荐主席候选人,此外,任何会员也可以推荐一名候选人,条件是在选举年的六月一日前将候选人姓名报给联盟秘书长。

合法的联盟主席候选人必须具备以下条件:

(1) 必须有五年以上的经营管理经历,而且必须属于联盟的一个会员;

必须在联盟指导委员会或者联盟工作组中从事过两年的工作;

必须是出席过五届联盟大会的代表;

必须至少会使用联盟三种正式用语中的一种;

选举时不得超过66周岁。

(2) 必须属于联盟的一个会员,而该会员应当加入联盟至少五年。

在第一轮或者第二轮投票中获得有效选票绝对多数者即当选为主席。

在有几名候选人的情况下,如均未获得绝对多数,第二轮投票将在第一轮投票中获有效票最多的两名候选人之间进行。

2. 指导委员会和审计员。

指导委员会成员和审计员也是无偿为联盟服务。他们可以再次当选。指导委员会的30个席位分配如下:

4 个席位　联邦德国

4 个席位　法国

4 个席位　意大利

4 个席位　经互会国家

2 个席位　比荷卢经济联盟

2 个席位　英国和斯堪的纳维亚国家

1 个席位　西班牙

1 个席位　南斯拉夫

2 个席位　其他国家

2 个席位　阿拉伯国家

1 个席位　非洲

1 个席位　亚洲、澳大利亚和大洋洲

2 个席位　美洲

一个国家或者一个集团国家在指导委员会中最多可以有4名顾问代表。

指导委员会的候选人必须符合下列条件:

(1) 必须在联盟的一个会员中负责经营管理工作五年以上,并将继续负责经营管理,必须至少会使用三种正式用语中的一种。

(2) 必须在联盟机构内至少工作五年。

候选人名单按国家或按集团国家顺序以及字母顺序排列,再次候选的离任成员名单将单独排列。

候选人如果在第一轮投票中获得有效选票的绝对多数,按候选人所在国家或集团国家所分配到的席位数被选入指导委员会。

如果应获一个席位的候选人在第一轮投票中未获绝对多数有效选票,则将进入第二轮

投票。但是候选人仍需获得绝对多数选票才能当选。

获得最多选票的候选人按席位数当选。如果两名候选人的选票相等,在联盟机构中资格长者当选。

投票的全部结果应向全体会员公布。

监票人可以属于候选人的会员组织。

第十七条　召集会议

联盟主席根据指导委员会的提议召集大会。提议必须在大会会期三个月前作出。会议日程由指导委员会安排,必须随会议通知发给会员。

第十八条　特别大会

遇下列情况之一可以于一个月后在联盟总部召集特别大会:

1. 根据会员法定代表的书面要求,并按第十四条规定获得联盟绝对多数票的支持。

2. 根据第二十四条规定,当指导委员会三分之一以上缺席时,需要选举新的指导委员会。

3. 指导委员会或者事务局遇紧急情况或者意外需要而做出决定。特别大会的各项表决必须获得联盟投票的绝对多数方为有效。

第四章　联盟主席

第十九条　主席的职责

主席是联盟的法定代表和正式代表。他主持事务局、指导委员会和大会的会议,他控制秘书长的行政工作,并监督联盟的开支。主席可以长期地部分授予或者临时地全部授予事务局成员以行事权。

第五章　事　务　局

第二十条　指导委员会内部设事务局。包括大会选举的主席以及:

三至六名副主席,各副主席必须不同国籍并具有在指导委员会工作五年的资历;

司库,也必须具有在指导委员会任职五年的资历;

秘书长。

指导委员会必须用举手表决方式,以绝对多数通过,确定将选副主席的名额。

指导委员会在大会之后的第一次会议上用不记名投票方式(最多两轮),以20票多数选举产生副主席,司库和秘书长(如果后者是指导委员会的成员)。

如果秘书长不在指导委员会成员中选举产生,则由指导委员会以20票多数通过任命。本方式同样适用于副秘书长的任命。

任命的秘书长以顾问身份出席事务局和指导委员会的会议。

第二十一条　事务局的职责

事务局负责制定联盟的总政策,并研究有关问题,做出结论后提交指导委员会决定。事务局在紧急情况下采取的任何必要措施必须事后报经指导委员会批准。

第二十二条　副主席的职责

副主席除主席授予他的权力外,在主席缺席或不能行使职权的情况下,可以行使主席的职权并享受主席的特权。

主席因故不能履行其职责时,资格最深的副主席代行职责至下届大会。如果接任的副主席不能履行其职责时,资格仅次于他的副主席将履行主席职责。

第二十三条 司库的职责

司库负责联盟的财产安全,检查账目,执行大会和指导委员会的财务决定,监督收支并向指导委员会和大会报告财政状况。

每一财政年度(10月1日至下一年9月30日)结束时,司库作出上一年度的决算,并准备下一年度的预算,预、决算经指导委员会核准后,提交大会批准。

第六章 指导委员会

第二十四条 指导委员会的组成

指导委员会最多由30人组成,设有顾问办公室。

离任的主席在选举下届指导委员会之前将例外作为顾问继续任职,不受规定的顾问人数的限制。

在一个或几个席位空缺的情况下,委员会现有成员有权按第十六条分配的席位数进行补缺,任期不变。

如果席位空缺数超过三分之一,将召集特别大会重新选举指导委员会。

第二十五条 指导委员会的任务

指导委员会负责将大会各项决议付诸实施,根据大会决定的路线制定联盟决策,从会员的利益出发,对有关国际贸易博览会和国际商业的问题进行研究并提出有关议案,使大会能有根据地通过有关议案。

主要活动有:

选举副主席、司库,选举或任命秘书长,必要时可以任命一名副秘书长;

审查会员提交的议案;

筹备和组织会议;

向大会提交议案;

审查入会申请和展览会认可申请,并对申请进行调查;

制定并实施内部规定;

通过合适的辩论和决议,解决可能发生在本章程之外的问题。但是必须向下一届大会报告。

第二十六条 会议

指导委员会从联盟利益出发,根据需要召开会议,并根据主席的书面通知至少一年召开两次会议,通知包括会议日程,在会议日期15天以前发出。

如有可能,会议日程应随附有关报告和材料。

如果有三分之一以上成员的书面要求,指导委员会也可以召开会议。书面要求必须列明他们认为确需召开会议的理由。

指导委员会成员或者委托代表成员的人数达到半数,会议表决为有效。除根据第二十条规定投票选举副主席、司库,选举或任命秘书长或副秘书长外,会议表决多数通过即形成决议。如果赞成票和反对票相等,由主席投决定性的一票。

如果指导委员会的成员不能出席会议可以委托代表出席,代表具有全权:

委托同一组织的代表;

委托同一国家或集团国家的另一成员组织的代表；

委托指导委员会成员，但是每一成员只有一次代表权。

代表权只有在会议前书面通知主席方为有效。

如果会议议题涉及某一委员会权限内的事务或者问题，联盟主席可以邀请该委员会主席或者这个问题的指定研究报告人以顾问身份出席会议。

第七章 秘 书 长

第二十七条 秘书长的职责

秘书长受委托准备并实施联盟的决议，履行下列职责：

联盟的行政管理；

核实递交的各贸易博览会的所有资料并分发已认可的展览会日程表；

组建一个供会员使用的资料室；

为会员提供所需的有关联盟活动范围之内的各种信息；

监督组织并保管联盟档案。

联盟为有效地开展工作而雇佣职员，秘书长领导这些职员并对其负责。

秘书长负责整理指导委员会的会议记录，经各有关部门核准后由主席签发。

第八章 财 务 规 定

第二十八条 财务委员会

财务委员会由三名审计员组成，负责检查司库的账目和有关单据。

财务委员会向大会提交审查报告。

第二十九条 认缴款

为了满足联盟开支需要，会员应缴纳认缴款。认缴款根据会员上一年度举办经认可的国际展览会所出租的总净面积计算。

室外场地按室内场地的33％计算。

会员不得迟于新年1月31日报告这些统计数据。

根据指导委员会的建议，大会就认缴款作以下实施细则：

基本认缴款额，根据第十四条规定，按所租出面积决定；

最低认缴款额，不按所租出面积计算，也不论上一年是否举办了展览，联盟会员每年都必须缴纳；

最高认缴款额，联盟规定的会员应缴的最高额。

认缴款的标准金额只有大会可以更改。

联盟会员应承担缴纳会费的义务。

联盟会员第一年除缴纳正常的认缴款外，还应缴纳与认缴款相等的入会费，该款将直接计入特别储备金账。

第三十条 储备金

建立储备金。每个财政年度结束时，将收支盈余部分划入储备金。

储备金由联盟指导委员会管理。

第九章 法 律 规 定

第三十一条 修改章程

章程须经出席大会的绝对多数通过方可修改。

第三十二条 解散

只有大会或者为此专门召集的特别大会可以宣布联盟解散。这一提案必须获得至少三分之二的多数票方可通过。

联盟一旦解散,联盟资产将折成现金,按会员在过去五年里缴纳的数额按比例分还。但是这笔款项不会超过五年的认缴款额。

第三十三条 仲裁条款

任何需要法律裁决的提案必须交由巴黎大法院办理。

附录 2

国际展览会公约

《国际展览会公约》于1928年11月22日在巴黎签署,并经1948年5月10日、1966年11月16日、1972年11月30日《议定书》和1982年6月24日及1988年5月31日《修正案》增补。

第一章 定义和宗旨

第一条

1. 展览会是一种展示,无论名称如何,其宗旨均在于教育大众。它可以展示人类所掌握的满足文明需要的手段,展现人类在某一个或多个领域经过奋斗所取得的进步,或展望发展前景。

2. 当有一个以上的国家参加时,展览会即为国际性展览会。

3. 国际展览会的参加者既包括代表官方组织国家馆的参展者,也包括国际组织或不代表官方的国外参展者,还包括依据展览会规章被授权从事其他活动的,尤其是已经获得特许权的参展者。

第二条 本公约适用于除下列展览会以外的一切国际展览会:

a)展期不超过3个星期的展览会;

b)美术展览会;

c)实质上具有商业性质的展览会。

无论主办者对展览会冠以何种名称,本公约均认定,注册类展览会和认可类展览会之间存在差别。

第二章 组织国际展览会的一般管理条件

第三条 具有下列特点的国际展览会可以得到本公约第二十五条所指的国际展览局的注册:

a) 展期不短于6个星期,不超过6个月;

b) 应将参展国使用展览会建筑的管理规定写入展览会《一般规章》中。如果邀请国的法律规定对财产(不动产)征税,组织者应负责缴纳。只有按照国际展览局批准的规定所提供的服务,才可以是有偿的;

c) 从1995年1月1日起,两届注册类展览会的举办间隔期不得少于5年;第一届展览会可于1995年举办。尽管如此,国际展览局可以接受比上述规定提前不超过一年的举办日期,以允许纪念某个具有国际重要性的特殊事件,但不改变已列入原日程表的5年举办间隔期。

第四条

A)具有下列特点的国际展览会可得到国际展览局的认可:

1. 展期不短于3个星期,不超过3个月;

2. 具有明确的主题;

3. 总面积不超过25公顷;

4. 展览会必须向参展国分配由组织者建造的展馆,免收租金、费用、税给一个国家最大的面积不得超过 1000 平方米;但是国际展览局可以允许不免费分配展馆的要求,如果主办国的经济和财政状况证明这一要求是正当的;

以及除服务费之外的其他费用;分配给一个国家的最大面积不得超过 1000 平方米;然而,国际展览局可以批准有偿分配展馆的要求,但主办国的经济和财政状况必须证明这一要求是正当的;

5. 在两个注册类展览会的间隔期间,只能举办一个按照本条 A)款规定的认可类展览会;

6. 只有一个注册类展览会或一个符合本条 A)款的认可类展览会可以在同一年中举办。

B)国际展览局亦可对下述展览会予以认可:

1. 三年一届的米兰装饰艺术和现代建筑展览会,基于其历史地位,且要求它保持原先的特点;

2. 由国际园艺生产者协会批准的 A1 类园艺展览会应在两届注册类展览会之间举办,但要求在不同的国家举行该类展览会的间隔期至少为 2 年,在同一国家举办的间隔期至少为 10 年。

第五条 展览会的开幕和闭幕日期以及主要特点应于注册或认可时确定,且只有经国际展览局同意才能改变。

第三章 注 册

第六条

1. 计划在其境内举办本公约所述展览会的缔约国政府(以下称"邀请国政府"),应向国际展览局递交注册或认可申请,阐明为该展览会拟定的法律、法规或财政措施。非缔约国政府如欲为其展览会争取注册或认可,只要承诺遵守本公约第一章、第二章、第三章和第四章所作的规定及其实施规章,即可以相同方式向国际展览局申请。

2. 申请注册或认可应由展览会举办地负责国际关系的政府(以下称"邀请国政府")提出,即使该政府并非该展览会的组织者。

3. 在其强制性规定中,国际展览局确定预留展览会日期的最长期限及接受注册或认可申请的最短期限。它还规定必须与申请一同提交的文件,并依照强制性规定确定用于审查申请的应缴款额。

4. 展览会只有满足本公约的条件及国际展览局所作的规定,方可得到注册或认可。

第七条

1. 当两个或两个以上国家竞争同一个展览会的注册或认可且不能达成协议时,应请求国际展览局全体大会予以裁决。全体大会在做出表决时,应考虑所提出的各种情况,尤其是具有历史性或道德性的特殊理由、与上一届展览会的间隔以及各竞办国已经举办过展览会的次数。

2. 除特殊情况外,国际展览局须将优先权给予在缔约国境内组织的展览会。

第八条 已获得展览会注册或认可的国家,如果更改该展览会的预定举办日期,将失去由注册或认可展览会所产生的一切权利,但第二十八条 d)款规定的情况除外。如果它希望

另定日期举办该展览会,有关政府则须重新申请,如有必要,按第七条规定的程序解决竞办请求。

第九条

1. 如果展览会未经国际展览局注册或认可,缔约国应拒绝参加、不予以赞助、不给予政府补贴。

2. 对业经注册或认可的展览会,缔约国有不参加的自由。

3. 全体缔约国政府应根据本国法规,运用它认为最为恰当的任何手段,反对组织虚假展览会或凭借虚假承诺、通知或广告欺骗性地吸引参展者的展览会组织者。

第四章 注册类展览会组织者及参展国的义务

第十条

1. 邀请国政府应确保本公约及其实施条例中的各项规定得以执行。

2. 如果该邀请国政府本身不组织展览会,那么它应为此正式确认展览会的组织者,并确保该组织者履行各项义务。

第十一条

1. 所有参展邀请函件,无论发至成员国或非成员国,也无论是发给受邀国政府还是该国其他受邀方,均应由主办国政府须以同样的途径传递给邀请国政府。对未受邀方参展请求的答复,亦须以同样的途径传递给未受邀方政府。邀请函须遵守国际展览局规定的间隔,并申明所涉及的展览会业已注册。给国际组织的参展邀请函须直接发给对方。

通过外交途径发往被邀请国政府。答复应以同样的途径传递给邀请国政府。没有被邀请的一方,其参展请求亦以同样途径处理。邀请函应遵守国际展览局规定的时间间隔,并申明所涉及的展览会业已注册。给国际组织的参展邀请函须直接发给对方。

2. 如果上述邀请函未按本公约规定发送,缔约国不得组织或赞助参加该国际展览会。

3. 如果邀请函未引述按本公约规定批准的注册或认可,无论展览会是在缔约国境内还是在非成员国境内举办,缔约国均应承诺既不转发、也不接受该参展邀请函。

4. 任何缔约国均可要求组织者不将邀请函发给除自己以外的位于其境内的其他方。它也可以不转发邀请函,不转达未获邀请方提出的参展请求。

第十二条 邀请国政府应为注册类展览会任命一名展览会政府总代表或为认可类展览会任命一名展览会政府代表,授权其代表政府处理与本公约有关的一切事务及与展览会相关的各项事宜。

第十三条 任何参展国政府均应为参加注册类展览会任命一名国家馆政府总代表或为参加认可类展览会任命一名国家馆政府代表,代表本国政府与邀请国政府联系。国家馆政府总代表或代表对组织其国家馆参展负全责。他应向展览会政府总代表或代表通报展示内容,并保证履行参展者的权利与义务。

第十四条(已废除)

第十五条(已废除)

第十六条 国际展览会的海关规章如附件所述。该附件是本公约的组成部分。

第十七条 在展览会上,只有在参展国政府依据第十三条任命的政府总代表或代表权限下组成的展馆方可被视为国家馆,并有权使用这一称谓。国家馆由该国所有参展者组成,但不包括享有特许权的参展者。

第十八条

1. 在展览会上,单个或集体参展者只有经有关参展国政府的国家馆政府总代表或代表授权,方可使用与该参展国相关的地理名称。

2. 如果缔约国不参加展览会,该展览会的政府总代表或代表应以该缔约国的名义禁止使用上款所述用法。

第十九条

1. 国家馆展出的所有物品均应与展出国紧密相关(如原产地为参展国的物品或由该国国民创造的物品)。

2. 出于展示完整性的需要,经其他有关国家馆政府总代表或代表授权,亦可展出其他物品或产品。

3. 如参展国政府之间就上述第 1 款和第 2 款发生争议,应提交国家馆政府总代表或代表联席会议,经出席者简单多数通过予以仲裁。该仲裁是最终裁决。

第二十条

1. 除非与主办国法律相抵触,否则展览会上不允许有任何形式的垄断。但某种公共服务的垄断权,可由国际展览局在展览会注册或认可时批准。在这种情况下,展览会组织者应遵守下列条件:

a) 应在该展览会规章及参展合同中说明这类垄断服务的存在;

b) 应按照主办国正常情况下的条件向参展者提供被垄断的服务;

c) 无论在何种情况下,国家馆政府总代表或代表在各自展馆中的权力均不得受到任何限制。

2. 展览会政府总代表或代表应采取一切措施,确保向参展国政府收取的费用不高于向展览会组织者收取的费用,或在任何情况下不高于当地正常费用。

第二十一条 展览会政府总代表或代表应在其权限范围内竭力保证展区内公用设施正常有效运转。

第二十二条 邀请国政府应尽一切努力为其他国家政府及其国民参展提供方便,特别是在运费及人员、物品的准入条件方面提供便利。

第二十三条

1. 不论是否颁发通常意义的参展证书,展览会《一般规章》应声明是否对参展者颁奖。如果颁奖,可将其限于某些类别。

2. 如参展者不欲参加评奖,应在展览会开幕前对此予以声明。

第二十四条

下一条款中定义的国际展览局,应对评奖团的组成和运作的一般条件以及如何颁奖做出规定。

第五章 机构设置

第二十五条

1. 为监督和保证本公约的实施特成立国际展览局。其成员为缔约国政府。国际展览局总部设在巴黎。

2. 国际展览局具有法人资格,尤其具有缔约、获取和处置动产和不动产及参与诉讼的能力。

3. 国际展览局为履行本公约赋予的职能,有权与国家和国际组织就必需的特权及豁免权缔结有关协议。

4. 国际展览局包括全体大会、一名主席、一个执行委员会、若干专业委员会、与委员会数量相等的若干副主席和秘书长领导下的秘书处。

第二十六条 国际展览局全体大会由缔约国任命的代表组成,每个国家可有一至三名代表。

第二十七条 全体大会召开定期会议以及特别会议。它对本公约规定的国际展览局权限内的所有问题做出决定,是国际展览局的最高权力机构。全体大会特别要:

a) 讨论、通过和公布关于国际展览会注册或认可、分类和组织的规定以及关于国际展览局正常运作的规定。全体大会可在本公约规定范围内做出强制性规定,由希望享有国际展览局注册优势的展览会组织者遵循;制定示范性规定,作为这些组织者的指南;

大会可在本公约规定范围内为希望获得国际展览局注册的展览会组织者做出强制性规定和供他们参考的示范性规定;

b) 编制预算,审核及批准国际展览局账目;

c) 批准秘书长报告;

d) 根据需要设置委员会,任命执行委员会和其他委员会成员;

e) 批准根据本公约第二十五条第三款缔结的国际协议;

f) 根据第三十三条通过修改草案;

g) 任命秘书长。

第二十八条

1. 每个缔约国政府,不论其代表人数多少,在全体大会中只有一票表决权。如果缔约国政府欠缴本公约第三十二条规定下的认缴款总额超过其当年和上一年应缴款总额,其表决权将被中止。

2. 至少有三分之二有表决权的成员国出席,全体大会方有资格行使职能。

如未达到该法定数,全体大会应推迟至少一个月后再次召开,议程相同。在这种情况下,要求的法定数应减至有表决权的缔约国数量的一半。

3. 投票表决赞同或反对时,应获出席会议的代表团的多数票,方可形成决议。但下列情况应要求有三分之二多数:

a) 通过本公约修正案的议案;

b) 起草及修改规章;

c) 通过预算,批准缔约国年度认缴额;

d) 根据上述第五条批准更改展览会开幕或闭幕日期;

e) 对同缔约国境内展览会相竞争的非缔约国境内举办的展览会予以注册或认可;

f) 缩短本公约第三条规定的间隔期;

g) 接受缔约国对修正案所作的保留。此类修正案按第三十三条规定,应以五分之四多数通过,有的则需要一致通过;

h)批准国际协议草案;

i)任命秘书长。

第二十九条

1. 主席由全体大会以秘密无记名投票方式从缔约国政府代表中选举产生,任期二年。在任期间,他不代表本人所属国家。主席可以连任。

2. 主席召集并主持全体大会会议,确保国际展览局正常运转。如主席缺席,其职能由主管执行委员会的副主席代为行使;如该副主席亦不能行使此职能,则由其他副主席中的一位按当选顺序代为行使。

3. 副主席应由全体大会从缔约国代表中选举产生,其执任性质及任期,特别是其分管的委员会,均由全体大会决定。

第三十条

1. 执行委员会由十二个缔约国的代表组成,每个缔约国推选一名代表。

2. 执行委员会应:

a)为展览会所展示的人类奋斗确定分类标准,并使其不断更新;

b)审查所有要求注册或认可展览会的申请,连同该委员会的意见一并提交全体大会通过;

c)执行全体大会赋予的任务;

d)向其他委员会征询意见。

第三十一条

1. 秘书长应为缔约国国民,并依本公约第二十八条之规定予以任命。

2. 秘书长应遵照全体大会及执行委员会的指示,处理国际展览局日常事务。他负责编制预算草案,向全体大会提交账目及活动报告。秘书长代表展览局,尤其是在法律事务方面。

3. 全体大会决定秘书长的任期和其他职责。

第三十二条

国际展览局的年度预算应由全体大会根据第二十八条第3款规定通过。预算须考虑到国际展览局财务储备、各类收入,以及上一财政年度结转的借贷差额。国际展览局的经费须从这些来源及缔约国认缴款中支出,该认缴款额依照全体大会确定的每一缔约国的份额计算得出。

第三十三条

1. 任何缔约国政府可就修正本公约提出议案。议案内容及修改理由须送达秘书长。秘书长须尽快将其转给其他缔约国政府。

2. 修正议案须列入全体大会一般会议或特别会议议程。全体大会须在秘书长转送修正议案之日起至少三个月后召开。

3. 全体大会根据前款和第二十八条规定通过的每一个修正议案,须由法兰西共和国政府提交本公约所有缔约国政府予以接受。自有五分之四缔约国政府通知法兰西共和国政府表示接受之日起,修正议案即对所有缔约国生效。但是有关本款、第十六条及其所提附录的修正议案,须经所有缔约国政府通知法兰西共和国政府表示接受,方可生效。

4. 任何希望对接受修正案做出保留的政府,须将提出保留的条件通知国际展览局。全体大会对是否接受该保留做出决定。它允许那些有助于保护有关国际展览会既定地位的保留,拒绝那些可能产生特权地位后果的保留。如果保留被接受,提出保留的缔约国须计入修正案接受国之列,以计算上述五分之四多数。如果保留被拒绝,提出保留的政府须在拒绝接受修正案与无保留地接受之间做出选择。

5. 修正案一经根据本条第3款生效,任何拒绝接受该修正案的缔约国,如认为合适,可采取下述第三十七条规定。

据第二十八条第3款规定通过。预算应考虑到国际展览局的财务储备、各类收入以及前几个财政年度结转的资产借贷状况。国际展览局的支出应与这些收入及缔约国的认缴款相抵。该认缴款额依照全体大会所确定的分配给每一缔约国的认缴份额计算得出。

第三十四条

1. 若两个或两个以上缔约国政府就本公约的适用或解释发生争议,并且不能由根据本公约规定赋予决定权的机构予以解决,那么该争议即构成争议当事方协商的主题。

2. 如果几经协商不能在短期内达成协议,任何当事方可将争议提交国际展览局主席,并请主席指定一名调解人。如果调解人不能使争议当事方达成解决协议,则应向国际展览局主席提交报告,并注明争议的性质和程度。

3. 一旦宣告未能达成协议,该争议即成为仲裁标的。为此,自报告送达争议各当事方之日起2个月内,任一当事方均可向国际展览局秘书长提交仲裁申请并申明该方已选定的仲裁员。其他一方或若干当事方应在2个月内指定各自的仲裁员。如果未能如此,任一当事方均可通知国际法院主席,请求其指定一名或若干名仲裁员。如果几个当事方为前款所述之目的共同行事,则被视为一个整体。如有疑问,则由秘书长决定。被选定的仲裁员们还要额外提名一位仲裁员。如果仲裁员们不能在2个月内就这一人选达成一致,国际法院主席在接到任一当事方通知后,负责指定这一仲裁员。

4. 仲裁机构依成员多数作出裁决。如果仲裁员的赞成票数与反对票数相等,额外指定的仲裁员的投票具有决定性意义。这一裁决是最终裁决,对各当事方均具约束力,当事方没有上诉的权利。

5. 任何国家在签署、批准或加入本公约时,均可宣布不受上述第3款和第4款的约束。在与对上述条款持保留立场的成员国打交道时,其他缔约国也不受这些条款的约束。

6. 任何根据前款作出保留的缔约国,均可随时通知托管国政府放弃保留。

第三十五条 任何联合国成员国、非联合国成员的国际法院章程成员国、联合国各专业机构或国际原子能机构成员国,以及提出加入申请并经国际展览局全体大会有表决权的缔约国三分之二多数通过的国家,均可加入本公约。加入文件须由法兰西共和国政府保存,并于交存之日起生效。

第三十六条 法兰西共和国政府应通知缔约国和加入国政府及国际展览局:

a)根据第三十三条修正案的生效;

b)根据第三十五条的加入;

c)根据第三十七条的退出;

d)根据第三十四条第5款提出的保留;

e) 本公约的终止,假如出现这种情况。

第三十七条

1. 任何缔约国政府均可书面通知法兰西共和国政府,退出本公约。

2. 退出将于收到通知之日起一年后生效。

3. 如果因退出而使缔约国政府数量减至不足七个时,本公约将自行终止。秘书长依据缔约国政府间就解散国际展览局可能达成的任何协议,负责有关清算问题。除非全体大会另有决定,否则资产应在缔约国政府间按照其自成为本公约成员国以来所认缴数额的比例进行分割。如有负债,也同样由这些政府按当时财政年度确定的认缴额比例分摊。(1972年11月30日于巴黎)

附录 3

国际科学技术会议与展览管理暂行办法

关于印发《国际科学技术会议与展览管理暂行办法》的通知

国科发外字[2001]311号

国务院各部委、直属机构及事业单位;各省、自治区、直辖市、计划单列市、新疆生产建设兵团科技厅(委、局)、外办、工商行政管理局、广东海关分署及各直属海关;各人民团体、中央企业、行业协会、各有关单位:

各部委及各地科技外事管理等部门可根据本《管理暂行办法》制定适合本行业、本地区实际情况的管理细则。

第一章 总 则

第一条 为加强对国际科学技术会议与展览的管理,鼓励国内科技界、学术界、产业界及相关机构积极举办各类国际科学技术会议与展览,促进国际科学技术交流与合作,根据国家政策和有关法规,制定本办法。

第二条 在我国境内(不含港、澳、台地区)举办国际科学技术会议与展览(以下简称国际科技会展)应当遵守本办法。

本办法所指的国际科技会议是指与会代表来自三个或三个以上的国家或地区(不含港、澳、台地区),以科技学术研讨为主要目的的研讨会、报告会、交流会、论坛等。

本办法所指的国际科技展览是指以科研、技术及高技术产品的展示交流为目的,境外参展商比例在20%以上的展览会、博览会(一般指规模较大,代表性和综合性较强的展览)、技术展示交流会等。

第三条 科学技术部负责国际科技会展的审批、协调和管理工作。

第四条 举办国际科技会展应有助于实现下列目标:

(一)了解国际科技发展动态,加强中外科技界的交流,实现资源和信息共享,提高我国在国际学术界的地位;

(二)积极引进先进技术和设备,展示我国科技成就,配合国内科技发展计划,推动科技兴贸战略的实施;

(三)加强科技界与产业界的合作,促进科技成果的产业化、商品化和国际化;

(四)推动国际科技合作,实现我国科技进步,促进经济与社会可持续发展。

第二章 申 报

第五条 举办国际科技会展,主办单位应向审批部门提出书面申请,并按照规定提交有关资料。

第六条 举办会展应提前 6 个月申请报批,规模较大的会展应提前 12 个月申请报批。

第七条 举办国际科技会展的申请不得通过双重渠道上报。

第八条 申办国际科技会展需适时提前提出申请。申办程序、文件内容及审批权限与申请举办国际科技会展相同,审批部门将函复意见。如申办成功,由各级审批单位根据分级审批权限另行批复。

第三章 审　　批

第九条　国际科技会展实行分级审批制度。

（一）国外代表人数在150人以上的国际科技会议，需由主办单位提出申请，经科学技术部审核后报国务院审批；

（二）国外代表人数在150人以下的国际科技会议由国务院各部委、直属机构及事业单位，各省、自治区、直辖市、计划单列市、新疆生产建设兵团科技主管部门，中国科协、中央直属企业、行业协会等单位自行审批，但需报科学技术部备案；

（三）举办国际科技展览，展览面积在1000平方米以上的由科学技术部审批，需抄报海关总署和主管地海关。其中有关政府机构以外的单位举办展览还需具备主办资格；

（四）国务院各部委、直属机构及事业单位、中国科协可自行审批本部门单位举办与主管业务有关的展览面积在1000平方米以下的国际科技展览。审批结果需抄报海关总署和主管地海关，并报科学技术部备案；

（五）各省、自治区、直辖市、计划单列市科技主管部门可自行审批在本地区举办的展览面积在1000平方米以下的国际科技展览。审批结果需抄报主管地海关，并报科学技术部备案；

（六）具有主办资格的单位可自行举办展览面积在1000平方米以下的国际科技展览，但应报当地科技主管部门备案。主管地海关凭主办单位的申请按有关规定办理；

（七）双边交流性质的科技会议，由国务院各部委、直属机构及事业单位，各省、自治区、直辖市、计划单列市、新疆生产建设兵团科技主管部门，中国科协、中央直属企业、行业协会等单位自行审批；

（八）海峡两岸科技会展由科学技术部统一审批。台湾地区代表或厂商（不含台商在华投资企业）参加国际科技会展名单需报科学技术部台办审批。

第十条　具有以下情况的国际科技会展，由科学技术部征求外交部意见后审批或由科学技术部审核后呈国务院审批：

（一）涉及未建交国家或其他敏感议题；

（二）主题或内容涉及台湾问题；

（三）政府间国际组织在华举办的国际科技会展；

（四）其他重要会展。

报科学技术部审批的申办或举办国际科技会展的请示（函），须由国务院各部委、直属机构及事业单位，各省、自治区、直辖市、计划单列市人民政府或科技主管部门、新疆生产建设兵团或兵团科技主管部门，中国科协、中央企业、行业协会等单位初步审核后报科学技术部。学术团体的申请通过其在民政部门登记的业务主管部门上报。

第十一条　审批部门将在收到申请后的15个工作日内给予批复。

第十二条　各级审批部门应严格控制同类会展的数量，推动会展质量的提高。对举办主题相同或内容相近的会展申请，审批部门应加强协调，并按以下原则审批：

（一）同类会展，原则上在同一省、自治区、直辖市、计划单列市及省会城市，每年不超过2个；

（二）优先批准规模大、影响大、定期举办的会展；

（三）优先批准具有行业优势和举办经验的单位举办的会展。

第十三条　会展获得批准后，如申请文件中所列内容有重大变更，应向审批部门办理变更或重新批准手续。

第四章　资 格 认 定

第十四条　国际科技展览主办单位的资格（以下简称主办资格）认定工作由科学技术部负责。

第十五条　国务院各部委、直属机构及事业单位，各省、自治区、直辖市、计划单列市人民政府及科技主管部门、新疆生产建设兵团及兵团科技主管部门可以其名义主办与其业务有关的国际科技展览。其他单位申请举办展览面积在1000平方米以上的国际科技展览需具备科学技术部批准的主办资格。

第十六条　申请主办资格的单位应具备以下条件：

（一）独立承担民事责任能力；

（二）主办或参与举办过3个以上国际展览（企业除外）；

（三）设有专业展览部门，配备了展览专业（包括策划、组织、管理及外语等）人员；

（四）制定了完善的规章制度。

第十七条　申请主办资格的单位在经国务院各部委、直属机构及事业单位，中国科协、中央企业、行业协会，各省、自治区、直辖市、计划单列市科技主管部门等主管部门审查同意后，由上述单位报送科学技术部审批。申请材料应包括：

（一）申请文件；

（二）主管部门审查同意的文件（企业需提交加盖企业印章的营业执照复印件）；

（三）本单位举办展览的规章制度；

（四）本单位以往举办展览的资料；

（五）其他有关材料。

第十八条　科学技术部对获得主办资格的单位每两年审核一次。

（一）对获得资格后二年内未举办或参与举办任何展览的单位，科学技术部将取消其主办资格；

（二）对违反本办法规定举办国际科技会展，以及在会展举办过程中有损害参加者权益等违反法律法规行为的单位，科学技术部可暂停或取消其主办资格。

第五章　协 调 管 理

第十九条　主办单位和承办单位必须规范会展举办行为，维护参加者的合法权益。参加会展必须以自愿为原则，不得进行行政干预。

第二十条　国际科技会展的宣传材料必须真实可靠，不得擅自将其他单位列为主办、协办或支持单位。

第二十一条　未经科学技术部批准，任何国际科技会展名称不得冠以"中国"、"中华"、"全国"等字样，也不得使用"中国国际××会议（展览）"及其他类似名称，但可使用中国地方性会展名称，如"中国（地区名）国际××会议（展览）"。规模较小的地区性展览一般不使用"博览会"的名义，不具备代表性的展览不得使用综合性展览名称。

第二十二条　规模或影响较大的会展以及展览面积在1000平方米以上展览的主办单位应在会展结束后2个月之内向审批部门报送总结报告。对未及时报送总结的单位,审批部门将不再受理其申请。

第二十三条　各级审批部门负责对会展进行管理和监督,检查会展质量,维护举办和参加会展单位的合法权益。为促进会展业的健康发展,应鼓励有关单位举办专业性会展和联合举办会展,加强行业自律和部门协调,支持举办有特色、有规模、有影响的国际科技会展。

第二十四条　科学技术部及各地科技主管部门将定期公布已获批准的国际科技会展信息及具有主办资格的单位名单,研究国际科技会展发展过程中出现的情况和问题,及时采取有效措施,加强协调管理。

第二十五条　境外展览品监管由海关按照《中华人民共和国海关对进口展览品监管办法》执行。

第二十六条　对违反本办法规定举办国际科技会展的单位,以及在会展举办过程中有损害参加者权益等违反法律法规行为的,科学技术部及各级科技主管部门将视情通报批评,情节严重的将交有关部门依法查处。

第二十七条　对未经批准或不具备主办资格而擅自举办会展的,盗用其他单位名称举办会展的,或转让、倒卖会展批件的,由各级科技主管部门会同有关部门依法查处。对违反海关规定的,由海关依法处理。

第六章　附　　则

第二十八条　举办国际科技会展的审批和管理,国家另有规定的,从其规定。

第二十九条　各行业主管部门或地方科技主管部门可依据本《办法》规定,根据本行业、本地区实际情况制定实施细则办法,并报科学技术部及当地海关、工商行政管理部门备案。

第三十条　国际科技展览不属于商品展销会,不适用商品展销会有关管理办法。

第三十一条　本办法自2002年1月1日起实行。凡过去规定与本办法不一致的,以本办法为准。

第三十二条　本办法由科学技术部负责修订和解释。涉及海关业务的,由海关总署负责解释。

附录 4

国际科学技术会议与展览管理暂行办法实施细则

第一章 总 则

第一条 为贯彻执行科学技术部、外交部、海关总署、国家工商行政管理总局《关于印发〈国际科技会议与展览管理暂行办法〉的通知》(国科发外字〔2001〕311号)(以下简称《管理暂行办法》),针对中国科协及所属全国性学会、协会、研究会,各直属单位在开展此项工作中的具体情况和特点,特制定本实施细则(以下简称细则)。

第二条 在我国境内(不含港、澳、台地区)举办国际科学技术会议与展览(以下简称国际科技会展)应严格执行本细则。

本细则所指的国际科技会议是指与会代表来自三个或三个以上的国家和地区(不含港、澳、台地区),以科学技术交流为主要目的的研讨会、报告会、交流会、论坛以及国际科技组织行政会议等。

本细则所指的国际科技展览是指以科学研究、技术及高技术产品的展示交流为目的,境外参展商展位比例在20%以上的展览会、博览会(一般指规模较大,代表性和综合性较强的展览)、技术展示交流会等。

第三条 中国科协按照《管理暂行办法》的授权,负责中国科协及所属全国性学会、协会、研究会(以下简称各学会)、各直属单位(以下简称各单位)申请在我国境内主办的国际科技会展的审核、审批、协调和管理工作。

地方科协举办国际科技会展的申请报送地方政府有关部门审批。

第四条 举办国际科技会展应有助于实现下列目标。

(一)了解国际科技发展动态,加强中外科技界的学术交流,实现资源与信息共享,推动我国科技创新和进步,增强我国在相关科技领域的影响,提高我国在国际科技界的地位;

(二)引进国际先进技术和设备,展示我国科技成就,配合国内经济建设和科学技术发展规划的需要,促进科技成果的产业化、商品化和国际化;

(三)提高公众科学素养,实施科教兴国战略,推动国际科技交流与合作,促进经济与社会可持续发展。

第二章 申 报

第五条 举办国际科技会展,由主办单位向中国科协提出书面申请。申请在境内举办国际科技展览,主办单位应具备科学技术部认定的国际科技展览主办单位的资格(详见《管理暂行办法》)。中国科协作为主办单位的国际科技会展,由中国科协有关职能部门提出申请。举办国际科技会展的申请不得通过多重渠道上报。

第六条 申报国际科技会展,按照《管理暂行办法》和科学技术部《关于规范国际科学技术会议和展览申报和审批文件内容的通知》(国科外字〔2001〕210号)的要求,一事一报,申报文件一式两份,提交以下内容的报告和有关资料。

(一)国际科技会展的中英文名称;

(二)主办单位和承办单位的中英文名称(只需提供前两个主办单位的英文名称);

1. 主办单位：指制定国际科技会展的举办方案或计划，负责会展组织实施、财务管理等重要工作并能够承担举办国际科技会展民事责任的法人单位（团体）。如会展涉及多个主办单位，由一个主办单位提交报告，各单位应明确职责、分工和责任；

2. 承办单位：指接受主办单位委托，负责国际科技会展的具体业务操作的单位；

3. 境外机构在我国境内举办国际科技会展，需联合或委托我国境内机构（法人单位）作为主办或承办单位进行。

（三）国际科技会展的宗旨、目的、背景、主题、专业内容、形式等简要介绍（提供中、英文摘要，均不超过 100 个字）；如会议由国际组织发起或与国外组织或机构合作召开，应简要介绍该组织或机构、我与该组织的关系、是否存在台湾问题等，并附委托书或有关决定；

（四）举办国际科技会展的时间（具体到日，特殊情况可只报年、月）、地点（具体到城市）、会期或展期（天数）；

（五）会议人数和展览面积：

1. 预计会议人数：国际会议的人数应包括总人数和国外代表人数（不含港、澳、台地区代表）两项；如邀请国外部长以上高级官员、国外新闻记者、未建交国家的人员，以及台湾地区的人员参会，应予以说明。

2. 展览面积（平方米）：指展览净面积，以标准展台面积（平方米）乘以展台数表示。

如国际科技展览附设小型科技学术会议，应另提供参加会议的人数。

（六）经费来源。举办国际科技会展原则上以会养会，如需专项申请国家财政支持，应附经费申请报告和预算；

（七）国际科技会展主办单位、承办单位的联系人，会议秘书长的联系办法（电话、传真、电子邮件、地址等）；

（八）申请举办重要国际会议（指参加会议的国外代表人数在 150 人以上）以及 1000 平方米以上的国际展览，应提交该项目的可行性分析报告。内容包括：

1. 着重分析举办国际科技会议的必要性和权威性，说明会议的主题、议题的前瞻性及国内外有关情况、吸引国内外专家和提交高水平论文的条件、对国内外科技界的影响等；

2. 对国际科技展览的质量、效益和风险进行具体分析。主要包括：相关学术领域、行业的国内外发展状况，产品的国内外市场分析，国内外有关科研单位、企业参会、参展的情况预测，政府的有关政策和举办会议、展览对我国科技与经济发展的作用（举办会议或展览效果的预测），承办单位的办会展能力，资金筹措情况等。

（九）国际科技会展的主办或支持单位如涉及中国科协系统以外的其他单位或部门，申报文件需附上述单位或部门的同意函；如涉及中国科协系统内的几个单位，应附有关单位的同意函；

拟请中国科协作为国际科技会展的主办单位或支持单位，应在上报文件中提出；

（十）举办国际科技会展申请表。

第七条 申报时限。

（一）根据《管理暂行办法》授权由中国科协审批的国际科技会展，一般应提前 8 至 12 个月申请报批；如有特殊情况需提早报批，应附加说明材料；

（二）由科学技术部负责审批的国际科技会展，按照上述时间申请报批；

（三）需经科学技术部（或政府其他部门）审核后报国务院审批的规模较大的重要国际会议、展览，应提前12个月（或根据实际操作所需时间适时）提出申请报批；

（四）如确需国家财政经费支持，国际科技会展申请报告应在会展举办前一年的3月份以前提出，以便经有关部门审批后纳入中国科协对外交流项目该年年度计划和预算。

第八条　向国际组织或机构申办国际科技会展，主办单位需事先向国内有关部门适时提出申请。申请程序、文件内容及审批权限与举办国际科技会展相同，审批部门将函复意见。如申办成功，接主办单位报告后，由各级审批单位根据分级审批权限另行批复。

第三章　审　批

第九条　国际科技会展实行分级审批制度。

（一）国外代表人数在150人以上的国际科技会议，需由主办单位提出申请，经中国科协、科学技术部审核后报国务院审批；

（二）国外代表人数在150人以下的国际科技会议由中国科协审批，并报科学技术部备案；

（三）具备国际科技展览主办资格的单位举办国际科技展览，展出面积在1000平方米以上的由科学技术部审批，并抄报海关总署和主管地海关；

（四）中国科协自行审批所属各学会、各单位举办与主管业务有关的面积在1000平方米以下的国际科技展览，审批文件抄报海关总署和主管地海关，并报科学技术部备案；

（五）具有国际科技展览主办资格的单位，可自行举办面积在1000平方米以下的国际科技展览，需报中国科协备案。主管地海关凭主办单位的申请按有关规定办理海关手续；

（六）参加国际科技会展涉及台湾地区代表或厂商（不含台商在大陆投资企业），需经中国科协报科学技术部台办审批；

（七）双边交流性质的科技会议（代表来自两个国家或地区，不含港、澳、台地区并不邀请第三方人员参加），由中国科协自行审批。

第十条　对中国科协及所属各学会、各单位举办具有以下情况的国际科技会展，经中国科协初步审核后报科学技术部，由科学技术部征求外交部意见后审批，或由科学技术部审核后呈报国务院审批。

（一）涉及未建交国家的问题或其他敏感议题；

（二）主题或内容涉及台湾问题；

（三）政府间国际组织在华举办的国际科技会展；

（四）其他重要会展。

第十一条　中国科协授权国际部对所属各学会、各单位申请举办国际科技会展的报告进行审核。对报文内容符合本细则有关规定的，中国科协将在收到申请后15个工作日内给予批复，或报请上级主管部门审批。对不符合要求的，在收文后5个工作日内给予答复或复函退回。

第十二条　国际科技会展批件由中国科协以"科协外会展批字"按年度编号下发，内容应包括：来文单位及文号、会展中英文名称、举办时间、地点和会展期限（天数）、会议总人数及国外代表人数、展览面积、经费、其他情况、抄送单位等。附批件样稿。

国际科技会展批件发送主办单位1份，另由中国科协国际部、办公厅各保留1份存档。

中国科协主办的国际科技会展经中国科协书记处批准后,批件发送机关有关职能部门,另由国际部、办公厅各保留1份存档。

中国科协批准的国际科技会展的有关信息将定期对外公布。

第十三条　会展项目获得批准后,如原申请文件中所列内容(如举办时间、举办城市、会议名称、主题等)有重大变更时,主办单位应向中国科协办理变更或重新报批手续。

第四章　协调管理

第十四条　主办单位和承办单位必须规范会展举办行为,维护参加者的合法权益。参加会展必须以自愿为原则,不得进行行政干预。

第十五条　国际科技会展的宣传材料必须真实可靠,未经批准,不得擅自将其他单位列为主办、协办或支持单位。否则,将追究主办单位的责任。

第十六条　未经中国科协报有关外事归口部门批准,任何国际科技会展名称不得冠以"中国"、"中华"、"全国"等字样,也不得使用"中国国际××会议(展览)"以及其他类似名称。但可以使用中国地方性会展名称,如"中国(地区名)国际××会议(展览)"。规模小的地区性展览一般不使用"博览会"的名义,不具备代表性的展览不得使用综合性展览名称。

第十七条　国际会议和展览的主办单位应在会展结束后2个月之内报送总结报告。对未及时报送总结的单位,中国科协将不再受理其国际科技会展申请。

第十八条　中国科协负责对各学会、各单位举办的国际科技会展进行管理和监督,检查会展质量,维护举办和参加会展单位的合法权益。为促进会展业的健康发展,鼓励各单位、各学会举办专业性会展和联合举办会展,加强会展行业自律和单位之间的协调,支持举办有特色、有规模、有影响的国际科技会展。

中国科协及所属各学会、各单位应严格控制同类会展的数量,并努力提高会展的质量。

第十九条　境外展览品监管由海关按照《中华人民共和国海关对进口展览品监管办法》执行。

第二十条　对违反《管理暂行办法》和本细则规定举办国际科技会展的单位,以及在会展举办过程中有损害参加者权益等违反法律法规行为的,中国科协将视情况进行通报批评,并向上级主管部门反映和汇报,情节严重的将交有关部门依法查处。

第二十一条　对未经批准或不具备主办资格而擅自举办会展的,盗用其他单位名称举办会展的,或转让、倒卖会展批件的,由中国科协会同有关部门依法查处。对违反海关规定的,由海关依法处理。

第五章　附　则

第二十二条　举办国际科技会展的审批和管理,如国家另有规定的,从其规定。

第二十三条　具有主办国际科技展览资格的各学会、各单位应依据《管理暂行办法》和本细则制定本单位的实施细则或办法,并报中国科协及当地海关、工商行政管理部门备案。

第二十四条　国际科技展览不属于商品展销会,不适用商品展销会有关管理办法。

第二十五条　具有对外贸易经济合作部认定的主办展览资格的各学会、各单位申报1000平方米以上的对外经济技术展览,经中国科协审核后报对外贸易经济合作部审批,1000平方米以下的报中国科协备案。

第二十六条　与港、澳、台地区合作举办的科技会展。

（一）在内地举办与港、澳、台地区交流的科技会展，申报程序和报告内容参照本细则申报的有关规定。

（二）与港、澳、台地区学术团体合作在香港、澳门特别行政区和台湾地区举办科技会展及其他交流活动，依据有关规定另行审批。

第二十七条　本细则自 2002 年 2 月 1 日起试行。中国科协《关于申办国际科技展览（博览）会的暂行规定》（科协办发[1996]047 号）以及与本细则相抵触的其他文件同时废止。

第二十八条　本细则由中国科协负责解释和修订。

附录 5

中国商业联合会会展活动管理暂行办法

第一章 总 则

第一条 为进一步加强商业会展的协调管理和规划备案工作,积极整合展览资源,避免重复办展,规范办展行为,维护商会信誉,开拓商业会展工作的新局面,推动国内会展业的健康发展,根据国家有关政策、法规,制定本办法。

第二条 本办法适用于由我会归口管理的事业单位、代管协会及商会各部门自办或与省市政府部门、地方商会、其他协会、事业单位、专业展览公司、展览中介组织、新闻媒体等单位联合举办的各类需要以中国商业联合会名义主办、承办的商业会展活动。

第三条 各类商业会展活动是指:在境内外举办(主办、承办)的各类商品、饮食服务、商业科学技术展览会、展销会、博览会、交易会、展示会等活动(以下简称会展活动)。

第二章 举办资格

第四条 与我会联合主办展会的单位应当具备以下条件:

1. 具有独立法人资格和政府部门批准登记的展览主办资格,并能够履行和承担相应的会展活动民事责任;

2. 具有组织招商招展能力,设有专门从事办展的部门或机构,有相应的展览策划、设计、组织、管理人员和完善的办展规章制度。

第五条 承办单位应当具备以下条件:

1. 具有独立法人资格和工商部门批准登记的办展资格,能够履行和承担相应的会展活动民事责任;

2. 有较好的信誉、实力较强,经营状况良好,能够保证会展前期投入资金,具有一定的抗风险能力;

3. 有组织招商招展能力,有固定办公场所和专门从事办展的部门或机构,有专业的展览策划、设计、组织、管理人员和完善的办展规章制度;

4. 具有一定的办展经验,能够依法照章办会,自觉接受主办单位的监督。

第三章 归口管理

第六条 国内会展活动的审核把关、申报批复、备案等,由会展部归口管理;国际会展活动由会展部、国际合作部初审。

第四章 申报审批

第七条 根据"国务院关于取消第一批行政审批项目的决定"(国发[2002]24号)文件精神,国内会展活动的"申报审批制"改为由政府主管部门按"大型活动备案制"管理;国际会展活动仍由商务部(或中国国际贸促会)、科技部按"项目申报审批制"管理。

第八条 会展活动计划报送工作,由各单位(包括各省市政府部门、商会,代管的行业协会、事业单位等)原则上提前2个月报送。经我会会展部转报政府主管部门备案。

第九条 国际展会申报计划,原则上应提前6个月向我会报送会展计划和办展方案,由我会会展部初审、汇总并经商会领导批准后,按规定报送商务部审批。

第十条　会展活动申报材料(1式3份)：

1. 申报会展活动计划的报告；
2. 办展计划的实施方案(包括：会展活动名称、宗旨、内容、主办单位、承办单位、时间、地点、规模、收费标准、费用来源、联系人及电话)；
3. 证明举办(主办、承办)单位资格的有关材料；
4. 联合举办(主办、承办)单位的文件、协议书；
5. 上一届展览活动总结报告；
6. 支持单位的同意函件；
7. 展会申请表。

第五章　责任义务

第十一条　主办单位主要职责是：负责制定会展活动规划、起草审核办展计划和实施方案、组织开展会展活动、总结督查展览效果。

第十二条　承办单位的主要职责是：根据国家有关规定和主办单位的要求，负责会展活动的具体组织实施，负责方案设计、招展招商、展场布局、展期管理、广告宣传、安全卫生、食宿交通、收费纳税、报送总结、展会后期服务等工作。

第十三条　主办单位和承办单位的展览行为必须严格遵守国家有关法律、法规，主办单位要积极督促和配合承办单位严格按照国家有关规定办理工商、公安、消防等有关手续，自觉维护参展单位和消费者的合法权益。

第十四条　主办单位或承办单位在会展活动结束后一个月内，将活动总结报告(1式2份)报送中国商业联合会会展部，会展部定期将总结报告分别报送商务部或中国国际贸促会、科技部和商会领导备案。

第六章　用标准

第十五条　为加强中国商业联合会自身建设，促进商会的发展，凡以"中国商业联合会"名义主办、承办的各类商业会展活动，商会要收取一定的费用。

第十六条　凡以"中国商业联合会"名义作为"举办单位、主办单位、联合举办、联合主办"的各类商业会展活动(包括与省、市政府部门、商会、全国性行业协会、事业单位、专业展览公司、展览中介组织、新闻媒体等单位联合举办的展览)，中国商业联合会收取主办费不低于5万元。

第十七条　需要通过中国商业联合会申报审批会展活动的，我会可视情况酌情收取一定费用。

第十八条　中国商业联合会内部其他创收部门联系的以"中国商业联合会"名义联合举办的各类商业会展活动，由会展部统一与相关单位洽谈，签订协议，待收到主办费后返给联系部门2万元费用。多次办展的返还规定费用不变。

第七章　附则

第十九条　本办法自下发之日起实施。

第二十条　本办法由中国商业联合会会展部负责解释。

附录6

中国参加国际展览局和世界博览会工作管理办法

第一章 总 则

第一条 为了加强中国参加国际展览局和世界博览会工作的管理,确保健康、有序地开展有关工作,根据国务院授权,制定本办法。

第二条 本办法所称国际展览局(International Bureau of Expositions,BIE;以下简称"国展局")是设在巴黎,在《国际展览会公约》框架内协调管理和批准举办世界博览会的政府间国际组织。

本办法所称世界博览会(以下简称"世博会")是经国展局注册或认可,由某一国家政府主办,有多个国家政府或国际组织参加的国际性大型展示活动。世博会分为注册类世博会(展期通常为6个月,每5年举办一次)和认可类世博会(在两届注册类世博会之间举办,展期通常为3个月)。

第三条 中国国际贸易促进委员会(以下简称"贸促会")代表中国参加国展局工作,负责中国参加国展局和世博会相关事宜的组织、协调、监督和管理工作。涉及重大事项,由贸促会商外交部、商务部、财政部等部门后报国务院。

第二章 参加国展局工作

第四条 中国派三位代表参加国展局全体大会。其中,首席代表一人,由贸促会一位负责人经国务院批准后担任;代表二人,由外交部、商务部商贸促会后各派一人担任。

根据中国申办或举办世博会工作需要,经贸促会、外交部、商务部协商后,可授权其他部门或省市的有关人士在特定时期内作为国展局中国代表,并按规定办理核批手续。

第五条 首席代表的主要职责:代表中国政府参加国展局和世博会相关会议和活动,对国展局和世博会事务发表意见、行使投票权、表决立场;对各部门、各地参与国展局和世博会的工作进行指导、协调;对相关重大事项提出意见和建议。

代表的主要职责:协助配合首席代表开展相关工作;参加国展局和世博会相关会议和活动,经授权后行使投票权、表决立场;对中国参加国展局和世博会工作提出意见和建议。

第六条 中国与国展局的正式联络方式:(1)首席代表或代表经授权致函国展局;(2)通过中国驻法国大使馆向国展局发照会。

第七条 贸促会负责与国展局进行日常工作联系,处理相关事务,缴纳会费及有关费用,通报中国参加国展局和世博会工作情况。重大事项同有关部门协商并向国务院报告。

第八条 贸促会负责国展局官员访华相关事务、中国代表团参加国展局会议和有关活动的协调、安排。

第九条 国展局中国代表竞选国展局有关职位,应报由贸促会商有关部门审批,必要时报国务院审批。批准后,按有关规定和国展局要求办理相关事宜。

第十条 各部门、各省市如需派员参加国展局的培训和工作,应商贸促会同意,按规定办理相关手续。

第十一条 国内有关部门和地方政府承办国展局活动,应向贸促会提出书面申请,经贸促会考察，征求外交部、商务部、财政部等相关部门意见后提出建议，报国务院审批。批准后，由贸促会协调和管理相关事宜。

第三章 申办世博会

第十二条 申办世博会是国家行为，举办世博会的申请由中国政府向国展局提出。

第十三条 地方政府承办世博会，应向贸促会提出书面申请，贸促会会同外交部、商务部、财政部等相关部门进行考察、提出建议，报国务院审批。

第十四条 国务院批准申办世博会后，贸促会商有关部门和地方政府后，提出成立申办委员会的方案并报国务院审批。

申办委员会对各项申办工作做出决策、决定，协调各部门、各地区力量争取国内外支持。

第十五条 各部门、各省市涉及申办世博会的重大事项应向申办委员会报告。

第四章 举办世博会

第十六条 举办世博会是国家行为。中国政府获得世博会举办权后，交由地方政府承办。

第十七条 贸促会适时提出成立世博会组织委员会的方案，商有关部门和地方政府后报请国务院批准。

世博会组织委员会是世博会组织工作的领导机构，协调相关政策和工作方案的拟定和实施工作，协调各地区和中央有关部门的参展事务，推动落实中国政府邀请各国政府和有关国际组织参展，就世博会筹备过程中的重大事宜作出决策，确定注册类世博会中国政府总代表或认可类世博会中国政府代表。

第十八条 注册类世博会中国政府总代表和认可类世博会中国政府代表，由贸促会和世博会承办地政府商有关部门提出人选报世博会组织委员会确定或变更，在世博会相关事务中对外代表中国政府，根据世博会组织委员会的部署和国展局的有关规定开展工作，定期向世博会组织委员会报告工作情况，重大事项应事先与贸促会协商。

第十九条 世博会组织委员会下设执行委员会。

执行委员会主要负责人由世博会承办地党政负责人担任，当地有关部门负责人参加。

贸促会参与执行委员会的决策工作。中央有关部门根据工作需要，经由承办地政府和贸促会商有关部门提出意见，报世博会组织委员会批准后，参与执行委员会工作。

执行委员会在世博会组织委员会领导下，执行世博会组织委员会相关决策，定期向世博会组织委员会报告有关情况，反映筹备过程中出现的问题，指导、协调本地有关机构开展工作，承办组织委员会交办事宜。

第二十条 对涉及筹办世博会的重大事项或活动，各部门、各省市应通过贸促会与国展局联系；对一般事项或活动，各部门、各省市应在联系国展局后及时向贸促会通报情况。

第二十一条 除中国政府申办并经国展局批准外，任何部门或地方不得举办名称与"世界博览会"、"世博会"相同或近似的活动。

第二十二条 国展局的名称、标志及中国申办、举办世博会过程中产生的相关标志受相关法律保护，未经有关单位授权，不得用于商业目的。

第五章 参加世博会

第二十三条 贸促会会签有关部门并报经国务院批准，组织中国馆参加注册类世博会和部分认可类世博会。

注册类世博会的中国馆政府总代表或认可类世博会的中国馆政府代表由贸促会一位领导担任,代表中国政府与世博会举办国政府联系。

展出结束后,贸促会向国务院呈报总结报告。

第二十四条 贸促会商有关部门同意并报经国务院批准,可委托相关部门、地方政府组织中国馆参加部分认可类世博会。

经贸促会同意,中国馆组织单位有关负责人担任中国馆政府代表,代表中国政府与世博会举办国政府联系。

中国馆组织单位应及时向贸促会通报工作情况。展出结束后,中国馆组织单位向贸促会提交总结报告。

第二十五条 各部门、各省市参加世博会的活动,应事先征得中国馆政府总代表或中国馆政府代表同意。

第六章 附 则

第二十六条 本办法自发布之日起施行。

第二十七条 本办法由贸促会负责解释。

中国国际贸易促进委员会
2004 年 12 月 7 日

参考文献 References

[1] 马勇,王春雷.会展管理的理论、方法与案例[M].北京:高等教育出版社,2003.
[2] 周彬.会展旅游管理[M].广州:华东理工大学出版社,2003.
[3] 马勇,肖轶楠.会展概论[M].北京:中国商务出版社,2004.
[4] 王保伦.会展旅游[M].北京:中国商务出版社,2004.
[5] 郭英之.旅游会展市场前沿理论与实证[M].上海:复旦大学出版社,2004.
[6] 库珀,等.旅游学:原理与实践[M].张莉莉,蔡利平,译.北京:高等教育出版社,2004.
[7] 李海波工作室.会展旅游管理与案例分析[M].吴俊华,译.沈阳:辽宁科学技术出版社,2005.
[8] 胡平.会展旅游概论[M].上海:立信会计出版社,2006.
[9] 马勇,冯玮.会展管理[M].北京:机械工业出版社,2006.
[10] 马勇,李玺.旅游规划与开发[M].2版.北京:高等教育出版社,2006.
[11] 赵春霞.会展旅游管理实务[M].北京:对外经济贸易大学出版社,2007.
[12] 傅广海,邓玲.会展与节庆旅游管理概论[M].北京:北京大学出版社,2007.
[13] 马勇,周霄.旅游学概论[M].2版.北京:旅游教育出版社,2008.
[14] 沈金辉,章平.会展旅游[M].大连:东北财经大学出版社,2009.
[15] 刘松萍.会展服务与管理[M].北京:科学出版社,2009.
[16] 申葆嘉.旅游学原理——旅游运行规律研究之系统陈述[M].北京:中国旅游出版社,2010.
[17] Lynn Van Der Wagen.活动项目策划与管理——旅游、文化、商务及体育活动[M].宿荣江,译.北京:旅游教育出版社,2012.
[18] 姜仁良.会展运营与管理[M].北京:机械工业出版社,2014.
[19] 朱运海.襄阳文化旅游发展研究[M].武汉:华中科技大学出版社,2014.
[20] 谢彦君.基础旅游学[M].3版.北京:中国旅游出版社,2011.
[21] 樊国敬.会展旅游[M].武汉:华中科技大学出版社,2011.
[22] 郭胜.旅游学概论[M].北京:高等教育出版社,2009.
[23] 叶天泉.房地产开发与经营辞典[M].沈阳:辽宁科学技术出版社,2005.
[24] 姜若愚.现代旅游市场营销学[M].昆明:云南教育出版社,2002.
[25] 王春雷,赵中华.2009中国节庆产业发展年度报告[M].天津:天津大学出版社,2010.

[26] 杨春兰.会展概论[M].上海:上海财经大学出版社,2010.
[27] 任海,等.奥林匹克运动[M].北京:人民体育出版社,1993.
[28] 叶洪涛.中国会展业发展研究[D].武汉:武汉大学,2004.
[29] 王新平.会展业发展模式研究[D].济南:山东大学,2008.
[30] 胡燕雯.会展旅游的理论与实践模式——以上海为例[D].上海:华东师范大学,2004.
[31] 仇其能.中国会展产业链及运作模式研究[D].上海:上海社会科学院,2006.
[32] 潘海林.一个世纪的进步[D].上海:华东师范大学,2007.
[33] 吴信值.会展旅游产品开发研究——以武汉市为例[D].武汉:华中师范大学,2008.
[34] 张黎.会展旅游产业链研究——以成都为例[D].成都:四川师范大学,2009.
[35] 杨连莲.会展资源转化为旅游优势研究——以南宁市为例[D].南宁:广西大学,2007.
[36] 赵芬.区域合作下桂林市会议旅游发展研究[D].桂林:广西师范大学,2010.
[37] 任翠红.新闻媒介与中国现代节庆活动的关系探析——以第17届青岛啤酒节为例[D].西北大学,2008.
[38] 李力,余构雄.近十年来国内会展旅游研究回顾与展望[J].旅游论坛,2010(3).
[39] 王云龙.会展活动与旅游活动的比较——兼论会展旅游概念的界定[J].旅游学刊,2003(5).
[40] 刘贵富.产业链的基本内涵研究[J].工业技术经济,2007(8).
[41] 刘耿大.会展旅游概念内涵及发展历史探析[J].桂林旅游高等专科学校学报,2007(1).
[42] 王敬武.会展旅游的本质研究[J].北京工商大学学报(社会科学版),2008(3).
[43] 郑晴云.会展旅游产品体系构建与开发[J].经济问题探索,2008(9).
[44] 朱运海.世博会主题变迁研究[J].武汉职业技术学院学报,2013(1).
[45] 曹诗图,韩国威.以海德格尔的基础存在论与诗意栖居观解读旅游本质[J].理论月刊,2012(6).
[46] 戴光全,吴必虎.TPC及DLC理论在旅游产品再开发中的应用——昆明市案例研究明[J].地理科学,2002(1).
[47] 童杰.现代奥运会收入来源的研究[J].体育与科学,2001(6).
[48] 易剑东.浪漫的理想与严峻的现实——顾拜旦与萨马兰奇的比较研究[J].体育文史,2000,(6).
[49] 徐艳玲.奥运会商业运作模式对北京奥运的启示[J].武汉科技大学中南分校商学院,2008,99(4).
[50] 赵勇.暗淡的圣火体育文化批判[J].体育文史,2000(5).
[51] 魏彪,林少娜.试论奥运会的商业运作[J].汕头大学学报,2002(1).
[52] 邵雪梅,李军.双刃剑:商业化对奥运会发展的影响——兼论防止奥运会过度商业化[J].广州体育学院学报,2008,28(2).
[53] 漓源.商机无限的奥运会[J].中国工商,2001(9).
[54] 中国会展网.企业展厅设计如何突出文化属性[EB/OL].[2014-4-15].http://www.agrofairs.com/news/8391.html.
[55] 国际展览会公约[EB/OL].[2004-7-29]. http://news.xinhuanet.com/expo/2004-

07/29/content_1672476.htm.

[56] 中国 2010 年上海世界博览会[EB/OL]. [2012-6-1]. http://baike.baidu.com/view/123125.htm.

[57] 事件旅游管理与运作模式探索[EB/OL]. [2014-11-20]. http://www.doc88.com/p-4819052623630.html.

教学支持说明

全国高等院校旅游管理专业类"十三五"规划教材系华中科技大学出版社"十三五"规划重点教材。

为了改善教学效果,提高教材的使用效率,满足高校授课教师的教学需求,本套教材备有与纸质教材配套的教学课件(PPT 电子教案)和拓展资源(案例库、习题库视频等)。

为保证本教学课件及相关教学资料仅为教材使用者所得,我们将向使用本套教材的高校授课教师和学生免费赠送教学课件或者相关教学资料,烦请授课教师和学生通过电话、邮件或加入旅游专家俱乐部 QQ 群等方式与我们联系,获取"教学课件资源申请表"文档并认真准确填写后发给我们,我们的联系方式如下:

地址:湖北省武汉市珞喻路 1037 号华中科技大学出版社有限责任公司营销中心

邮编:430074

电话:027-81321902

传真:027-81321917

E-mail:yingxiaoke2007@163.com

旅游专家俱乐部 QQ 群号:306110199

旅游专家俱乐部 QQ 群二维码:

群名称:旅游专家俱乐部
群　号:306110199

旅游生态经济学公众号二维码

教学课件资源申请表

填表时间：_____年____月____日

1. 以下内容请教师按实际情况写，★为必填项。
2. 学生根据个人情况如实填写，相关内容可以酌情调整提交。

★姓名		★性别	□男 □女	出生年月		★职务	
						★职称	□教授 □副教授 □讲师 □助教

★学校		★院/系	
★教研室		★专业	
★办公电话		家庭电话		★移动电话	
★E-mail （请填写清晰）			★QQ号/微信号	
★联系地址		★邮编	

★现在主授课程情况	学生人数	教材所属出版社	教材满意度
课程一			□满意 □一般 □不满意
课程二			□满意 □一般 □不满意
课程三			□满意 □一般 □不满意
其 他			□满意 □一般 □不满意

教 材 出 版 信 息			
方向一		□准备写 □写作中 □已成稿 □已出版待修订 □有讲义		
方向二		□准备写 □写作中 □已成稿 □已出版待修订 □有讲义		
方向三		□准备写 □写作中 □已成稿 □已出版待修订 □有讲义		

　　请教师认真填写表格下列内容，提供索取课件配套教材的相关信息，我社根据每位教师/学生填表信息的完整性、授课情况与索取课件的相关性，以及教材使用的情况赠送教材的配套课件及相关教学资源。

ISBN（书号）	书名	作者	索取课件简要说明	学生人数 （如选作教材）
			□教学 □参考	
			□教学 □参考	

★您对与课件配套的纸质教材的意见和建议，希望提供哪些配套教学资源：